Conto

Betriebswirtschaftslehre | Rechnungswesen

Autoren
Manfred Jahreis
Elke Zahn

10 II

REALSCHULE   BAYERN

Zum Schülerband erscheinen:
Conto 10 II Arbeitsheft, ISBN 978-3-14-116490-9

BiBox – Digitale Unterrichtsmaterialien
Lehrer-Einzellizenz, WEB-14-116511-1
Weitere Lizenzen auch für Schülerinnen und Schüler verfügbar.
Nähere Informationen unter www.bibox.schule

westermann GRUPPE

© 2021 Westermann Bildungsmedien Verlag GmbH, Georg-Westermann-Allee 66, 38104 Braun-schweig
www.westermann.de

Druck A[1] / Jahr 2021
Alle Drucke der Serie A sind inhaltlich unverändert.

Redaktion: Marion Martens
Umschlaggestaltung/Layout: LIO Design GmbH, Braunschweig
Druck und Bindung: Westermann Druck GmbH, Georg-Westermann-Allee 66, 38104 Braunschweig

ISBN 978-3-14-**116484**-8

Erinnern Sie sich noch?
Geschäftsbuchführung im Unternehmen Blauschneider

I Periodenrichtige Erfolgsermittlung

II Unternehmensabschluss und Auswertung

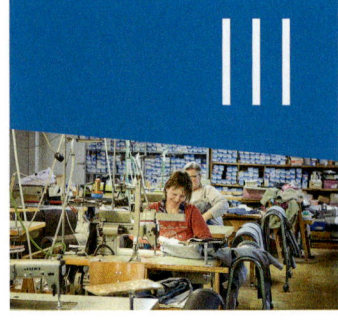

III Die Vollkostenrechnung (Betriebsbuchführung)

IV Die Teilkostenrechnung (Deckungsbeitragsrechnung)

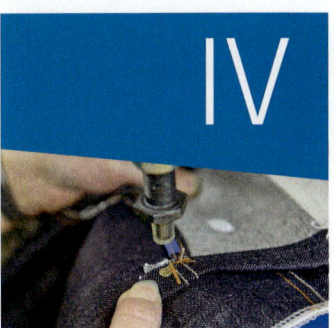

V Countdown zum großen Finale – der Abschlussprüfung in BwR

Hier erfahren Sie, wie Sie mit dem Buch Conto 10 II arbeiten können:

Auf der **Auftaktseite** erfahren Sie, welche Kompetenzen Sie nach der Bearbeitung des Kapitels erreichen.

Wichtige **Methoden** für das Fach Betriebswirtschaftslehre/Rechnungswesen werden Schritt für Schritt erklärt. Sie können hier immer nachschlagen.

Methode

In diesen Kästen stehen zusätzliche **Informationen**.

INFO

Wichtige **Begriffe** werden hier genau erklärt (definiert).

DEFINITION

Wichtige **Sachverhalte** werden auf den Punkt gebracht.

MERKE

Formeln zur Berechnung werden hervorgehoben, damit Sie diese schnell wiederfinden.

FORMEL

Im Buch finden Sie viele **Aufgaben**, die durchnummeriert sind.
Blaue Aufgaben können Sie auch im Arbeitsheft lösen.

AUFGABE 13
AUFGABE 15

Außerdem sind die Aufgaben mit verschiedenen Symbolen gekennzeichnet:

- Das Puzzleteil steht für Aufgaben, die in einem größeren Zusammenhang stehen. Sie müssen z. B. Informationen aus Belegen herauslesen.

- Diese Aufgabe sollen Sie in Partnerarbeit lösen.

- Diese Aufgabe sollen Sie mit mehreren Mitschülern bzw. Mitschülerinnen bearbeiten.

- Für Aufgaben mit dem Glühlampensymbol finden Sie Hilfestellungen im Anhang.

Arbeitsaufträge sollen Sie vornehmlich mündlich erledigen.

ARBEITSAUFTRAG

Am Ende der Kapitel finden Sie übersichtliche **Zusammenfassungen** der Kapitelinhalte und **Aufgabenseiten**, mit denen Sie überprüfen können, ob Sie die Kompetenzen erreicht haben.

Zusammenfassung
Checken Sie Ihr Wissen

Im Anhang des Buches finden Sie **Hilfestellungen** für ausgewählte Aufgaben, eine Zusammenfassung wichtiger Formeln und Rechenwege, ein **Stichwortverzeichnis** und den **Kontenplan**.

So werden Sie ein BwR-Experte

- Lernen Sie den BwR-Stoff zuverlässig für jede Unterrichtsstunde – so bekommen Sie in den Übungsstunden viel mehr mit!
- Führen Sie Ihr Heft ordentlich, damit Sie den Aufbau der Inhalte besser verstehen.

Trainieren Sie die Buchungssätze

- Lernen Sie den Aufbau der Bilanz und die Funktionsweise der vier Kontenarten auswendig.
- Verbessern Sie Ihre Lösungen von Übungsaufgaben im Unterricht sorgfältig und sauber. Verwenden Sie einen grünen Stift, das ist übersichtlicher.
- Zu Hause an einem ruhigen Platz testen Sie sich selbst: Lesen Sie die Aufgaben noch mal durch, decken Sie die Lösungen ab, bedenken Sie die WAMS-Regeln und bilden Sie konzentriert die Buchungssätze.
- Wenn Sie nicht auf die richtige Lösung kommen, markieren Sie die Teilaufgabe mit einem Bleistift-Fragezeichen und fragen sobald wie möglich einen Mitschüler/eine Mitschülerin oder die Lehrkraft!

Nutzen Sie das BwR-Buch Conto 10

Conto 10 bietet zahlreiche Hilfen beim Lernen und ggf. Nachholen des Stoffs:
- Wenn Sie Informationen zu einzelnen Begriffen suchen, nutzen Sie das Stichwortverzeichnis auf S. 190. Es zeigt Ihnen, auf welcher Seite der Begriff eingeführt wird.
- Üben Sie die Tandem-Aufgaben mit einem Mitschüler/einer Mitschülerin oder lassen Sie sich von Ihren Eltern abfragen.
- Lernen Sie die Check-Seiten und klären Sie sofort alles, was Ihnen unklar ist.
- Lösen Sie Aufgaben, die im Unterricht ausgelassen wurden – fragen Sie Ihre Lehrkraft, ob sie Ihre Lösungen für Sie korrigiert.

Bleiben Sie am Ball

Schreiben Sie vor Schulaufgaben einen Lernplan:
- Liste der nötigen Fachbegriffe – können Sie alle exakt beschreiben?
- Liste wichtiger Übungsaufgaben und Arbeitsblätter – decken Sie die verbesserten Lösungen ab, lösen Sie die Aufgaben neu (mündlich oder schriftlich) und prüfen Sie, ob Sie diese noch können.
- Lernen Sie ein bis zwei Wochen vor der Schulaufgabe im Team mit jemandem aus Ihrer Klasse. So können Sie sich abfragen oder die Lösungen noch mal gegenseitig erklären. Nur Durchlesen bringt zu wenig auf dem Weg zum Experten ...

Toi toi toi, Sie schaffen das schon!

Erinnern Sie sich noch? Geschäftsbuchführung im Unternehmen Blauschneider

In diesem Kapitel wiederholen Sie ...

... die Unternehmensführung und den Privatbereich,

... den Anlagenbereich mit Abschreibungen,

... den Finanzierungsbereich,

... den Kapitalanlagenbereich,

... den Ausfall und die Bewertung von Forderungen.

Julia Blauschneider erinnert sich
an das letzte Geschäftsjahr.

Julia Blauschneider zieht Bilanz

Im letzten Geschäftsjahr hat sich Julia Blauschneider viele Gedanken um ihr neues Unternehmen Blauschneider Jeans e. K. gemacht. So hat sie sich z. B. entschieden, das Unternehmen als Einzelunternehmerin zu führen und ihre Führungstechniken festgelegt.

AUFGABE 1

1. Arbeiten Sie die Vorteile dieser Rechtsform heraus, indem Sie die unten stehende Infografik als Grundlage verwenden.
2. Begründen Sie, warum das Unternehmen Blauschneider e. K. in der Abteilung A des Handelsregisters eingetragen wird.
3. Erklären Sie den Begriff des „stillen Gesellschafters".

© Bergmoser + Höller Verlag AG

AUFGABE 2

Julia Blauschneider führt das Unternehmen als Familienunternehmen mit einem kooperativen Führungsstil. Erklären Sie diese Form der Personalführung.

AUFGABE 3

Julia Blauschneider wendet verschiedene Führungstechniken im Unternehmen an. Neben Management by delegation sind dies auch noch Management by motivation und Management by objectives. Beschreiben Sie diese drei Formen der Führung in jeweils einem Satz.

Im letzten Geschäftsjahr hatte Julia Blauschneider die Trennung von privatem und betrieblichen Bereich kennen gelernt.

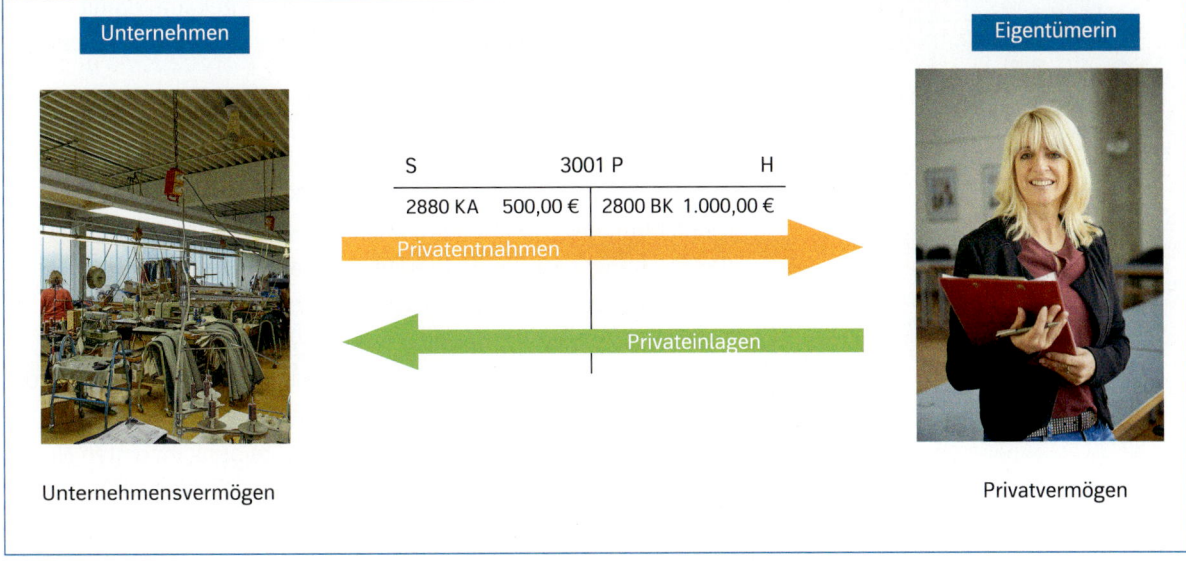

AUFGABE 4

Erläutern Sie die Aufgabe des Kontos Privat anhand der Informationen von obiger Darstellung.

AUFGABE 5

Bilden Sie die Buchungssätze zu den Belegen 1 und 2.

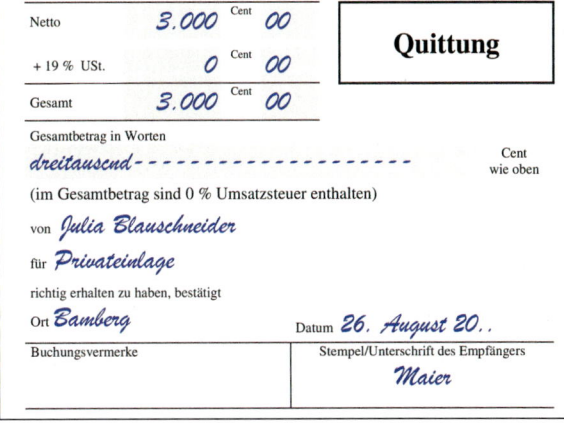

Beleg 1 (Kontoauszug liegt vor)

Beleg 2

AUFGABE 6

1. Zeichnen Sie die Konten 3001 P und 3000 EK in Ihr Heft.
2. Tragen Sie den Anfangsbestand von 120.000,00 € im Konto 3000 EK ein.
3. Übertragen Sie die Buchungen der Belege 1 und 2 in die Konten.
4. Schließen Sie die beiden Konten ordnungsgemäß ab.
5. Bilden Sie die Buchungssätze zu den beiden Kontenabschlüssen.

Neue Nähmaschine

AUFGABE 7

Julia Blauschneider hat einige Investitionsentscheidungen getroffen und neue Anlagegüter gekauft. Sie hat unter anderem eine Maschine zum automatischen Taschensetzen an den Jeans gekauft, damit sie zukünftig schneller produzieren kann. Listenpreis 12.000,00 €, Rabatt 10 %, Transportkosten 71,40 € brutto.

1. Bestimmen Sie das angestrebte Investitionsziel.
2. Berechnen Sie die Anschaffungskosten dieser Maschine.
3. Zur Finanzierung der Maschine wird ein kurzfristiger Kredit über sechs Monate in Höhe von 10.000,00 € aufgenommen. Bilden Sie den Buchungssatz für die Kreditaufnahme.
4. Bilden Sie den Buchungssatz für den Kauf der Maschine am 16. Mai 20.. gegen Rechnung.
5. Erstellen Sie eine Abschreibungstabelle zum Geschäftsjahresende für die ersten zwei Nutzungsjahre (Nutzungsdauer fünf Jahre).
6. Bilden Sie den Buchungssatz für die Abschreibung im ersten Nutzungsjahr.
7. Nach einem Jahr ist der Maschinen-TÜV fällig. Die Rechnung über 38,08 € brutto geht ein. Bilden Sie den Buchungssatz.

AUFGABE 8

Julia Blauschneider kauft eine externe Festplatte für 99,00 € netto, ein Tablet für 550,00 € netto sowie einen Elektro-Stapler für 2.720,00 € netto.

externe Festplatte

1. Bilden Sie die Buchungssätze für...
   1.1 den Kauf der externen Festplatte gegen Barzahlung,
   1.2 den Kauf des Tablets gegen Rechnung,
   1.3 den Kauf des Staplers gegen Rechnung.
2. Grenzen Sie die unterschiedlichen Anlagegüter hinsichtlich der Preisgrenzen voneinander ab und erstellen Sie hierzu eine Skizze.
3. Für den Elektrostapler wird eine Nutzungsdauer von acht Jahren festgelegt.
   3.1 Berechnen Sie den monatlichen Abschreibungsbetrag.
   3.2 Bilden Sie den Buchungssatz für die Abschreibung im ersten Jahr der Nutzung, wenn Kaufmonat der April war.
4. Bilden Sie den Buchungssatz für die Abschreibung des Tablets am 31.12.20..
5. Beschreiben Sie die drei möglichen Gründe für die Wertminderungen von Anlagegütern.
6. Erläutern Sie folgende Fachbegriffe:
   6.1 AfA
   6.2 AfA-Satz
   6.3 AfA-Betrag
   6.4 Erinnerungswert
   6.5 Restbuchwert

Elektrostapler

⟨⟩ **AUFGABE 9**

Julia Blauschneider hat sich zum Kauf einer neuen Jeansnähmaschine entschieden. Die alte Maschine wird aufgrund häufiger technischer Störungen entsorgt. Es liegt nebenstehendes Angebot vor.

1. Laut Angebot verursacht die Nähmaschine 20 % weniger Stromkosten pro Jahr. Berechnen Sie die Höhe der möglichen Einsparung in Euro.

2. Julia Blauschneider nimmt das Angebot von Maschinengroßhandel Müller an. Bilden Sie den Buchungssatz für den Rechnungseingang.

3. Die neue Maschine wird in der Anlagenbuchhaltung erfasst. Aus der AfA-Tabelle ergibt sich ein AfA-Satz von 16 2/3 %. Geben Sie an, von welcher Nutzungsdauer dabei ausgegangen wird.

4. Um die Nähmaschine zu finanzieren, wurde am 1.11.20.. ein Kredit in Höhe von 10.000,00 € mit einer Laufzeit von drei Jahren aufgenommen. In diesem Zusammenhang liegt Ihnen folgender Kontoauszug vor:

Maschinengroßhandel **Müller**

Industriepark 67
96050 Bamberg

Blauschneider Jeans e. K.
Levistraße 2 – 4
96050 Bamberg   Bamberg, 1. November 20..

Angebot

Sehr geehrte Frau Blauschneider,
wir beziehen uns auf Ihre Anfrage und bieten Ihnen wie folgt an:

Nähmaschine MU-3000
Motorleistung:	5 kW
Stromkosten pro Jahr:	420,00 €
Listenpreis:	10.800,00 €
Lieferkosten (netto):	230,00 €

Zahlungsbedingung: 30 Tage rein netto

Kontoauszug   Nr. 87   IBAN DE22 7606 2150 0628 4910 00
16. Nov. 20.. / 08:55 Uhr   Seite 1/1   BIC MISBDE87XXO
                                                 Blauschneider Jeans e. K.

Bu. Tag	Wert	Bu. Nr.	Erläuterungen	Betrag (€)
15.11.	15.11.	7589	Darlehensnr. 10073758	306,49 –
			Zinsen: 54,17 €, Tilgung: 252,32 €	

Kontokorrentkredit 15.000,00 €	alter Kontostand	4.785,20 +
	neuer Kontostand	4.478,71 +

Ulmenallee 27   Tel.: 089 598746
80331 München   Fax: 089 598747

Mittelstandsbank AG

4.1 Bilden Sie den Buchungssatz zu Buchungs-Nr. 7589.

4.2 Im Folgemonat Dezember werden erneut 306,49 € abgebucht. Diese zweite Rate setzt sich aus 253,69 € Tilgung und 52,80 € Zinsen zusammen. Begründen Sie, um welche Art von Darlehen es sich demnach handeln muss.

4.3 Berechnen Sie die Höhe der Restschuld nach diesen beiden Ratenzahlungen.

4.4 Julia Blauschneider hat sich für die Finanzierung durch einen Bankkredit entschieden. Nennen Sie eine geeignete Alternative zu dieser Finanzierungsform.

AUFGABE 10

Für die Anschaffung eines Transporters nahm Julia Blauschneider bereits im Januar 2017 einen Kredit auf. In diesem Zusammenhang liegt folgender Tilgungsplan auszugsweise vor:

Tilgungsplan für Darlehen Nr. 348/17				
Kreditbetrag	30.000,00 €		Zinssatz p. a.	2,80 %
Disagio	390,00 €		Laufzeit	12 Jahre
Auszahlung	29.610,00 €			
Jahr	Tilgung	Zinsen	jährliche Rate	Restschuld
2017	2.160,00 €	840,00 €	3.000,00 €	27.840,00 €
2018	2.220,48 €	779,52 €	3.000,00 €	25.619,52€
2019	2.282,65 €	717,35 €	3.000,00 €	23.336,87 €

Transporter

1. Aus dem Tilgungsplan ist ersichtlich, dass im Kreditvertrag ein Disagio vereinbart wurde. Erklären Sie, was man unter einem Disagio versteht.
2. Berechnen Sie die Höhe des vereinbarten Disagios in Prozent.
3. Begründen Sie, um welche Art von Darlehen es sich handelt.
4. Berechnen Sie Tilgung und Zinsen für das Jahr 2020.
5. Ihnen liegt folgender Beleg vor. Bilden Sie jeweils den Buchungssatz zu den Buchungsnummern 28 und 29.

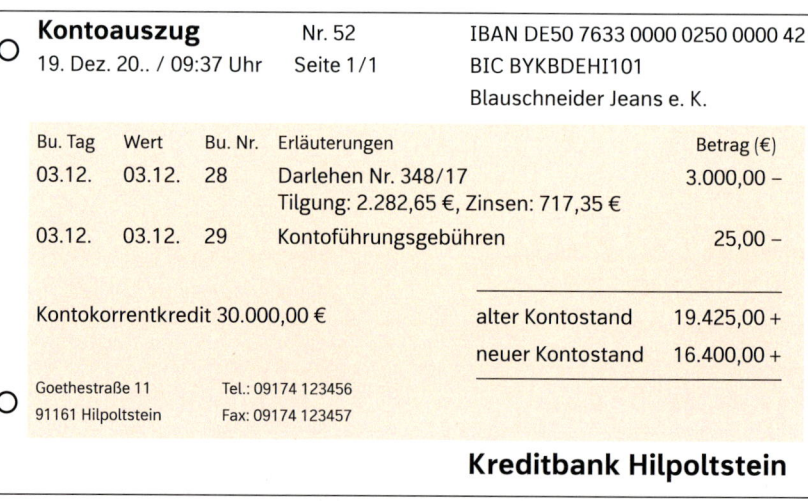

Kontoauszug   Nr. 52   IBAN DE50 7633 0000 0250 0000 42
19. Dez. 20.. / 09:37 Uhr   Seite 1/1   BIC BYKBDEHI101
                                            Blauschneider Jeans e. K.

Bu. Tag	Wert	Bu. Nr.	Erläuterungen	Betrag (€)
03.12.	03.12.	28	Darlehen Nr. 348/17 Tilgung: 2.282,65 €, Zinsen: 717,35 €	3.000,00 –
03.12.	03.12.	29	Kontoführungsgebühren	25,00 –

Kontokorrentkredit 30.000,00 €

alter Kontostand	19.425,00 +
neuer Kontostand	16.400,00 +

Goethestraße 11   Tel.: 09174 123456
91161 Hilpoltstein   Fax: 09174 123457

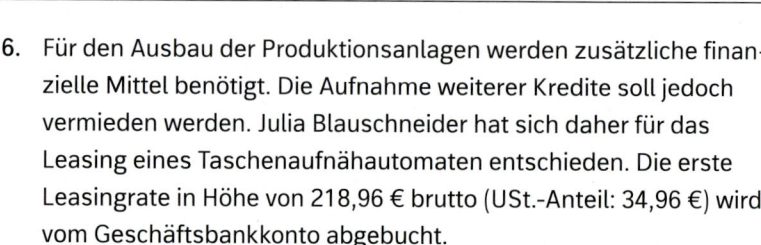

Kreditbank Hilpoltstein

6. Für den Ausbau der Produktionsanlagen werden zusätzliche finanzielle Mittel benötigt. Die Aufnahme weiterer Kredite soll jedoch vermieden werden. Julia Blauschneider hat sich daher für das Leasing eines Taschenaufnähautomaten entschieden. Die erste Leasingrate in Höhe von 218,96 € brutto (USt.-Anteil: 34,96 €) wird vom Geschäftsbankkonto abgebucht.
   6.1   Nennen Sie einen Vorteil und einen Nachteil des Leasings.
   6.2   Geben Sie eine weitere Möglichkeit der Finanzierung an.

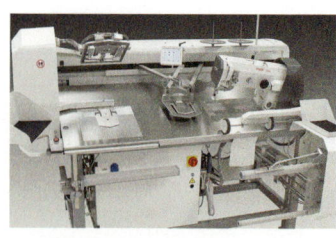

Taschenaufnähautomat

AUFGABE 11

1. Bilden Sie den Buchungssatz zu Rechnung Nr. 8256-20... der Blue4u AG.

2. Julia Blauschneider kann die Rechnung innerhalb der Skontofrist oder am Ende des Zahlungsziels begleichen. Das Geschäftsbankkonto von Blauschneider weist derzeit einen Sollsaldo auf. Berechnen Sie die Ersparnis für das Unternehmen Blauschneider, wenn zur Begleichung der Rechnung Nr. 8256-20.. ein Kontokorrentkredit für 12 Tage in Anspruch genommen wird. Das Kreditinstitut berechnet 10 % p. a. Sollzinsen.

3. Bilden Sie den Buchungssatz für die Begleichung der Rechnung Nr. 8256-20.. innerhalb der Skontofrist per Banküberweisung.

4. Geben Sie an, ob die Aussagen A bis C richtig oder falsch sind:

   Ⓐ Ein Lieferantenkredit wird auch von Kreditinstituten gewährt.

   Ⓑ Ein Lieferantenkredit zählt aufgrund der Laufzeit zu den kurzfristigen Krediten.

   Ⓒ Je früher die Rechnung beglichen wird, umso mehr Skonto darf abgezogen werden.

Blauschneider Jeans e. K.
Levistraße 2 – 4
96050 Bamberg   München, 3. Dezember 20..

Rechnung

Rechnungsnummer: 8256-20..
Kundennummer: 24665
Wir lieferten Ihnen am 03.12.20..:

Pos.	Ballen	Einzel-preis €	Gegenstand	Gesamt-preis €
1	24	1.000,00	101 Japan Denim Jeansstoff abzüglich 10 % Rabatt	24.000,00 2.400,00
			Warenwert netto Frachtkosten u. abladen + 19 % Umsatzsteuer	21.600,00 200,00 4.142,00
			Rechnungsbetrag	**25.942,00**

Vorstand: Prof. Dr. Thorsten Menisch, Dr. Eugen Löffler
Aufsichtsratsvorsitzender: Dr. Karsten Albrecht
USt-IdNr. DE 879234567   Steuernr. 123/4579/2316

Zahlung fällig am 03. Januar 20.. rein netto
Bei Bezahlung bis zum 15. Dezember 20.. gewähren wir 2 % Skonto.
Die Ware bleibt bis zur vollständigen Bezahlung Eigentum der Blue4u AG.
Bankverbindung: Spar-Bank München
BIC: SKLALDEFX, IBAN DE14 7005 8000 0007 2233 56
USt-IdNr. DE 658765438 – Steuernummer 433/6597/6500

⊹ AUFGABE 12

Julia Blauschneider plant die Gestaltung einer großzügigen Verkaufsfläche, die durch einen Kredit finanziert wird. Das Unternehmen nimmt bei der Frankenbank einen Kredit in Höhe von 150.000,00 € mit einer Laufzeit von sechs Jahren auf.

1. Die Bank behält 1,85 % der Kreditsumme als Disagio ein.

   1.1 Berechnen Sie Disagio und Auszahlungsbetrag in Euro.

   1.2 Bilden Sie den Buchungssatz für die Auszahlung des Kredits auf das Geschäftsbankkonto.

   1.3 Welche der folgenden Aussagen über das Disagio ist richtig?

      Ⓐ Disagio ist umsatzsteuerpflichtig.

      Ⓑ Disagio ist eine Art vorausbezahlter Zins.

      Ⓒ Disagio kann als betrieblicher Ertrag geltend gemacht werden.

2. Blauschneider lag ein zweites Angebot der Kreditbank mit einem effektiven Zinssatz von 2,1 % vor. Begründen Sie rechnerisch, warum sich das Unternehmen für das Angebot der Frankenbank entschieden hat. Die Zinsen für den Kredit bei der Frankenbank betragen 14.745,27 €.

3. Julia Blauschneider erhält von ihrem Kreditberater der Frankenbank folgende Übersicht:

Frankenbank: Tilgungsplan für Darlehen				
Jahr	Zinsen	Tilgung	Gesamtzahlung	Restschuld
1	3.750,00 €	20.000,00 €	23.750,00 €	130.000,00 €
2	3.250,00 €	20.500,00 €	23.750,00 €	109.500,00 €
3	2.737,50 €	21.012,50 €	23.750,00 €	88.487,50 €
4	2.212,19 €	21.537,81 €	23.750,00 €	66.949,69 €
5	1.673,74 €	22.076,26 €	23.750,00 €	44.873,43 €
6	1.121,84 €	22.628,16 €	23.750,00 €	???

   3.1 Begründen Sie, um welche Art von Darlehen es sich handelt.

   3.2 Am Ende des ersten Jahres werden Zinsen und Tilgung vom Geschäftsbankkonto abgebucht. Bilden Sie den Buchungssatz.

AUFGABE 13

Julia Blauschneider führte das Unternehmen im letzten Jahr sehr erfolgreich und erzielte einen Gewinn. Sie machte sich daher über die Möglichkeiten einer Kapitalanlage kundig. Analysieren Sie die Grafik 1 (Seite 17) und wägen Sie ab, welche Grundregeln für Sie persönlich zu den TOP 5 gehören. Begründen Sie Ihre Auswahl jeweils kurz.

AUFGABE 14

Zeichnen Sie das magische Dreieck der Geldanlage auf und definieren Sie die Zielkonflikte daraus.

AUFGABE 15

Zeigen Sie anhand eines konkreten Beispiels auf, warum bei der Geldanlage der Zeitfaktor eine große Rolle spielt.

AUFGABE 16

1. Erstellen Sie ein Kurzreferat, indem Sie anhand der Grafik 2 (S. 17) darstellen, wie viele Werte jeweils zu den Indizes gehören und wie sie sich jeweils abgrenzen.

2. Recherchieren Sie, wie oft die Zusammenstellung der Indizes überprüft wird.

AUFGABE 17

1. Julia Blauschneider plant, freie liquide Mittel ihres Unternehmens in „MAG"-Aktien anzulegen. Dazu betrachtet sie in einer Fachzeitschrift die Grafik 3 (Seite 17).

   1.1 Geben Sie die zutreffenden Begriffe für die Textlücken (A) bis (E) an. Verwenden Sie dazu auch die Infografik.

   Am 28.12.2020 erreichte der DAX seinen Höchststand mit 13 790 …Ⓐ… . Getrieben wurde der Aktienmarkt vor allem durch das billige Geld der Zentralbanken. Anlagen in Festgeld oder Rentenpapieren waren wegen der …Ⓑ… Zinsen unattraktiv. Die Gewinner bzw. Verlierer bei den DAX-Unternehmen werden durch ein …Ⓒ…-diagramm dargestellt. Die beste Kursentwicklung innerhalb des Jahres 2020 verzeichnete die …Ⓓ…-Aktie. Die Anlage in Aktien ermöglicht, gemäß dem magischen Dreieck der Geldanlage, eine hohe …Ⓔ… bei höherem Risiko.

   1.2 Berechnen Sie, um wie viel Prozent der DAX in der Zeit vom 30.12.2019 bis zum 30.12.2020 zugelegt hat.

   1.3 Berechnen Sie, wie viel Prozent der DAX-Unternehmen im Jahresverlauf 2020 einen Kurszuwachs erreichen konnten.

2. Marie Meinen kauft für das Unternehmen Blauschneider 150 Sport-Aktien zum Stückkurs von 58,80 € (Spesen 1% vom Kurswert).

   2.1 Bilden Sie den Buchungssatz für die Banklastschrift des Aktienkaufs.

   2.2 Bilden Sie den Buchungssatz für die Dividendengutschrift in Höhe von 225,00 € auf dem Geschäftsbankkonto.

   2.3 Bilden Sie den Buchungssatz für den Verkauf der 150 Sport-Aktien zum Stückkurs von 72,00 € (Spesen 1 % vom Kurswert).

   2.4 Zeigen Sie zwei Kosten im Aktienhandel auf, die den Ertrag mindern können.

3. Analysieren Sie die Karikatur zur Börse.

Grafik 1

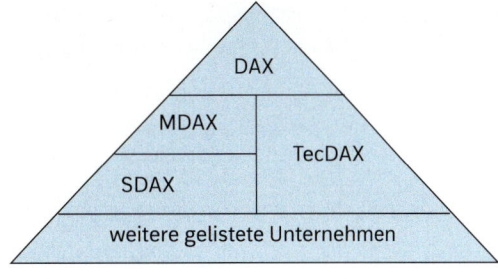

Grafik 2

Grafik 3

AUFGABE 18

Julia Blauschneider hat im letzten Geschäftsjahr verschiedene Erfahrungen mit den unterschiedlichen Arten von Forderungen machen müssen. Erstellen Sie einen Überblick über die einwandfreien, zweifelhaften und uneinbringlichen Forderungen.

AUFGABE 19

Bei der Überwachung der Forderungen stellt Julia Blauschneider eine sinkende Zahlungsmoral fest.

1. Blauschneider sendet dem Kunden Jeanslädle KG folgendes Schreiben.

> **Zahlungserinnerung vom 15.06.20..**
> **Rechnungsnummer: 60008/20..**
>
> Sehr geehrte Damen und Herren,
> wir mussten feststellen, dass die o. g. Rechnung mit Zahlungsziel 15.05.20.. noch nicht beglichen ist. Wir erlauben uns daher, Ihnen folgende Beträge zusätzlich in Rechnung zu stellen:
> Mahngebühren   10,00 €
> Verzugszinsen   2,42 €
>
> Bitte überweisen Sie den neuen Forderungsbetrag in Höhe von 1.312,42 € umgehend auf unten stehendes Konto. Sollten Sie die Überweisung bereits getätigt haben, so betrachten Sie dieses Schreiben bitte als gegenstandslos.
>
> Mit freundlichen Grüßen
> Julia Blauschneider

    1.1 Bilden Sie den Buchungssatz zu obenstehendem Beleg.

    1.2 Blauschneider verzichtet bei einigen Kunden auf eine sofortige Mahnung trotz Ablauf der Zahlungsfrist. Nennen Sie einen möglichen Grund hierfür.

    1.3 Aus der Tageszeitung erfährt Julia Blauschneider, dass ein Insolvenzverfahren über das Vermögen des Kunden Jeanslädle KG eröffnet wurde. Bilden Sie den Buchungssatz.

2. Auch gegenüber dem Kunden JeansPower besteht eine zweifelhafte Forderung in Höhe von 666,92 €. Der Insolvenzverwalter des Kunden überweist auf das Geschäftsbankkonto von Blauschneider 200,00 €. Der Restbetrag ist verloren. Bilden Sie den Buchungssatz.

3. Julia Blauschneider möchte das Unternehmen zukünftig durch Factoring gegen Forderungsausfälle absichern. Geben Sie an, ob folgende Aussagen A bis C richtig oder falsch sind.

    Ⓐ Beim Factoring werden Forderungen an einen Factor gegen Entgelt abgetreten.

    Ⓑ Das Mahnwesen beim Factoring muss Blauschneider trotzdem weiterhin übernehmen.

    Ⓒ Factoring fördert die Kundenbindung.

I

Periodenrichtige Erfolgsermittlung

In diesem Kapitel lernen Sie...

... die Unterscheidung von Einnahme und Ertrag,

... die Unterscheidung von Ausgabe und Aufwand,

... Erfolgsvorgänge dem richtigen Geschäftsjahr zuzuordnen,

... die Bedeutung von Rückstellung kennen.

Nach § 242 HGB besteht die Pflicht zur Aufstellung des Jahresabschlusses: Schlussbilanz und Gewinn- und Verlustrechnung.

Julia Blauschneider bereitet den Jahresabschluss vor.

1 Notwendigkeit periodenrichtiger Erfolgsermittlung

1.1 Unterscheidung Einnahme/Ertrag und Ausgabe/Aufwand

Zu Beginn des neuen Geschäftsjahres macht sich Julia Blauschneider an die Aufgabe, den Jahresabschluss für das vergangene Geschäftsjahr zu erstellen. Dabei hat sie noch unbearbeitete Kontoauszüge vorliegen:

SF Sparkasse Franken Wir kümmern uns um Ihr Geld	Blauschneider Jeans e. K. IBAN DE21 7703 0000 0083 7412 70 Sitzungsende in 02:35				Banking beenden	
Kontenübersicht	Auftragslisten	SF-Service		Depots	Mailbox	
Umsätze anzeigen für: Kontokorrentkonto				aktueller Kontostand 12.170,80 €		
Kontokorrentkredit: 50.000,00 €						
Buchungstag	**Wertstellung**	**Umsatzart**	**Details**		**Betrag (€)**	**Saldo (€)**
04.12.20..	04.12.20..	Überweisung	DE66 5700 1249 9053 3598 87 Providergebühren, Dez. bis Mai		– 71,40	10.385,80
05.12.20..	05.12.20..	Überweisung	DE88 7582 8597 5874 5558 55 Lagermiete lt. Mietvertrag für Dez. bis Februar		+ 1.785,00	12.170,80

Es kommt vor, dass der Zahlungsvorgang (Geldausgabe oder Geldeinnahme) nicht im selben Geschäftsjahr erfolgt wie der dazugehörende Erfolgsvorgang (Aufwand oder Ertrag). Dies kann man z. B. dem Kontoauszug entnehmen: Die Abbuchung der Gebühren für den Provider am 4. Dezember bedeutet einen Aufwand sowohl für das alte Jahr (Dezember) als auch für das neue Jahr (Januar bis Mai). Genauso verhält es sich mit der Buchung vom 5. Dezember. Eine Lagerhalle war vom Dezember bis Februar vermietet worden. Der Ertrag betrifft also sowohl das alte Jahr (Dezember) als auch das neue Jahr (Januar und Februar). Julia Blauschneider muss deshalb im Rahmen des Jahresabschlusses den Geschäftsfall dem richtigen Geschäftsjahr zuordnen.

Steuerrechtliche Begründung

Eine genaue Gewinn- und Verlustrechnung ist von öffentlichem Interesse. In der GUV-Rechnung wird durch die Gegenüberstellung aller Aufwendungen und Erträge das Gesamtergebnis eines Unternehmens ermittelt, also entweder ein Reingewinn oder ein Reinverlust. Ein im GUV-Konto ermittelter Reingewinn stellt die Grundlage für die Berechnung der Steuerschuld eines Unternehmens für das jeweilige Geschäftsjahr dar.

Betriebswirtschaftliche Begründung

Neben der Erfüllung gesetzlicher Vorschriften ist eine exakte Gewinn- und Verlustrechnung auch eine wichtige Voraussetzung für eine kostendeckende Kalkulation der Verkaufspreise.

Finanzamt

Zuordnung in das periodenrichtige Geschäftsjahr

Julia Blauschneider berücksichtigt, dass Zahlungsvorgänge auf den Zahlungsmittelkonten (z. B. 2800 BK, 2880 KA) zu dem auf dem Beleg angegebenen Zeitpunkt buchhalterisch erfasst werden müssen.

Der Jahreserfolg wird in der doppelten Buchführung jedoch nicht nach Ausgaben und Einnahmen festgestellt, sondern nach Aufwand und Ertrag. Daher sind die Zahlungsvorgänge sorgfältig von den Erfolgsvorgängen zu unterscheiden:

Zahlungsvorgänge		Erfolgsvorgänge	
erfolgen zu einem Zeitpunkt		entstehen über einen Zeitraum	
Ausgabe	Einnahme	Aufwand	Ertrag
Geldrechnung		Erfolgsrechnung	

Für Julia Blauschneider stellt sich nun die Frage, wie sie die vorliegenden Geschäftsfälle, die sich aus nebenstehenden Kontoauszügen ergeben, buchhalterisch behandeln muss. Sie liest dazu im § 252 HGB nach und entnimmt folgende Informationen:

> **§ 252 HGB Allgemeine Bewertungsgrundsätze**
> Aufwendungen und Erträge sind in dem Jahr in der GUV-Rechnung zu erfassen, in das sie wirtschaftlich gehören, unabhängig davon, wann die Zahlung erfolgt.

Bei einigen Geschäftsfällen fallen Zahlungsvorgang und Erfolgsvorgang in unterschiedliche Geschäftsjahre, d. h. Abrechnungsperioden. Also müssen Erfolgsvorgänge laut HGB dem Geschäftsjahr zugeordnet werden, in das sie wirtschaftlich gehören.

ARBEITSAUFTRAG

Begründen Sie die Notwendigkeit von § 252 Handelsgesetzbuch.

Zahlung im alten Jahr –
Aufwand im neuen Jahr

Fall 1

1.2 Erfolgsvorgänge dem richtigen Geschäftsjahr zuordnen

Bei den beiden Geschäftsfällen des Kontoauszuges fallen jeweils der Zahlungsvorgang und der Erfolgsvorgang in unterschiedliche Abrechnungsperioden. Julia Blauschneider muss deshalb zum 31. Dezember im Rahmen des Jahresabschlusses (VAB) die Aufwendungen und Erträge periodenrichtig zuordnen, d. h. in das Geschäftsjahr, in das sie wirtschaftlich gehören.

Zahlung im alten Jahr – teilweise Aufwand im neuen Jahr
Julia Blauschneider hat im Rahmen der VAB einen Geschäftsfall vorliegen, der sich über zwei Geschäftsjahre erstreckt:

SF Sparkasse Franken **Wir kümmern uns um Ihr Geld**	Blauschneider Jeans e. K. IBAN DE21 7703 0000 0083 7412 70 Sitzungsende in 02:35	Banking beenden

Kontenübersicht   Auftragslisten   SF-Service   Depots   Mailbox

Umsätze anzeigen für: Kontokorrentkonto   aktueller Kontostand 12.170,80 €

Kontokorrentkredit: 50.000,00 €

Buchungstag	Wertstellung	Umsatzart	Details	Betrag (€)	Saldo (€)
04.12.20..	04.12.20..	Überweisung	DE66 5700 1249 9053 3598 87 Providergebühren, Dez. bis Mai	– 71,40	10.385,80
05.12.20..	05.12.20..	Überweisung	DE88 7582 8597 5874 5558 55 Lagermiete lt. Mietvertrag für Dez. bis Februar	+ 1.785,00	12.170,80

Geschäftsfall zur Wertstellung am 4. Dezember (Fall 1):
Blauschneider überweist vom Geschäftsbankkonto für das Providerabonnement 71,40 € brutto für Dezember bis Mai.

Buchungssatz:

6820 KOM	60,00 €		
2600 VORST	11,40 €	an 2800 BK	71,40 €

Buchen in T-Konten:

S	6820 KOM	H
BK 60,00 €		

Zeitgerade

10,00 €	6820 KOM	50,00 €
4.12. 1 M	31.12.	5 M
Zahlung		Aufwand

Anhand der Zeitgeraden und der Buchung in den T-Konten wird deutlich, dass im Konto 6820 KOM 60,00 € gebucht sind, von denen 50,00 € wirtschaftlich in das neue Geschäftsjahr gehören. In der GUV-Rechnung des alten Geschäftsjahres würde also ein Aufwand von 60,00 € erfasst werden, der wirtschaftlich teilweise in das neue Geschäftsjahr gehört. Der Aufwand muss deshalb buchhalterisch in das periodenrichtige Geschäftsjahr übertragen werden.

Beim Jahresabschluss zum 31. Dezember muss Julia Blauschneider berücksichtigen, dass der erfasste Aufwand nur teilweise in der GUV-Rechnung des alten Jahres ausgewiesen werden darf. Anhand der Zeitgeraden sind folgende Fragen zu beantworten:

> 1. Welcher Anteil des Aufwands gehört wirtschaftlich ins alte Geschäftsjahr?
> 2. Welcher Betrag ist im Erfolgskonto bereits gebucht?
> 3. Wie kann das Problem gelöst werden?
>
> **Auswertung:**
> 1. In das alte Geschäftsjahr gehören wirtschaftlich 10,00 €.
> 2. Im Konto 6820 KOM sind bereits 60,00 € gebucht.
> 3. Aus dem Konto 6820 KOM müssen 50,00 € ausgebucht werden.

INFO

§ 250 HGB Rechnungs-abgrenzungsposten

(1) Als Rechnungsabgrenzungsposten sind auf der Aktivseite Ausgaben vor dem Abschlussstichtag auszuweisen, soweit sie Aufwendungen für eine bestimmte Zeit nach diesem Tag darstellen [...]

Der Aufwand für Januar bis Mai muss in der GUV-Rechnung des neuen Jahres ausgewiesen werden. Dieser Aufwand wird buchhalterisch über das Geschäftsjahr hinweg abgegrenzt. Dazu wird der Aufwand in ein aktives Bestandskonto ausgebucht: **2900 ARA Aktive Rechnungsabgrenzung**. Hierbei handelt es sich um eine vorbereitende Abschlussbuchung (VAB).

VAB zum 31.12. des alten Geschäftsjahres:

2900 ARA	an	6820 KOM	50,00 €

Buchen in T-Konten zum 31.12.:

S	2900 ARA	H		S	6820 KOM	H
KOM	50,00 €			BK	60,00 €	ARA 50,00 €

INFO

**Neues Konto
2900 ARA
Aktive Rechnungs-abgrenzung**

Das Konto Aktive Rechnungsabgrenzung erfasst Aufwendungen, die erst im neuen Geschäftsjahr erfolgswirksam sind, deren Zahlungsausgang aber bereits im alten Geschäftsjahr erfolgte.

Durch die vorbereitende Abschlussbuchung (VAB) ist der Saldo im Konto 6820 KOM 10,00 €. Somit erscheint nur der periodenrichtige Aufwand in der GUV-Rechnung des alten Geschäftsjahres. Das Gegenkonto 2900 ARA wird über das Schlussbilanzkonto abgeschlossen. Bei der Eröffnung der Buchführung zum 1. Januar erinnert das aktive Bestandskonto 2900 ARA daran, dass ein Aufwand von 50,00 € in das neue Geschäftsjahr gebucht werden muss.

Umbuchung des Aufwands zum 01.01.:

6820 KOM	an	2900 ARA	50,00 €

Buchen in T-Konten zum 01.01.:

S	2900 ARA	H		S	6820 KOM	H
AB	50,00 €	KOM 50,00 €		ARA	50,00 €	

Der Aufwand wird sofort zum 1. Januar des neuen Jahres im Konto 6820 KOM erfasst. Das Gegenkonto 2900 ARA hat damit seine Speicherfunktion erfüllt, der Aufwand ist nun periodenrichtig gebucht.

Zahlung im alten Jahr –
Erfolg im neuen Jahr

Zahlung im alten Jahr – teilweise Ertrag im neuen Jahr

Julia Blauschneider hat einen weiteren Geschäftsfall vorliegen, der sich über zwei Geschäftsjahre erstreckt.

Geschäftsfall zur Wertstellung am 5. Dezember (Fall 2):

Blauschneider wird am 5.12. die Lagerhallenmiete in Höhe von 1.785,00 € brutto für die Zeit vom Dezember bis Februar im Voraus auf dem Geschäftsbankkonto gutgeschrieben.

Buchungssatz vom 05.12.20..

2800 BK	1.785,00 €	an	5400 EMP	1.500,00 €
		an	4800 UST	285,00 €

Der Ertrag muss im Rahmen der VAB aufgeteilt und dem jeweiligen Geschäftsjahr zugeordnet werden, in das er wirtschaftlich gehört. Anhand der Zeitgeraden lässt sich der Erfolgsvorgang anschaulich darstellen:

Zeitgerade

	500,00 €	5400 EMP	1.000,00 €	
5.12.	1 M	31.12.	2 M	
Einnahme			Ertrag	

Buchen in T-Konten:

S	2800 BK	H		S	5400 EMP	H
EMP, UST 1.785,00 €					BK	1.500,00 €

S	4800 UST	H
	BK	285,00 €

Anhand der Zeitgeraden und der Buchung in den T-Konten wird deutlich, dass im Konto 5400 EMP ein Ertrag von 1.000,00 € gebucht ist, der wirtschaftlich in das neue Geschäftsjahr gehört.

In der GUV-Rechnung des alten Jahres wäre zu viel Ertrag erfasst, der wirtschaftlich erst ins neue Jahr gehört. Beim Jahresabschluss zum 31. Dezember muss Julia Blauschneider berücksichtigen, dass nur ein Teil des erfassten Ertrages in der GUV-Rechnung des alten Jahres ausgewiesen werden darf. Anhand der Zeitgeraden sind folgende Fragen zu beantworten:

1. Welcher Anteil des Ertrags gehört wirschaftlich in das alte Geschäftsjahr?
2. Welcher Betrag ist im Erfolgskonto bereits gebucht?
3. Wie kann das Problem gelöst werden?

Auswertung:
1. In das Geschäftsjahr gehören wirtschaftlich 500,00 €.
2. Im Konto 5400 EMP sind bereits 1.500,00 € gebucht.
3. Aus dem Konto 5400 EMP müssen 1.000,00 € ausgebucht werden.

INFO

Neues Konto
4900 PRA
Passive Rechnungs-abgrenzung
Das Konto Passive Rechnungsabgrenzung erfasst Erträge, die erst im neuen Geschäftsjahr erfolgswirksam sind, deren Zahlungseingang aber bereits im alten Geschäftsjahr erfolgte.

Der Mietertrag für Januar und Februar muss in der GUV-Rechnung des neuen Jahres ausgewiesen werden. Dieser Ertrag wird buchhalterisch über das Geschäftsjahr hinweg abgegrenzt. Dazu wird der Ertrag in ein passives Bestandskonto umgebucht: **4900 PRA Passive Rechnungsabgrenzung**.

VAB zum 31.12. des alten Geschäftsjahres:

5400 EMP	an	**4900 PRA**	1.000,00 €

Buchen in T-Konten zum 31.12.:

S	**4900 PRA**	H	S	5400 EMP	H
	EMP	1.000,00 €	PRA	1.000,00 €	BK	1.500,00 €

Durch die VAB ist der Saldo im Konto 5400 EMP 500,00 €. Somit erscheint der Mietertrag nicht in der GUV-Rechnung des alten Geschäftsjahres.

Das Gegenkonto 4900 PRA wird über das Schlussbilanzkonto abgeschlossen. Bei der Eröffnung der Buchführung zum 1. Januar erinnert das passive Bestandskonto 4900 PRA daran, dass ein Ertrag von 1.000,00 € in das neue Geschäftsjahr gebucht werden muss.

Umbuchung des Ertrages zum 01.01.:

4900 PRA	an	5400 EMP	1.000,00 €

Buchen in T-Konten zum 01.01.:

S	**4900 PRA**	H	S	5400 EMP	H
EMP	1.000,00 €	AB	1.000,00 €		PRA	1.000,00 €

Der Ertrag wird sofort zum 1. Januar des neuen Jahres im Konto 5400 EMP erfasst. Das Gegenkonto 4900 PRA hat damit seine Speicherfunktion erfüllt, der Ertrag ist nun periodenrichtig gebucht.

Richtig oder falsch?

AUFGABE 20

Sind folgende Aussagen richtig oder falsch? Stellen Sie falsche Aussagen richtig:

1. Die Schlussbilanz entspricht dem Jahresabschluss.
2. Das GUV-Konto erfasst alle Aufwendungen und Erträge eines Geschäftsjahres.
3. Im Rahmen der periodenrichtigen Erfolgsermittlung werden alle Ausgaben und Einnahmen eines Geschäftsjahres bewertet.
4. Die periodenrichtige Erfolgsermittlung muss nach den Vorschriften des HGB durchgeführt werden.
5. Die jährliche GUV-Rechnung ist ausschließlich aus betriebswirtschaftlichem Grund von Interesse, da sie die Grundlage für die Berechnung der Steuerschuld eines Unternehmens darstellt.

AUFGABE 21

Gemäß Mietvertrag zahlt ein Mieter von Blauschneider die Garagenmiete für Dezember und Januar in Höhe von 120,00 € netto im Voraus zum 28. November.

1. Zeichnen Sie zu diesem Geschäftsfall im Rahmen der periodenrichtigen Erfolgsermittlung zum 31. Dezember eine Zeitgerade und geben Sie an, um welches Erfolgskonto es sich handelt, wann die Zahlung erfolgt, in welches Geschäftsjahr der Erfolg wirtschaftlich zugeordnet werden muss und welcher Betrag berichtigt werden muss.
2. Bilden Sie die anfallenden Buchungen
   2.1 bei Zahlung,
   2.2 zum 31. Dezember (VAB),
   2.3 Umbuchung zum 1. Januar.

Garagenmiete

AUFGABE 22

Im Rahmen der periodenrichtigen Erfolgsermittlung sind folgende Aufgaben zu bearbeiten:

1. Die Bank bucht gemäß dem Kreditvertrag die halbjährlichen Darlehenszinsen in Höhe von 2.600,00 € für die Monate Oktober bis März im Voraus am 30. September vom Geschäftsbankkonto ab.
   1.1 Zeichnen Sie eine Zeitgerade und tragen Sie die erforderlichen Daten ein.
   1.2 Bilden Sie den Buchungssatz bei Zahlung.
   1.3 Bilden Sie den Buchungssatz zum 31. Dezember (VAB).
   1.4 Bilden Sie den Buchungssatz für die Umbuchung zum 1. Januar.
2. Der Feuerversicherungsbeitrag von 1.440,00 € wurde am 27. Oktober für ein Jahr im Voraus bezahlt.
   2.1 Zeichnen Sie eine Zeitgerade und tragen Sie die erforderlichen Daten ein.
   2.2 Bilden Sie den Buchungssatz bei Zahlung.

Feuerversicherung

2.3 Bilden Sie den Buchungssatz zum 31. Dezember (VAB).

2.4 Bilden Sie den Buchungssatz für die Umbuchung zum 1. Januar.

3. Die Kfz-Steuer für die Firmen-Lkws in Höhe von 2.400,00 € wurde am 1. November für ein Jahr im Voraus überwiesen.

   3.1 Zeichnen Sie eine Zeitgerade und tragen Sie die erforderlichen Daten ein.

   3.2 Bilden Sie den Buchungssatz bei Zahlung.

   3.3 Bilden Sie den Buchungssatz zum 31. Dezember (VAB).

   3.4 Bilden Sie den Buchungssatz für die Umbuchung zum 1. Januar.

INFO

Verwechslungsgefahr:

Kfz-Steuer

→ Finanzamt

Kfz-Versicherungsbeitrag

→ Versicherungsunternehmen

AUFGABE 23

Bearbeiten Sie die Aufgaben zu folgender Infografik.

1. Woher stammen die Daten zur vorliegenden Infografik?
2. Worüber gibt die Infografik Auskunft?
3. Nennen Sie einen anderen Begriff für „Fiskus".
4. Berechnen Sie, welcher prozentuale Anteil an Steuer-Mehreinnahmen auf die Gewerbesteuer entfällt.

INFO

Regelmäßig schicken die Finanzbehörden Prüfer/-innen in Unternehmen, um zu kontrollieren, ob Steuern richtig und vollständig abgeführt worden sind. Ist das nicht der Fall, müssen Betriebe Steuernachzahlungen leisten.

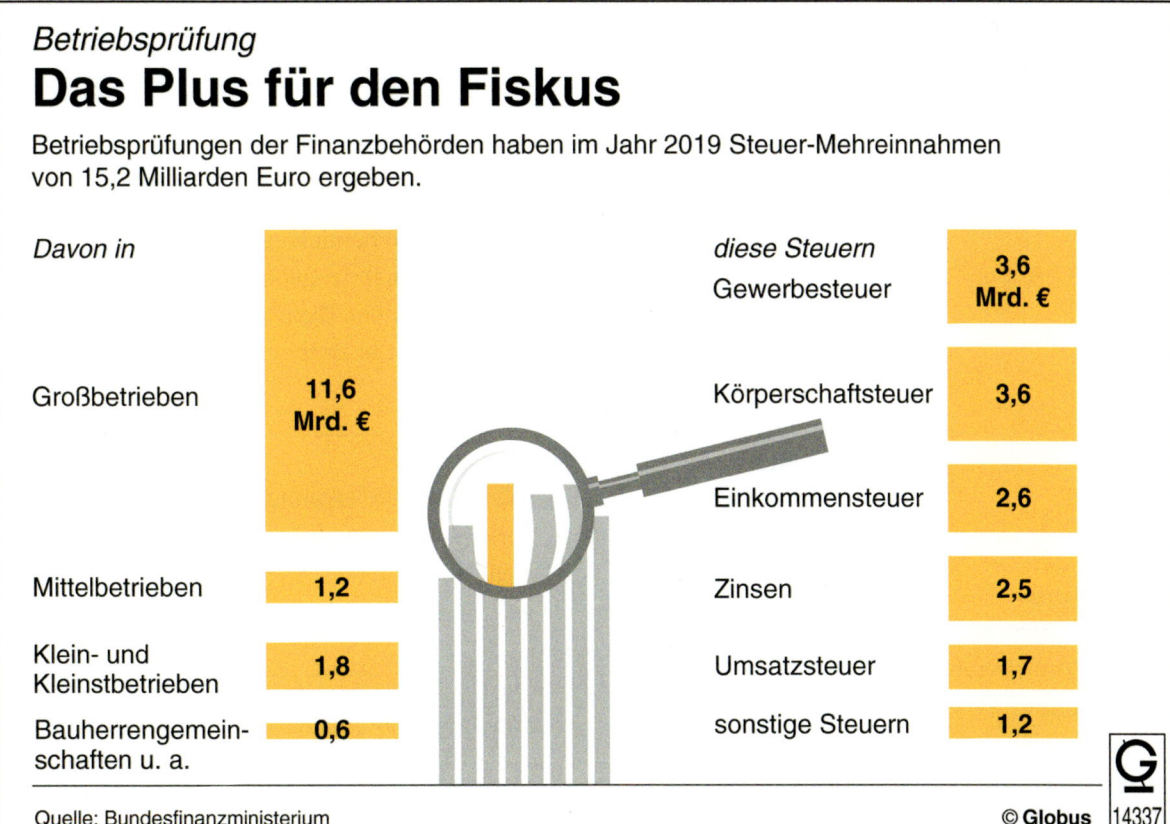

Betriebsprüfung
Das Plus für den Fiskus

Betriebsprüfungen der Finanzbehörden haben im Jahr 2019 Steuer-Mehreinnahmen von 15,2 Milliarden Euro ergeben.

Davon in

Großbetrieben	11,6 Mrd. €
Mittelbetrieben	1,2
Klein- und Kleinstbetrieben	1,8
Bauherrengemeinschaften u. a.	0,6

diese Steuern

Gewerbesteuer	3,6 Mrd. €
Körperschaftsteuer	3,6
Einkommensteuer	2,6
Zinsen	2,5
Umsatzsteuer	1,7
sonstige Steuern	1,2

Quelle: Bundesfinanzministerium

© Globus

14337

31.12.

INFO

§ 249 HGB Rückstellungen

(1) Rückstellungen sind für
ungewisse Verbindlichkeiten
und für drohende Verluste aus
schwebenden Geschäften zu
bilden.
Ferner sind Rückstellungen zu
bilden für
1. im Geschäftsjahr unterlasse-
ne Aufwendungen für Instandhaltung, die im folgenden
Geschäftsjahr innerhalb
von drei Monaten, oder für
Abraumbeseitigung, die im
folgenden Geschäftsjahr nach-
geholt werden, [...]

2 Rückstellungen – eine besondere Form der periodenrichtigen Erfolgsermittlung

2.1 Bilden von Rückstellungen zum 31. Dezember

Julia Blauschneider liegt folgender Kostenvoranschlag vor:

Dr. Thomas Griessinger
Rechtsanwalt und Notar

Martinstraße 28
86179 Augsburg

Blauschneider Jeans e. K.
Levistraße 2 – 4
96050 Bamberg

20. November 20..

Kostenvoranschlag Nr. 6500/20..
Streitwert 50.000,00 €

Sehr geehrte Frau Blauschneider,

für den laufenden Gewährleistungsprozess gegen Ihren Kunden Unrecht
werden Ihnen Anwaltskosten in Höhe von voraussichtlich 9.800.00 € netto in
Rechnung gestellt werden.

Mit freundlichen Grüßen

Dr. Thomas Griessinger

Bei den zu erwartenden Anwaltskosten handelt es sich um Aufwendungen,
die wirtschaftlich dem alten Geschäftsjahr zugeordnet werden können und
noch nicht bezahlt sind (Verbindlichkeiten). Die Höhe der Schuld beruht auf
einer Schätzung (Kostenvoranschlag). Der Zeitpunkt der Zahlung (Fälligkeit)
steht ebenfalls noch nicht fest.

INFO

Neues Konto
3900 RST
Rückstellungen
Im Konto Rückstellungen wer-
den möglicherweise anfallende
Verbindlichkeiten an den
Gläubiger erfasst bis feststeht,
ob und in welcher Höhe eine
Zahlung zu leisten ist.

Bilden von Rückstellungen
Da Rückstellungen die Gewinnsteuerlast beeinflussen, werden sie streng
überprüft. Sie werden nur anerkannt, wenn Ansprüche Dritter bereits ver-
traglich vorliegen. Rückstellungen sind zweckgebunden und müssen in
der Bilanz ausgewiesen werden. Es gibt z. B. Steuerrückstellungen oder
Sonstige Rückstellungen.

Julia Blauschneider nimmt in ihren Kontenplan das neue Konto 3900 RST
(Rückstellungen) auf. Durch das Bilden von Rückstellungen werden Aufwendungen, deren Höhe und Fälligkeit noch ungewiss sind, in der GUV-Rechnung
des alten Geschäftsjahres periodenrichtig zugeordnet.

Buchung von Rückstellungen

> **MERKE**
>
> **Rückstellungen** müssen zum 31. Dezember im Rahmen der vorbereitenden Abschlussbuchungen (VAB) gebildet werden, wenn
> - ein Aufwand wirtschaftlich ins alte Geschäftsjahr gehört,
> - die Zahlung erst im neuen Geschäftsjahr erfolgt,
> - die Höhe der Schuld ungewiss ist, d. h. auf einer Schätzung beruht,
> - die Fälligkeit unbekannt ist.

VAB zum 31.12. des alten Geschäftsjahres:

6770 RBK	an	**3900 RST**	9.800,00 €

Bei der Eröffnung der Buchführung zum 1. Januar des nächsten Jahres wird das passive Bestandskonto 3900 RST eröffnet. Es erinnert daran, dass noch eine Zahlung in Höhe von möglicherweise ca. 9.800,00 € netto aussteht. Die Rückstellung ist für einen Aufwand, der bereits in der GUV-Rechnung des alten Geschäftsjahres periodenrichtig erfasst worden ist.

> Das Bilden von Rückstellungen lässt sich zweifach begründen.
> - steuerlicher Grund: periodenrichtige Erfolgsermittlung
> - betriebswirtschaftlicher Grund: kaufmännische Vorsicht (Bereitstellung von Mitteln zur Deckung ungewisser Ausgaben)

2.2 Auflösung von Rückstellungen im neuen Jahr

Nach § 249 HGB dürfen Rückstellungen im neuen Jahr erst aufgelöst werden, wenn der Grund für sie entfallen ist. Das ist z. B. der Fall, wenn die Eingangsrechnung vorliegt. Im neuen Geschäftsjahr, wenn der Prozess abgeschlossen ist, sind folgende Fälle denkbar:

Fall 1: Was wäre, wenn die Schätzung richtig wäre?
Es würden tatsächliche Anwaltskosten genau in der Höhe der gebildeten Rückstellung von 9.800,00 € netto anfallen.

Fall 2: Was wäre, wenn die Schätzung zu niedrig wäre?
Es würden höhere Anwaltskosten als erwartet anfallen, z. B. 12.400,00 € netto.

Fall 3: Was wäre, wenn die Schätzung zu hoch wäre?
Es würden weniger Anwaltskosten als erwartet anfallen, z. B. 5.000,00 € netto.

Fall 4: Was wäre, wenn keine Anwaltskosten anfallen würden?
Dies wäre der Fall, wenn Blauschneider den Prozess gewinnen würde.

RST ≙ Aufwand

Fall 1: Was wäre, wenn die Schätzung richtig wäre?
Julia Blauschneider liegt folgender Beleg vor:

Dr. Thomas Griessinger
Rechtsanwalt und Notar

Martinstraße 28
86179 Augsburg

Blauschneider Jeans e. K.
Levistraße 2 – 4
96050 Bamberg

22. Februar 20..

Kostenrechnung Nr. 6500/20..

Sehr geehrte Frau Blauschneider,

nachdem der Gewährleistungsprozess gegen Ihren Kunden Unrecht nunmehr rechtskräftig abgeschlossen ist, ist die Angelegenheit bei uns erledigt. Die bei uns gemäß der Bundesgebührenordnung für Rechtsanwälte entstandenen Kosten betragen:

aus dem Gegenstandswert	9.800,00 €
19 % USt § 25 II BRAGO	1.862,00 €
Rechnungsbetrag	**11.662,00 €**

Ich bitte um Überweisung auf mein Konto bei der Rechtsbank, München.

Mit freundlichen Grüßen

Dr. Thomas Griessinger

INFO

Mit dem Ende des Prozesses ist der Grund für die Rückstellung entfallen, die Rückstellung muss aufgelöst werden.

Auswertung des Beleges zum Bilden des Buchungssatzes		Soll	Haben
Rückstellung/ Nettowert	Der Kostenvoranschlag (Rückstellung) stimmt mit den tatsächlichen An- waltskosten überein. Der im alten Jahr gebuchte Aufwand ist als Rückstel- lung bis zur Auflösung (Ende des Prozesses) im Konto 3900 RST erfasst. Es hat seine Funktion erfüllt und wird aufgelöst.	RST	
Vorsteuer	Nach dem Prozessende ist die Berechnungsgrundlage für die Umsatzsteuer bekannt. Sie wird Blauschneider in Rechnung gestellt.	VORST	
Rechnungsbetrag	Dieser Bruttobetrag ist bis zum Ausgleich des Rechnungsbetrags die ge- samte Verbindlichkeit an den Rechtsanwalt.		VE

Nebenrechnung (netto):

Rückstellung	9.800,00 €
– tatsächlicher Aufwand	9.800,00 €
Schätzung war richtig	0,00 €

} netto

Buchungssatz zur Auflösung der Rückstellung:

3900 RST	9.800,00 €			
2600 VORST	1.862,00 €	an	4400 VE	11.662,00 €

Fall 2: Was wäre, wenn die Schätzung zu niedrig wäre?

Julia Blauschneider liegt folgender Beleg von Rechtsanwalt Griessinger vor:

RST < Aufwand

Dr. Thomas Griessinger
Rechtsanwalt und Notar

Martinstraße 28
86179 Augsburg

Blauschneider Jeans e. K.
Levistraße 2 – 4
96050 Bamberg

22. Februar 20..

Kostenrechnung Nr. 6500/20..

Sehr geehrte Frau Blauschneider,

nachdem der Gewährleistungsprozess gegen Ihren Kunden Unrecht nunmehr
rechtskräftig abgeschlossen ist, ist die Angelegenheit bei uns erledigt. Die bei
uns gemäß der Bundesgebührenordnung für Rechtsanwälte entstandenen
Kosten betragen:

aus dem Gegenstandswert	12.400,00 €
19 % USt § 25 II BRAGO	2.356,00 €
Rechnungsbetrag	**14.756,00 €**

Ich bitte um Überweisung auf mein Konto bei der Rechtsbank, München.

> **INFO**
>
> **Neues Konto**
> **6990 PFAW**
> **Periodenfremde**
> **Aufwendungen**
> Es nimmt Aufwendungen
> auf, die wirtschaftlich in das
> vorhergehende Geschäftsjahr
> gehören.

> **INFO**
>
> Die Umsatzsteuer wird immer
> vom tatsächlichen Aufwand
> gebucht.

Auswertung des Beleges zum Bilden des Buchungssatzes		Soll	Haben
Rückstellung/ Nettowert	Die gebildete Rückstellung ist bei Rechnungseingang in voller Höhe aufzu- lösen (Ende des Prozesses). Das Konto 3900 RST hat seine Funktion erfüllt und wird aufgelöst.	RST	
Schätzung zu niedrig	Die gebildete Rückstellung war niedriger als die tatsächlichen Anwaltskos- ten. Es entsteht ein zusätzlicher, periodenfremder Aufwand	PFAW	
Vorsteuer	Nach dem Prozessende ist die Berechnungsgrundlage für die Umsatzsteuer bekannt. Sie wird Blauschneider in Rechnung gestellt.	VORST	
Rechnungsbetrag	Dieser Betrag ist bis zum Ausgleich des Rechnungsbetrags die gesamte Verbindlichkeit an den Rechtsanwalt.		VE

Nebenrechnung (netto):

Rückstellung	9.800,00 €	} netto
– tatsächlicher Aufwand	12.400,00 €	
Periodenfremder Aufwand	2.600,00 €	

Buchungssatz zur Auflösung der Rückstellung:

3900 RST	9.800,00 €			
6990 PFAW	**2.600,00 €**			
2600 VORST	2.356,00 €	an	4400 VE	14.756,00 €

Rückstellungen werden steuerrechtlich streng kontrolliert.

Die Reparatur des Lkw wird verschoben.

Fassadenrenovierung

AUFGABE 24

Bearbeiten Sie folgende Aufgaben:

1. Nennen Sie die Bestandteile eines Jahresabschlusses.
2. Erläutern Sie, wie nach § 252 HGB mit Aufwendungen und Erträgen verfahren werden muss, die das alte und neue Geschäftsjahr betreffen.
3. Nennen Sie zwei Gründe für die periodenrichtige Erfolgsermittlung am 31. Dezember im Rahmen der VAB.
4. Nennen Sie zwei Gemeinsamkeiten und zwei Unterschiede von Verbindlichkeiten und Rückstellungen.
5. Nennen Sie zwei Gründe für das Bilden von Rückstellungen.
6. Stellen Sie dar, wann Rückstellungen gebildet werden.
7. Erklären Sie, weshalb Rückstellungen steuerrechtlich streng behandelt werden.
8. Beschreiben Sie, wie im Zusammenhang mit Rückstellungen die Umsatzsteuer behandelt wird.
9. Stellen Sie die Auflösung von Rückstellungen nach § 249 HGB dar.
10. Beschreiben Sie, wie buchhalterisch zu verfahren ist, wenn die Schätzung des Rückstellungsbetrags zu niedrig war.

AUFGABE 25

Bilden Sie die VAB zum 31. Dezember zu folgenden Geschäftsfällen:

1. Eine Lkw-Reparatur konnte im Dezember nicht mehr durchgeführt werden und muss bis Mitte Januar verschoben werden. Der Kostenvoranschlag beläuft sich auf 3.200,00 € netto.
2. Blauschneider hat im Voraus am 1. März 780,00 € Kfz-Versicherung für März bis Februar überwiesen.
3. Für einen Gewährleistungsprozess, dessen Ausgang ungewiss ist, bildet Julia Blauschneider eine Rückstellung in Höhe von 6.000,00 €.

AUFGABE 26

Bilden Sie die Buchungssätze zur Auflösung der in Aufgabe 25 gebildeten Rückstellungen.

1. Blauschneider liegt eine Eingangsrechnung der Kfz-Werkstatt über 3.200,00 € netto vor.
2. Die Rechnung des Rechtsanwalts in Höhe von 7.140,00 € brutto geht bei Blauschneider ein.

AUFGABE 27

Bilden Sie unter Angabe der Nebenrechnung die Buchungssätze zu folgenden Geschäftsfällen:

1. Zum 31. Dezember ist eine Rückstellung für eine Fassadenrenovierung zu bilden. Der Kostenvoranschlag lautet auf 2.500,00 € netto.
2. Auflösung der Rückstellung (siehe 1.) bei Rechnungseingang im neuen Jahr, der Rechnungsbetrag zur Fassadenrenovierung beträgt 3.552,15 € brutto.

Fall 3: Was wäre, wenn die Schätzung zu hoch wäre?

RST > Aufwand

Dr. Thomas Griessinger
Rechtsanwalt und Notar

Martinstraße 28
86179 Augsburg

Blauschneider Jeans e. K.
Levistraße 2 – 4
96050 Bamberg

22. Februar 20..

Kostenrechnung Nr. 6500/20..

Sehr geehrte Frau Blauschneider,

nachdem der Gewährleistungsprozess gegen Ihren Kunden Unrecht nunmehr rechtskräftig abgeschlossen ist, ist die Angelegenheit bei uns erledigt. Die bei uns gemäß der Bundesgebührenordnung für Rechtsanwälte entstandenen Kosten betragen:

aus dem Gegenstandswert	5.000,00 €
19 % USt § 25 II BRAGO	950,00 €
Rechnungsbetrag	**5.950,00 €**

Neues Konto
5490 PFE
Periodenfremder Ertrag
Es nimmt Erträge auf, die wirtschaftlich in das vorhergehende Geschäftsjahr gehört hätten.

Der Kostenvoranschlag war zu hoch, die tatsächlichen Anwaltskosten belaufen sich auf 5.000,00 € netto. Zum 31. Dezember des alten Jahres wurden für die zu erwartenden Anwaltskosten 9.800,00 € netto zurückgestellt. Die Kostenrechnung des Anwalts liegt unter dem Wert der gebildeten Rückstellung. Bei der Auflösung dieser Rückstellung ergibt sich ein periodenfremder Ertrag in Höhe von 4.800,00 €, der im Konto **5490 Periodenfremde Erträge** zu buchen ist.

Auswertung des Beleges zum Bilden des Buchungssatzes		Soll	Haben
Rückstellung/ Nettowert	Die gebildete Rückstellung war höher als die tatsächlichen Anwaltskosten. Die Rückstellung ist bei Rechnungseingang in voller Höhe einzulösen.	RST	
Schätzung zu hoch	Es entsteht ein periodenfremder Ertrag.		PFE
Vorsteuer	Nach dem Prozessende ist die Berechnungsgrundlage für die Umsatzsteuer bekannt. Sie wird Blauschneider in Rechnung gestellt.	VORST	
Rechnungsbetrag	Dieser Betrag ist bis zum Ausgleich des Rechnungsbetrags die gesamte Verbindlichkeit an den Rechtsanwalt.		VE

Nebenrechnung (netto):

Rückstellung	9.800,00 €	} netto
– tatsächlicher Aufwand	5.000,00 €	
Periodenfremder Ertrag	4.800,00 €	

Buchungssatz zur Auflösung der Rückstellung:

3900 RST	9.800,00 €			
2600 VORST	950,00 €	an	4400 VE	5.950,00 €
		an	5490 PFE	4.800,00 €

RST > Aufwand

Julia Blauschneider gratuliert ihrem Rechtsanwalt zum gewonnenen Gewährleistungsprozess.

Fall 4: Was wäre, wenn keine Anwaltskosten anfallen würden?

Dr. Thomas Griessinger
Rechtsanwalt und Notar

Martinstraße 28
86179 Augsburg

Blauschneider Jeans e. K.
Levistraße 2 – 4
96050 Bamberg

22. Februar 20..

Kostenrechnung Nr. 6500/20..

Sehr geehrte Frau Blauschneider,

nachdem der Gewährleistungsprozess gegen Ihren Kunden Unrecht nunmehr rechtskräftig abgeschlossen ist, ist die Angelegenheit bei uns erledigt. Die bei uns gemäß der Bundesgebührenordnung für Rechtsanwälte entstandenen Kosten betragen:

aus dem Gegenstandswert	9.800,00 €
19 % USt § 25 II BRAGO	1.862,00 €
Rechnungsbetrag	**11.662,00 €**

Die Kosten trägt der Prozessgegner.

Mit freundlichen Grüßen

Dr. Thomas Griessinger

Zum 31. Dezember des alten Jahres wurden für die zu erwartenden Anwaltskosten 9.800,00 € netto zurückgestellt. Die Anwaltskosten von Blauschneider übernimmt der Prozessgegner. Die Rückstellung ist gegenstandslos geworden. Sie muss in voller Höhe aufgelöst werden. Bei der Auflösung dieser Rückstellung ergibt sich ein periodenfremder Ertrag in Höhe der gebildeten Rückstellung von 9.800,00 €. Dieser ist im Konto 5490 Periodenfremde Erträge zu buchen.

Auswertung des Beleges zum Bilden des Buchungssatzes		Soll	Haben
Rückstellung/ Nettowert	Das Konto 3900 RST hat seine Funktion erfüllt und wird aufgelöst.	RST	
Schätzung zu hoch	Die gebildete Rückstellung entspricht in voller Höhe einem periodenfremden Ertrag.		PFE
Vorsteuer	Es fällt keine an, da der Prozessgegner die Prozesskosten übernimmt.		

Buchungssatz zur Auflösung der Rückstellung:

3900 RST	9.800,00 €	an	5490 PFE	9.800,00 €

AUFGABE 28

1. Bilden Sie den Buchungssatz zu folgendem Geschäftsfall: Zum 31. Dezember ist eine Rückstellung für eine Kfz-Reparatur zu bilden. Der Kostenvoranschlag lautet auf 3.600,00 € netto.
2. Bilden Sie den Buchungssatz zur Auflösung der Rückstellung bei Rechnungseingang im neuen Jahr (siehe 1.), wenn
   2.1 der Rechnungsbetrag 4.284,00 € brutto beträgt.
   2.2 der Rechnungsbetrag 3.689,00 € brutto beträgt.
   2.3 der Rechnungsbetrag 5.950,00 € brutto beträgt.
3. Bilden Sie die VAB zum 31.12. für folgende Geschäftsfälle:
   3.1 Die Kfz-Steuer für den Kleintransporter in Höhe von 660,00 € wurde am 28.05. für ein Jahr ab Juni im Voraus überwiesen.
   3.2 Die Kfz-Versicherung in Höhe von 696,00 € wurde am 30.01. für ein Jahr ab Februar im Voraus überwiesen.
   3.3 Die Miete für ein von uns vermietetes Büro für die Monate November, Dezember und Januar in Höhe von 1.200,00 € netto wurde bereits Anfang November vom Mieter im Voraus überwiesen.

AUFGABE 29

Bilden Sie die Buchungssätze zu folgenden Geschäftsfällen:
1. Zum 31. Dezember ist für Prozesskosten eine Rückstellung in Höhe von 2.000,00 € zu bilden.
2. Das Unternehmen Blauschneider gewinnt den Prozess im neuen Jahr, es fallen keine Anwaltskosten an.

AUFGABE 30

Bearbeiten Sie folgende Aufgaben zum Beleg:
1. Formulieren Sie den Geschäftsfall.
2. Bis wann muss die Fassadenrenovierung laut § 249 HGB spätestens durchgeführt sein?
3. Bilden Sie den Buchungssatz zum 31. Dezember im Rahmen der VAB.
4. Nach Beendigung der Fassadenrenovierung geht die Rechnung von Malermeister Bob e. K. bei Blauschneider ein. Der Rechnungsbetrag lautet auf 11.305,00 € brutto. Bilden Sie den Buchungssatz.

Malermeister Bob e. K.
86365 Augsburg – Kleckselstr. 22
Tel. 0821 441212

Blauschneider Jeans e. K. Levistraße 2 – 4 96050 Bamberg	Amtsgericht Augsburg HRA 1537 USt-IdNr.: DE 567095436 Steuer-Nr.: 654/44378

22. Februar 20..

Kostenvoranschlag	Gesamtpreis €
Für die komplette Fassadenrenovierung des Verwaltungsgebäudes Blauschneider Jeans e. K. würden wir Ihnen voraussichtlich in Rechnung stellen ca.	8.950,00 netto
Der Auftrag ist erst im März des nächsten Jahres ausführbar.	

§ 252 HGB Allgemeine Bewertungsgrundsätze

Aufwendungen und Erträge sind in dem Jahr in der GuV zu erfassen, in das sie wirtschaftlich gehören, unabhängig davon, wann die Zahlung erfolgt.

Aufwendungen und Erträge des alten und neuen Geschäftsjahres müssen nach den Vorschriften des HGB voneinander getrennt werden:

- **steuerlicher Grund**
  Die GuV-Rechnung ist Berechnungsgrundlage für die Steuerschuld.
- **betriebswirtschaftlicher Grund**
  Die GuV-Rechnung ist Berechnungsgrundlage für die Preise laut Verkaufskalkulation.

Bilanzstichtag 31. Dezember			
altes Geschäftsjahr		VAB über	neues Geschäftsjahr
Vorauszahlung	Ausgabe	ARA	Aufwand
	Einnahme	PRA	Ertrag

Erfolgsvorgänge dem richtigen Geschäftsjahr zuordnen

Für die vorbereitende Abschlussbuchung (VAB) müssen zum 31. Dezember anhand der Zeitgeraden folgende Fragen beantwortet werden:

1. Wie viel des Ertrags/Aufwands gehört wirtschaftlich ins alte Geschäftsjahr?
2. Wie viel ist im Erfolgskonto bereits gebucht?
3. Wie kann das Problem gelöst werden?

Fall 1: Buchungssatz – VAB zum 31.12. des alten Geschäftsjahres

2900 ARA	an	Aufwandskonto

Die **Aktive Rechnungsabgrenzung** muss zum 31. Dezember im Rahmen der vorbereitenden Abschlussbuchungen (VAB) gebucht werden, wenn

- der **Zahlungsausgang** bereits im **alten Geschäftsjahr** erfolgt,
- der **Aufwand** wirtschaftlich teilweise ins **neue Geschäftsjahr** gehört.

Fall 2: Buchungssatz – VAB zum 31.12. des alten Geschäftsjahres

Ertragskonto	an	4900 PRA

Die **Passive Rechnungsabgrenzung** muss zum 31. Dezember im Rahmen der vorbereitenden Abschlussbuchungen (VAB) gebucht werden, wenn

- der **Zahlungseingang** bereits im **alten Geschäftsjahr** erfolgt,
- der **Ertrag** wirtschaftlich teilweise ins **neue Geschäftsjahr** gehört.

Rückstellungen	
Aufwand	im alten Jahr
Zahlung	im neuen Jahr
Betrag	wird geschätzt
Fälligkeit	ist unbekannt

Rückstellungen müssen zum 31. Dezember im Rahmen der vorbereitenden Abschlussbuchungen (VAB) gebildet werden, wenn

- ein **Aufwand wirtschaftlich ins alte Geschäftsjahr** gehört,
- die erwartete **Zahlungsausgabe erst im neuen Geschäftsjahr** erfolgt,
- die **Höhe der Schuld ungewiss** ist, d. h. auf einer Schätzung beruht,
- die **Fälligkeit unbekannt** ist.

Das Bilden von Rückstellungen lässt sich zweifach begründen.
- steuerlicher Grund: periodenrichtige Erfolgsermittlung
- betriebswirtschaftlicher Grund: kaufmännische Vorsicht
  (Bereitstellung von Mitteln zur Deckung ungewisser Ausgaben)

VAB zum 31.12. des alten Geschäftsjahres:

Aufwandskonto	an	3900 RST

Auflösung einer zu niedrig geschätzten Rückstellung

Nebenrechnung: Rückstellung
                   – tatsächlicher Aufwand
                   periodenfremder Aufwand

Buchungssatz zur Auflösung der Rückstellung:

3900 RST		
6990 PFAW		
2600 VORST	an	4400 VE

Auflösung einer zu hoch angesetzten Rückstellung

Nebenrechnung: Rückstellung
                   – tatsächlicher Aufwand
                   periodenfremder Ertrag

Buchungssatz zur Auflösung der Rückstellung:

3900 RST		
2600 VORST	an	4400 VE
	an	5490 PFE

AUFGABE A

Julia Blauschneider möchte ab November 20.. den Fuhrpark um einen hochwertigen Liefertransporter erweitern. Für die Finanzierung greift sie bei einem Kreditangebot des örtlichen Händlers zu (siehe nebenstehendes Werbeangebot).

Am Jahresende möchte Julia Blauschneider für das laufende Geschäftsjahr eine Gewinn- und Verlustrechnung aufstellen. Hierzu betrachtet sie die Kontoauszüge und findet für den Monat November eine Vorkontierung (siehe rechts).

1. Bilden Sie den Buchungssatz zur Vorkontierung vom 1.11.20..
2. Verteilen Sie den Zinsaufwand auf die Monate des aktuellen Zeitraums und beschriften Sie eine Zeitgerade entsprechend.
3. Begründen Sie, warum der Zinsaufwand auf zwei Geschäftsjahre verteilt wird.
4. Stellen Sie auf T-Konten dar, welches Problem in der Buchhaltung nun gelöst werden muss. Zunächst benötigen Sie dafür das Konto 7510 ZAW. Aber Sie suchen noch ein Konto für die Umbuchung des zu früh gebuchten Aufwands, welches die GUV-Rechnung nicht beeinflusst.
5. Bilden Sie den Buchungssatz (VAB) zum 31.12.20..
6. Begründen Sie die Entscheidung von Julia Blauschneider, den Transporter zu kaufen und nicht zu leasen.
7. Berechnen Sie den Preis des Transporters, welcher der Höhe des Festdarlehens entspricht.
8. Ermitteln Sie den monatlichen AfA-Betrag bei einer Nutzungsdauer von sechs Jahren.
9. Bilden Sie den Buchungssatz zur Erfassung der Abschreibung im ersten Jahr der Nutzung.
10. Julia Blauschneider benötigt sofort eine erste Tankfüllung. Sie zahlt bar. Bilden Sie den Buchungssatz für den rechts vorliegenden Beleg.
11. Julia Blauschneider hat für das Fahrzeug einen neuen Kfz-Versicherungsschein erhalten. Der Beitrag lautet auf 644,00 €. Bilden Sie den Buchungssatz.

Leasingangebot

Konto	Betrag	
	S	H
6710 LS	2.994,00	
2600 VORST	568,86	
2800 BK		3.562,86
1.11.20..	Blauschneider	
(Datum)	(Unterschrift)	

Vorkontierung für Monat November

```
              Tanken Total
                96050 Bamberg
           Tankstellen-Nr. 0000000815
                Tel.: 0951/4578
                Fax: 0951/4579

Beleg-Nr. 2447/013/00001                      14.11.20..

*000003 Diesel                            115,34 EUR    A*
*Zp 04              92,72 l               1,244 EUR/l

        Gesamtbetrag                     115,34 EUR

Typ         Netto           Mwst          Brutto
A: 19,00 %   96,92          18,42         115,34
```

Tankbeleg zu Aufgabe 9

AUFGABE B

Julia Blauschneider hat am Ende des Jahres auf schneeglatter Fahrbahn einen Auffahrunfall. Sie fährt gleich zum Autohändler, lässt den Schaden begutachten und einen Kostenvoranschlag machen. Julia Blauschneider gibt für das nächste Kalenderjahr einen Reparaturauftrag. Im Januar liegt nun die Rechnung vor.

1. Bilden Sie den Buchungssatz zum 31.12.20.. (vorbereitende Abschlussbuchung, Kostenvoranschlag).
2. Recherchieren Sie, um wie viel Prozent die endgültige Rechnung vom Kostenvoranschlag nach oben abweichen darf.
3. Berechnen Sie die prozentuale Abweichung beim Reparaturauftrag von Julia Blauschneider.
4. Bilden Sie den Buchungssatz zum 10.01.20.. (die Rechnung geht ein).
5. Für einen Prozess hatte Julia Blauschneider 4.000,00 € zurückgestellt. Sie gewinnt den Prozess und der Gegner hat die Kosten des Prozesses zu tragen. Bilden Sie den Buchungssatz.
6. Vermutlich werden wir einen laufenden Schadenersatzprozess verlieren. Geschätzte Kosten: 1.600,00 €. Bilden Sie den Buchungssatz zum 31.12.20..
7. Die Gerichtskosten zu 6. belaufen sich auf 1.250,00 € und werden per Bank überwiesen. Bilden Sie den Buchungssatz.
8. Der Kostenvoranschlag für eine Werbekampagne ab Januar lautet auf ca. 5.000,00 €. Bilden Sie den Buchungssatz zum 31.12.20..
9. Die Rechnung der Werbeagentur für die neue Werbekampagne über 5.355,00 € brutto geht im Januar ein (siehe 8.). Bilden Sie den Buchungssatz.

Autoreparatur Moser

Dieselstraße 10
86154 Augsburg
Telefon: 0821 912556
Telefax: 0821 912566

**e. Kfm.
Inspektionen
TÜV**

Blauschneider Jeans e. K.
Levistraße 2 – 4
96050 Bamberg

Kostenvoranschlag 4568
Datum: 20. Dezember 20..
Kundennummer: 124-94-B4

Fabrikat:	Transporter
Fahrgestell-Nr.:	JMBG13D200005675432999
Modellbezeichnung:	40635L
Kfz-Brief:	AB5647998
Pol-Kennzeichen:	BA-JB 76
Kilometerstand:	75.686 km

Reparatur Kotflügel:	250,00 €
Reparatur Scheinwerfer:	167,00 €
Reparatur Innenbeleuchtung:	42,00 €
Kleinteile	53,00 €
Nettobetrag:	512,00 €

Bei Auftragserteilung: Ausführung der Reparatur im neuen Jahr.

Amtgericht Augsburg HRA 1344
USt-IdNr.: DE654897442 – Steuernummer 678/55421

Bankverbindung: Sparkasse Augsburg
IBAN: DE15 7055 4308 4805 8274 01

Autoreparatur Moser

Dieselstraße 10
86154 Augsburg
Telefon: 0821 912556
Telefax: 0821 912566

**e. Kfm.
Inspektionen
TÜV**

Blauschneider Jeans e. K.
Levistraße 2 – 4
96050 Bamberg

Rechnung 4568
Datum: 10. Januar 20..
Kundennummer: 124-94-B4

Fabrikat:	Transporter
Fahrgestell-Nr.:	JMBG13D200005675432999
Modellbezeichnung:	40635L
Kfz-Brief:	AB5647998
Pol-Kennzeichen:	BA-JB 76
Kilometerstand:	75.686 km

Reparatur Kotflügel:	280,00 €
Reparatur Scheinwerfer:	200,00 €
Reparatur Innenbeleuchtung:	30,00 €
Kleinteile	52,00 €
Nettobetrag:	562,00 €
+ Umsatzsteuer (19 %)	106,78 €
Rechnungsbetrag	668,78 €

Herzlichen Dank für die Auftragserteilung!

Amtgericht Augsburg HRA 1344
USt-IdNr.: DE654897442 – Steuernummer 678/55421

Zahlung innerhalb von 30 Tagen rein netto.
Bankverbindung: Sparkasse Augsburg
IBAN: DE15 7055 4308 4805 8274 01

AUFGABE C

Bilden Sie jeweils den Buchungssatz zum 31.12.20.. (vorbereitende Abschlussbuchung).

1. Gemäß Mietvertrag zahlte ein Mieter die Garagenmiete für Januar, Februar und März in Höhe von 240,00 € netto im Voraus am 25.12.20..

2. Gemäß Vertrag zahlen wir die Providergebühr für November, Dezember und Januar in Höhe von 135,00 € am 1.11.20.. im Voraus durch Banklastschrift.

3. Der Kostenvoranschlag im Dezember für Malerarbeiten an der Fassade im März beläuft sich auf 6.500,00 €.

4. Die Bank buchte gemäß Kreditvertrag die Darlehenszinsen in Höhe von 2.400,00 € für ein halbes Jahr im Voraus am 1.11. ab.

5. Die Jahresprämie für die Feuerversicherung in Höhe von 1.440,00 € wurde bereits am 1.10. im Voraus per Banküberweisung bezahlt.

6. Wir beglichen die Pachtzahlung für den Lagerplatz in Höhe von 7.140,00 € brutto für Oktober bis September jährlich im Voraus am 1.10.

7. Der Kostenvoranschlag für die Reparatur der EDV-Anlage im nächsten Jahr lautet auf 5.000,00 €.

8. Die Bank buchte die halbjährlichen Darlehenszinsen in Höhe von 1.380,00 € für die Zeit von Oktober bis März am 1.10. im Voraus vom Geschäftsbankkonto ab.

9. Bilden Sie die Buchungssätze zu den Belegen (siehe auch 3. und 7.).

Malermeister Bob e. K.
86365 Augsburg – Kleckselstr. 22
Tel. 0821 441212

Blauschneider Jeans e. K.
Levistraße 2 – 4
96050 Bamberg

Amtsgericht Augsburg HRA 1537
USt-IdNr.: DE 567095436
Steuer-Nr.: 654/44378

20.03.20..

Rechnung Nr. 2334	Gesamtpreis €
Für die komplette Fassadenreno-vierung des Verwaltungsgebäudes Blauschneider Jeans e. K. in der Levistraße 2 – 4	7.200,00 €
Umsatzsteuer 19 %	1.368,00 €
Rechnungsbetrag	**8.568,00 €**

Bankverbindung: Privatbank Augsburg
IBAN: DE12 6507 5600 2334 5566 60

Fällig am 30. März 20.. ohne Abzug.

Konrad-Zuse-Weg 12
86154 Augsburg
Telefon: 0821 912556
Telefax: 0821 912566

Computersysteme
GmbH

Blauschneider Jeans e. K.
Levistraße 2 – 4
96050 Bamberg

Kundennummer 548/B1

Rechnung
Nr. 20..-5724
(Bei Zahlung bitte angeben.)

Lieferung vom 22.11.20..

Datum:	5.1.20..
Auftragsnr.	309118
USt-ID:	DE128219942
St-Nr.:	117/123/80294

Pos.	Art. Nr.	Bezeichnung	Menge/ Einheit	E-Preis €	G-Preis €
		Reparatur EDV-Gesamtanlage mit WLAN-Anbindung und Office-Vernetzung			
1.1		Dienstleistungen	25 Std.	90,00	2.250,00
1.2		Material			2.150,00

Waren-wert €	Versand	Netto-wert €	UST %	UST €	Rechnungs-betrag
4.400,00		4.400,00	19,00	836,00	5.236,00

14 Tage nicht skontierbar.
Die Ware bleibt bis zur vollständigen Bezahlung unser Eigentum.

CSS Computersystem GmbH
Geschäftsführer: Stefan Schmidt
www.css-systeme.gibtsnet

Handelsregister Augsburg HRB 94553
Fuggerbank Augsburg
IBAN: DE44 7025 4000 0005 8765 44
BIC: FUBKDEAU

II
Unternehmensabschluss und Auswertung

In diesem Kapitel lernen Sie ...

... eine vereinfachte Bilanz und GUV-Rechnung zu erstellen,

... Unternehmenskennzahlen zu berechnen,

... Unternehmenskennzahlen zu beurteilen.

INFO

§ 242 HGB

Pflicht zur Aufstellung

(1) Der Kaufmann hat zu Beginn seines Handelsgewerbes und für den Schluss eines jeden Geschäftsjahrs einen das Verhältnis seines Vermögens und seiner Schulden darstellenden Abschluss (Eröffnungsbilanz, Bilanz) aufzustellen. [...]

(2) Er hat für den Schluss eines jeden Geschäftsjahrs eine Gegenüberstellung der Aufwendungen und Erträge des Geschäftsjahrs (Gewinn- und Verlustrechnung) aufzustellen.

(3) Die Bilanz und die Gewinn und Verlustrechnung bilden den Jahresabschluss. [...]

1 Durchführung eines Geschäftsgangs

1.1 Jahresabschluss

Der Jahresabschluss eines Unternehmens besteht laut § 242 des Handelsgesetzbuches aus der **Bilanz** und der **Gewinn- und Verlustrechnung**. Er ist für das vergangene Geschäftsjahr aufzustellen. Dabei muss unter Beachtung der Grundsätze ordnungsmäßiger Buchführung ein den tatsächlichen Verhältnissen entsprechendes Bild der Vermögens-, Finanz- und Ertragslage des Unternehmens vermittelt werden.

Die Bilanz bildet die Vermögenslage des Unternehmens zu einem Zeitpunkt (Bilanzstichtag) ab. Die Gewinn- und Verlustrechnung bildet die Erfolgslage des Unternehmens über einen bestimmten Zeitraum (z. B. Geschäftsjahr) ab. Aus dem Jahresabschluss lassen sich wertvolle Erkenntnisse über die Vermögens- und Ertragslage des Unternehmens Blauschneider gewinnen, wenn die Abschlusszahlen entsprechend ausgewertet werden.

Zunächst muss das Unternehmen Blauschneider jedoch noch die Geschäftsfälle für den Monat Dezember bearbeiten. Da die Buchungen mittlerweile sehr umfangreich geworden sind, erstellt Julia Blauschneider mithilfe des Finanzbuchhaltungsprogramms monatlich eine Übersicht über die Situation des Unternehmens. Zum 1. Dezember sieht dies folgendermaßen aus (Auszug aus dem Finanzbuchhaltungsprogramm des Unternehmens Blauschneider):

| | Bestandsrechnung zum 1. Dezember 20.. |
Konto	Summe S	Summe H	Konto	Summe S	Summe H
0500 GR	1.311.400,00 €		3000 EK		2.416.750,00 €
0530 BVG	800.000,00 €		3001 P	8.000,00 €	
0700 MA	2.400.000,00 €		3670 EWB		34.200,00 €
0840 FP	345.000,00 €		3680 PWB		1.600,00 €
0860 BM	260.000,00 €		3900 RST		4.000,00 €
0870 BGA	460.000,00 €		4200 KBKV	50.000,00 €	853.000,00 €
0890 GWG	2.500,00 €		4250 LBKV	100.000,00 €	2.300.000,00 €
1500 WP	12.500,00 €		4400 VE	310.000,00 €	555.000,00 €
2000 R	229.000,00 €	5.000,00 €	4800 UST	4.000,00 €	60.000,00 €
2010 F	162.200,00 €		4830 VFA	100.000,00 €	112.000,00 €
2020 H	45.500,00 €		4840 VSV	120.000,00 €	142.000,00 €
2030 B	14.650,00 €		4900 PRA		3.000,00 €
2400 FO	442.600,00 €	230.000,00 €			
2470 ZWFO	10.000,00 €	1.500,00 €			
2600 VORST	65.500,00 €	3.500,00 €			
2800 BK	265.000,00 €	220.000,00 €			
2880 KA	32.000,00 €	14.000,00 €			
2900 ARA	1.400,00 €				

Erfolgsrechnung zum 1. Dezember 20..					
Konto	Summe S	Summe H	Konto	Summe S	Summe H
6000 AWR	2.425.000,00 €		5000 UEFE	60.000,00 €	5.190.000,00 €
6001 BZKR	11.500,00 €		5001 EBFE	30.000,00 €	
6002 NR		46.000,00 €	5400 EMP		12.000,00 €
6010 AWF	450.000,00 €		5430 ASBE		16.000,00 €
6011 BZKF	3.000,00 €		5490 PFE		2.000,00 €
6012 NF		7.000,00 €	5495 EFO		16.000,00 €
6020 AWH	250.000,00 €		5650 EAWP		4.000,00 €
6021 BZKH	4.000,00 €		5710 ZE		8.000,00 €
6022 NH		3.000,00 €	5780 DDE		1.200,00 €
6030 AWB	154.000,00 €				
6031 BZKB	2.000,00 €				
6032 NB		5.500,00 €			
6040 AWVM	35.000,00 €				
6140 AFR	2.500,00 €				
6160 FRI	15.000,00 €				
6200 LG	600.000,00 €				
6400 AGASV	144.000,00 €				
6700 AWMP	12.000,00 €				
6730 GEB	27.500,00 €				
6750 KGV	2.500,00 €				
6760 PROV	4.500,00 €				
6770 RBK	20.000,00 €				
6800 BMK	16.000,00 €				
6820 KOM	64.000,00 €				
6850 REK	42.000,00 €				
6870 WER	75.000,00 €				
6900 VBEI	25.000,00 €				
6950 ABFO	3.500,00 €				
6990 PFAW	3.000,00 €				
7000 GWST	30.000,00 €				
7020 GRST	12.000,00 €				
7030 KFZST	13.000,00 €				
7460 VAWP	2.000,00 €				
7510 ZAW	165.000,00 €				

AUFGABE 31

Im Monat Dezember ergeben sich in der Buchführung von Blauschneider noch einige Geschäftsfälle. Sie werden anhand von Belegen durchgeführt. Bilden Sie im Unternehmen Blauschneider die Buchungssätze zu den folgenden Belegen und Geschäftsfällen.

1. Zu Beleg 1.
2. Preisnachlass von der Blue4u AG aufgrund einer Mängelrüge, brutto 1.071,00 €.
3. Gutschrift für die Rücksendung der Leihverpackung an den Nietenlieferer, brutto 595,00 €.
4. Verkauf von Slim-Jeans gegen Rechnung, netto 52.000,00 €, die Frachtkosten in Höhe von netto 500,00 € werden dem Kunden in Rechnung gestellt.
5. Kauf eines Aktenvernichters für 200,00 € netto (Barzahlung).
6. Ein Kunde überweist nach Abzug von 3 % Skonto 14.428,75 € auf das Geschäftsbankkonto.
7. Eingangsrechnung vom Reisebüro für eine Geschäftsreise, brutto 1.666,00 €.
8. Erfassung des Personalaufwands für den Dezember:

Bruttolöhne und -gehälter	62.000,00 €
einbehaltene Steuern	11.000,00 €
Sozialabgaben AN-Anteil	14.000,00 €
Sozialabgaben AG-Anteil	14.000,00 €

   Auszahlung per Banküberweisung.
9. Zu Beleg 2.
10. Kunde Neumaier bezahlt eine Rechnung über 14.994,00 € trotz mehrfacher Mahnung nicht.
11. Die Eröffnung des Insolvenzverfahrens gegen den Kunden Neumaier wird mangels Masse abgelehnt (vgl. 10.).
12. Ausgangsrechnung über den Verkauf von 250 Kinderjeans, brutto 13.328,00 €.
13. Wider Erwarten erhält Blauschneider vom Kunden Neumaier (siehe 11.) eine Überweisung von 4.165,00 € auf das Geschäftsbankkonto.

Blue4u AG
Am Isarufer 10
80999 München
Tel. 0889 61 35 88
Fax 089 61 35 99

Blauschneider Jeans e. K.
Levistraße 2 – 4
96050 Bamberg   München, 3. Dezember 20..

Rechnung
Rechnungsnummer: 8256-20..
Kundennummer: 24665
Wir lieferten Ihnen am 03.12.20..:

Pos.	Ballen	Einzel- preis €	Gegenstand	Gesamt- preis €
1	24	1.000,00	101 Japan Denim Jeansstoff abzüglich 10 % Rabatt	24.000,00 2.400,00
			Warenwert netto Frachtkosten u. abladen + 19 % Umsatzsteuer	21.600,00 200,00 4.142,00
			Rechnungsbetrag	**25.942,00**

Vorstand: Prof. Dr. Thorsten Menisch, Dr. Eugen Löffler
Aufsichtsratsvorsitzender: Dr. Karsten Albrecht
USt-IdNr. DE 879234567   Steuernr. 123/4579/2316

Zahlung fällig am 03. Januar 20.. rein netto
Bei Bezahlung bis zum 15. Dezember 20.. gewähren wir 2 % Skonto
Die Ware bleibt bis zur vollständigen Bezahlung Eigentum der Blue4u AG.
Bankverbindung: Spar-Bank München
BIC: SKLALDEFX, IBAN DE14 7005 8000 0007 2233 56
USt-IdNr. DE 658765438 – Steuernummer 433/6597/6500

Beleg 1

SF Sparkasse Franken
Wir kümmern uns um Ihr Geld

Blauschneider Jeans e. K.
IBAN DE21 7703 0000 0083 7412 70
Sitzungsende in 02:35

Banking beenden

Kontenübersicht   Auftragslisten   SF-Service   Depots   Mailbox

Umsätze anzeigen für: Kontokorrentkonto   aktueller Kontostand 10.385,80 €

Kontokorrentkredit: 50.000,00 €

Buchungstag	Wertstellung	Umsatzart	Details	Betrag (€)	Saldo (€)
13.12.20..	14.12.20..	Überweisung	DE14 7005 8000 0007 2233 56 Rg. 8256-20.., abzgl. 2 % Skonto	– 25.423,16	10.385,80

Beleg 2

14. Überweisung an einen Denimstoff-Lieferer, 16.243,50 € per Bank.
15. Zu Beleg 3.
16. Julia Blauschneider entnimmt der Kasse 5.000,00 € für eine Urlaubsreise.
17. Julia Blauschneider kauft einen neuen Monitor für einen PC der Vertriebsabteilung gegen Rechnung, 498,61 € brutto.
18. Julia Blauschneider kauft bar 20 neue Tischrechner zum Stückpreis von 39,00 € netto.
19. Banklastschrift für Telefongebühren, 850,00 € netto.
20. Eingangsrechnung des Heizöllieferers über netto 2.400,00 €.
21. Banküberweisung der Grundsteuerschuld von 3.500,00 €.
22. Eingangsrechnung über eine Computerreparatur in Höhe von brutto 279,65 €.
23. Ein Kunde überweist 22.500,00 € für eine Rechnung auf das Geschäftsbankkonto.
24. Vom Steuerberater geht eine Rechnung über brutto 1.481,55 € ein.
25. Eingangsrechnung der Druckerei über Werbebroschüren, brutto 5.117,00 €.
26. Zu Beleg 4.
27. Überweisung der Beiträge für die Kfz-Versicherung in Höhe von 3.780,00 € für ein Jahr im Voraus (1. Dezember bis 30. November).
28. Die Pacht für einen geschotterten Parkplatz in Höhe von 450,00 € netto wird auf das Geschäftsbankkonto überwiesen.
29. Eingangsrechnung über Seminargebühren in Höhe von brutto 2.921,45 €.
30. Eingangsrechnung über den Kauf eines Tablets (netto 850,00 €), eines Kleinkopierers (netto 399,00 €) und einer Druckerpatrone (netto 59,00 €).

Blauschneider Jeans e. K.
Levistraße 2 – 4
96050 Bamberg

Blauschneider Jeans e. K., Levistraße 2 – 4, 96050 Bamberg

Jeans-Giga-Laden GmbH
Maximilianstr. 110
95444 Bayreuth

Amtsgericht Bamberg HRA 3345
Tel.: 0951 497244
Fax: 0951 497255

Rechnung Nr. 336/20..

Bamberg, 13. Dezember 20..

Für die Lieferung vom 11. Dezember 20.. erlauben wir uns, Ihnen zu berechnen:

Artikel	Artikel-Nr.	Einzel-preis €	Stück	Gesamt-preis €
Skinny GI S	1881	40,00	250	10.000,00
Skinny GI M	1882	50,00	350	17.500,00
Straight ME XL	2423	76,90	500	38.450,00
- 10 % Rabatt				6.595,00
Warenwert				59.355,00
+ 19 % Umsatzsteuer				11.277,45
Rechnungsbetrag				**70.632,45**

Zahlung fällig am 13. Januar 20.. rein netto
Bei Bezahlung bis zum 21. Dezember 20.. gewähren wir 2 % Skonto.
Die Ware bleibt bis zur vollständigen Bezahlung unser Eigentum.

Bankverbindung: Regnitzbank Bamberg
IBAN DE80 7905 5000 1270 0083 74 – BIC: REGBDE88XXX
USt-IdNr. DE 233555621 – Steuernummer 178/2945/3428

Beleg 3

Kontoauszug
21. Dez. 20.. / 08:55 Uhr

Nr. 105
Seite 1/1

IBAN DE80 7905 5000 1270 0083 74
BIC REGBDE88XXX
Blauschneider Jeans e. K.

Bu. Tag	Wert	Bu. Nr.	Erläuterungen	Betrag (€)
20.12.	21.12.	9150	Gutschrift Giga-Jeans-Laden GmbH Rg. 336/20.., abzgl. 2 % Skonto	69.219,80 +

Kontokorrentkredit 50.000,00 €

alter Kontostand	20.345,00 +
neuer Kontostand	89.564,80 +

Bahnhofstraße 22 – 24   Tel.: 0951 224455
96047 Bamberg   Fax: 0951 224466

Regnitzbank Bamberg

Beleg 4

Nach der Erfassung der Geschäftsfälle vom Dezember (siehe S. 44/45) hat die Bestands- und Erfolgsrechnung des Unternehmens Blauschneider folgendes Aussehen (Auszug aus dem FiBu-Programm):

Bestandsrechnung zum 1. Dezember 20..					
Konto	Summe S	Summe H	Konto	Summe S	Summe H
0500 GR	1.311.400,00 €		3000 EK		2.416.750,00 €
0530 BVG	800.000,00 €		3001 P	13.000,00 €	
0700 MA	2.400.000,00 €		3670 EWB		34.200,00 €
0840 FP	345.000,00 €		3680 PWB		1.600,00 €
0860 BM	261.269,00 €		3900 RST		4.000,00 €
0870 BGA	460.000,00 €		4200 KBKV	50.000,00 €	853.000,00 €
0890 GWG	2.899,00 €		4250 LBKV	100.000,00 €	2.300.000,00 €
1500 WP	12.500,00 €		4400 VE	353.851,50 €	597.318,78 €
2000 R	229.000,00 €	5.000,00 €	4800 UST	6.690,80 €	84.130,95 €
2010 F	162.200,00 €		4830 VFA	100.000,00 €	123.000,00 €
2020 H	45.500,00 €		4840 VSV	120.000,00 €	170.000,00 €
2030 B	14.650,00 €		4900 PRA		3.000,00 €
2400 FO	589.035,45 €	353.001,45 €			
2470 ZWFO	24.994,00 €	16.494,00 €			
2600 VORST	72.604,48 €	3.848,84 €			
2800 BK	375.849,05 €	305.946,66 €			
2880 KA	32.000,00 €	21.177,70 €			
2900 ARA	1.400,00 €				

Erfolgsrechnung zum 1. Dezember 20..					
Konto	Summe S	Summe H	Konto	Summe S	Summe H
6000 AWR	2.446.600,00 €		5000 UEFE	60.000,00 €	5.313.055,00 €
6001 BZKR	11.700,00 €		5001 EBFE	31.562,10 €	
6002 NR		47.336,00 €	5400 EMP		12.450,00 €
6010 AWF	450.000,00 €		5430 ASBE		16.000,00 €
6011 BZKF	3.000,00 €		5490 PFE		2.000,00 €
6012 NF		7.000,00 €	5495 EFO		7.500,00 €
6020 AWH	250.000,00 €		5650 EAWP		4.000,00 €
6021 BZKH	4.000,00 €		5710 ZE		8.000,00 €
6022 NH		3.000,00 €	5780 DDE		1.200,00 €
6030 AWB	156.400,00 €				
6031 BZKB	2.000,00 €				
6032 NB		5.500,00 €			
6040 AWVM	35.000,00 €				
6140 AFR	2.500,00 €				

Erfolgsrechnung zum 1. Dezember 20.. (Fortsetzung)					
Konto	Summe S	Summe H	Konto	Summe S	Summe H
6160 FRI	15.235,00 €				
6200 LG	662.000,00 €				
6400 AGASV	158.000,00 €				
6700 AWMP	12.000,00 €				
6730 GEB	29.955,00 €				
6750 KGV	2.500,00 €				
6760 PROV	4.500,00 €				
6770 RBK	21.245,00 €				
6800 BMK	17.039,00 €				
6820 KOM	64.850,00 €				
6850 REK	43.400,00 €				
6870 WER	79.300,00 €				
6900 VBEI	28.780,00 €				
6950 ABFO	16.100,00 €				
6990 PFAW	3.000,00 €				
7000 GWST	30.000,00 €				
7020 GRST	15.500,00 €				
7030 KFZST	13.000,00 €				
7460 VAWP	2.000,00 €				
7510 ZAW	165.000,00 €				

1.2 Vorbereitende Abschlussbuchungen

Am Jahresende müssen im Unternehmen Blauschneider alle Konten ordnungsgemäß abgeschlossen werden. Dem eigentlichen Jahresabschluss gehen jedoch umfangreiche Vorarbeiten voraus, die sogenannten vorbereitenden Abschlussbuchungen. Sie haben einerseits rein formale Bedeutung, z. B. der Abschluss aller Unterkonten auf die Hauptkonten. Andererseits sind im Rahmen der vorbereitenden Abschlussbuchungen alle Entscheidungen zu treffen, die mit der Bewertung des Anlage- und des Umlaufsvermögens und mit der periodenrichtigen Erfolgsermittlung zusammenhängen. Erst dann können die eigentlichen Abschlussbuchungen durchgeführt werden.

Julia Blauschneider erfasst die vorbereitenden Abschlussbuchungen.

> **MERKE**
>
> Zu den vorbereitenden Abschlussbuchungen gehören
> - Abschluss aller Unterkonten auf die Hauptkonten,
> - Bewertung der Sachanlagen (Abschreibungen),
> - Erfassung der Bestandsveränderungen,
> - Bewertung der Forderungen,
> - periodenrichtige Erfolgsermittlung.

ARBEITSAUFTRAG

Werten Sie die Tabellen aus:
Wie viele Unterkonten gibt es?

Julia Blauschneider bereitet nun den Jahresabschluss vor.

Abschluss der Unterkonten

Dies wird vom FIBU-Programm automatisch durchgeführt.

Bewertung der Sachanlagen (Abschreibung auf …)

Die Maschinen und Anlagen werden mit 30.000,00 € abgeschrieben, die geringwertigen Wirtschaftsgüter (Wert 2.899,00 €) zu 100 %. Für die weiteren Sachanlagen gilt:

Sachanlage	%	Anschaffungskosten (€)
Betriebs- und Verwaltungsgebäude	2	1.000.000,00
Fuhrpark	8	500.000,00
Büromaschinen	12	400.000,00
Büromöbel und Geschäftsausstattung	6	550.000,00

Erfassung der Bestandsveränderungen lt. Inventur

	Anfangsbestand (€)	Schlussbestand (€)
Rohstoffe	155.000,00	165.000,00
Fremdbauteile	50.200,00	52.000,00
Hilfsstoffe	35.500,00	34.000,00
Betriebsstoffe	1.200,00	3.400,00

Bewertung von Forderungen

1. Übersicht über die Bestände an zweifelhaften Forderungen:

Kunde	ZWFO (€)	UST (€)	netto (€)	geschätzter Ausfall	
				in %	in €
Vogel	3.000,00			80	
Maier	1.500,00			70	
Müller	4.000,00			90	

2. Die Pauschalwertberichtigung soll 1 % betragen.

periodenrichtige Erfolgsermittlung

1. Die Beiträge für die Kfz-Versicherung in Höhe von 3.780,00 € wurden für ein Jahr im Voraus (1. Dezember bis 30. November) überwiesen.

2. Die Miete für die Monate Dezember bis Februar für eine von uns vermietete Lagerhalle in Höhe von 450,00 € netto wurde auf das Geschäftsbankkonto im Voraus überwiesen.

3. Zinsen in Höhe von 2.250,00 € für einen kurzfristigen Kredit über ein halbes Jahr (Oktober bis März) werden im Voraus fällig.

AUFGABE 32

Bilden Sie die Buchungssätze zu den VAB. Beachten Sie dabei die Be-stands- und Erfolgsrechnung zum 31. Dezember (siehe Seite 46/47).

1.3 Abschlussbuchungen

Nach den vorbereitenden Abschlussbuchungen können nun die eigentlichen Abschlussbuchungen durchgeführt werden.

> **MERKE**
>
> **Erfolgskonten:**
>
> | | |
> |---|---|
> | 8020 GUV | an jeweiliges Aufwandskonto |
> | jeweiliges Ertragskonto | an 8020 GUV |
>
> **GUV-Konto:**
>
> | | |
> |---|---|
> | 8020 GUV | an 3000 EK (bei Jahresüberschuss) |
> | 3000 EK | an 8020 GUV (bei Jahresfehlbetrag) |
>
> **Bestandskonten:**
>
> | | |
> |---|---|
> | 8010 SBK | an jeweiliges aktives Bestandskonto |
> | jeweiliges passives Bestandskonto | an 8010 SBK |

Nach der Durchführung des Jahresabschlusses ergibt sich beim Unternehmen Blauschneider folgendes Schlussbilanzkonto (vereinfachte Darstellung):

Schlussbilanzkonto des Unternehmens Blauschneider e. K. zum 31. Dezember 20..

Soll			Haben
0500 GR	1.291.400,00 €	3000 EK	2.830.108,05 €
0530 BVG	800.000,00 €	3670 EWB	40.124,37 €
0700 MA	2.370.000,00 €	3680 PWB	3.583,48 €
0840 FP	305.000,00 €	3900 RST	4.000,00 €
0860 BM	213.269,00 €	4200 KBKV	803.000,00 €
0870 BGA	427.000,00 €	4250 LBKV	2.200.000,00 €
1500 WP	12.500,00 €	4400 VE	243.467,28 €
2000 R	234.000,00 €	4800 UST	77.440,15 €
2010 F	164.000,00 €	4830 VFA	23.000,00 €
2020 H	44.000,00 €	4840 VSV	50.000,00 €
2030 B	16.850,00 €	4900 PRA	3.300,00 €
2400 FO	236.034,00 €		
2470 ZWFO	8.500,00 €		
2600 VORST	68.755,64 €		
2800 BK	69.902,39 €		
2880 KA	10.822,30 €		
2900 ARA	5.990,00 €		
	6.278.023,33 €		6.278.023,33 €

> **MERKE**
>
> **Schlussbilanzkonto und Schlussbilanz**
>
> Der Buchungskreislauf in der doppelten Buchführung endet mit dem Jahresabschluss. Dabei ist der eigentliche Abschluss in den Büchern zu trennen von den umfangreichen Vorarbeiten zur Erstellung der Bilanz. Sie beruht auf der Durchführung der Inventur und dem Aufstellen des Inventars. Aus den Aufzeichnungen in den Konten und dem Abgleichen der Werte mit den Inventurbeständen ergibt sich schließlich der Jahresabschluss zum 31. Dezember (Bilanz und Gewinn- und Verlustrechnung). Diese Bilanz zum 31. Dezember („Schlussbilanz") stellt zugleich die „Eröffnungsbilanz" zum 1. Januar des folgenden Geschäftsjahres dar.

Außerdem ergibt sich folgendes GUV-Konto (vereinfachte Darstellung):

GUV-Konto des Unternehmens
Blauschneider e. K. zum 31. Dezember 20..

Soll		Haben	
6000 AWR	2.400.964,00 €	5000 UEFE	5.221.492,90 €
6010 AWF	444.200,00 €	5400 EMP	12.150,00 €
6020 AWH	252.000,00 €	5430 ASBE	16.000,00 €
6030 AWB	150.700,00 €	5490 PFE	2.000,00 €
6040 AWVM	35.000,00 €	5495 EFO	7.500,00 €
6140 AFR	2.500,00 €	5650 EAWP	4.000,00 €
6160 FRI	15.235,00 €	5710 ZE	8.000,00 €
6200 LG	662.000,00 €	5780 DDE	1.200,00 €
6400 AGASV	158.000,00 €		
6520 ABSA	171.000,00 €		
6540 ABGWG	2.899,00 €		
6700 AWMP	12.000,00 €		
6730 GEB	29.955,00 €		
6750 KGV	2.500,00 €		
6760 PROV	4.500,00 €		
6770 RBK	21.245,00 €		
6800 BMK	17.039,00 €		
6820 KOM	64.850,00 €		
6850 REK	43.400,00 €		
6870 WER	79.300,00 €		
6900 VBEI	25.315,00 €		
6950 ABFO	24.007,85 €		
6990 PFAW	3.000,00 €		
7000 GWST	30.000,00 €		
7020 GRST	15.500,00 €		
7030 KFZST	13.000,00 €		
7460 VAWP	2.000,00 €		
7510 ZAW	163.875,00 €		
3000 EK	426.358,05 €		
	5.272.342,90 €		5.272.342,90 €

2 Betriebswirtschaftliche Auswertungen

2.1 Zweck der Unternehmensanalyse

Anhand der Daten aus der Bilanz und der GUV-Rechnung kann Julia Blauschneider eine Unternehmensanalyse durchführen. Diese dient dazu, verschiedenen Interessen gerecht werden:

– Julia Blauschneider als **Unternehmerin** will Informationen über Lage, Leistung und die wahrscheinliche Entwicklung des Unternehmens erhalten. Sie muss rasch entscheiden sowie planen können.

– Die Vertreter/-innen der **Belegschaft** (z. B. der Betriebsrat) wollen Auskunft über die Leistungsfähigkeit des Unternehmens und damit auch über die Sicherheit der Arbeitsplätze erhalten.

– **Banken und Kapitalanleger/-innen** benötigen für ihre Kreditentscheidungen Informationen über die Substanz und die Ertragskraft des Unternehmens Blauschneider (Kreditwürdigkeit).

– **Öffentliche Stellen** benötigen Kennzahlen vom Unternehmen, um z. B. entscheiden zu können, ob das Unternehmen Fördermittel erhält.

Banken benötigen betriebswirtschaftliche Auswertungen zur Einschätzung der Kreditwürdigkeit der Kunden und Kundinnen.

Julia Blauschneider kann die Daten, die sie beim Jahresabschluss ihres Unternehmens gewinnt, vergleichen mit den Daten

von Jahresabschlüssen des eigenen Unternehmens aus anderen (früheren) Abrechnungsperioden (Zeitpunkten/Zeiträumen).	anderer Unternehmen desselben Zeitraums/Zeitpunkts.
↓	↓
Die Entwicklung des eigenen Unternehmens wird besonders deutlich.	Verglichen werden Kennzahlen anderer Unternehmen der gleichen Branche
↓	↓
Zeitvergleich oder innerbetrieblicher (interner) Vergleich	Betriebsvergleich oder zwischenbetrieblicher (externer) Vergleich

Um sichere Aussagen treffen zu können, müssen aussagekräftige Kennzahlen ermittelt werden. Dabei sind absolute Kennzahlen, wie z. B. Jahresüberschuss oder Umsatzerlöse, und Verhältniszahlen, wie z. B. der Anteil des Eigenkapitals am Gesamtkapital, zu unterscheiden.

Solche Kennzahlen können ermittelt werden aus der

Bilanz (z. B. die Kennzahlen der **Finanzierung** und **Liquidität**)	GUV-Rechnung (z. B. die Kennzahl der **Eigenkapitalrentabilität**)

Kennzahlen zeigen die Situation des Unternehmens Blauschneider

zu einem bestimmten **Zeitpunkt**.	in einem bestimmten **Zeitraum**.

2.2 Vorbereitung der Unternehmensanalyse

Da die Bilanz viele Einzelposten enthält, ist es erforderlich, sie entsprechend aufzubereiten. Darunter versteht man das Zusammenfassen sachlich zusammengehörender Positionen zu einer Größe.

Aktiva	Bilanz zum 31. Dezember 20..		Passiva
Anlagevermögen		**Eigenkapital**	
Grundstücke	1.291.400,00 €	Eigenkapital	2.830.108,05 €
Betriebs- u. Verwaltungsgebäude	800.000,00 €	**Fremdkapital**	
Maschinen und Anlagen	2.370.000,00 €	Einzelwertberichtigungen	40.124,37 €
Fuhrpark	305.000,00 €	Pauschalwertberichtigungen	3.583,48 €
Büromaschinen	213.269,00 €	Rückstellungen	4.000,00 €
Büromöbel u. Geschäftsausstattung	427.000,00 €	Kurzfristige Bankverbindlichkeiten	803.000,00 €
Wertpapiere des Anlagevermögens	12.500,00 €	Langfristige Bankverbindlichkeiten	2.200.000,00 €
Umlaufvermögen		Verbindlichkeiten	243.467,28 €
Rohstoffe	234.000,00 €	Umsatzsteuer	77.440,15 €
Fremdbauteile	164.000,00 €	Sonstige Verbindlichkeiten ggü. FA	23.000,00 €
Hilfsstoffe	44.000,00 €	Verbindlichkeiten ggü. SV	50.000,00 €
Betriebsstoffe	16.850,00 €	Passive Rechnungsabgrenzung	3.300,00 €
Forderungen	236.034,00 €		
Zweifelhafte Forderungen	8.500,00 €		
Vorsteuer	68.755,64 €		
Bank	69.902,39 €		
Kasse	10.822,30 €		
Aktive Rechnungsabgrenzung	5.990,00 €		
	6.278.023,33 €		6.278.023,33 €

Aktiva	Aufbereitete Bilanz		Passiva
Anlagevermögen (AV)		Eigenkapital (EK)	2.830.108,05 €
Sachanlagen	5.419.169,00 €	Fremdkapital (FK)	
Umlaufvermögen (UV)		Langfristiges Fremdkapital	2.200.000,00 €
Vorräte	458.850,00 €	Kurzfristiges Fremdkapital	1.204.207,43 €
Forderungen	275.571,79 €		
flüssige Mittel	80.724,69 €		
Gesamtvermögen	6.234.315,48 €	Gesamtkapital	6.234.315,48 €

Alle Forderungen und die Aktive Rechnungsabgrenzung werden addiert und die Werte für die Einzel- sowie die Pauschalwertberichtigung subtrahiert:

Forderungen	236.034,00 €
Zweifelhafte Forderungen	+ 8.500,00 €
Vorsteuer	+ 68.755,64 €
Aktive Rechnungsabgrenzung	+ 5.990,00 €
Einzelwertberichtigung	− 40.124,37 €
Pauschalwertberichtigung	− 3.583,48 €
	= 275.571,79 €

Die Bilanz allein reicht für die umfassende Beurteilung der wirtschaftlichen Lage eines Unternehmens nicht aus. Will Julia Blauschneider feststellen, wie der Unternehmenserfolg zustande gekommen ist, muss sie auch die Gewinn- und Verlustrechnung betrachten. Dazu sollte die GUV-Rechnung auch in einer Staffelform aufbereitet werden, da diese übersichtlicher ist und auch wichtige Zwischenergebnisse ausweist. Dies sind die Gesamtleistung, das Betriebsergebnis, das Finanzergebnis und das Gesamtergebnis.

Die aufbereitete Gewinn- und Verlustrechnung hätte in T-Konten-Form folgendes Aussehen:

Soll	Aufbereitete GUV-Rechnung		Haben
Materialaufwand	3.282.864,00 €	Umsatzerlöse	5.221.492,90 €
Aufwendungen für bezogene Leistungen	17.735,00 €	Sonstige betriebliche Erträge	41.650,00 €
Personalaufwand	820.000,00 €	Zinsen und ähnliche Erträge	9.200,00 €
Abschreibungen auf Anlagevermögen	173.899,00 €		
Sonstige betriebliche Aufwendungen	327.111,85 €		
Zinsen und ähnliche Aufwendungen	165.875,00 €		
Steuern	58.500,00 €		
Jahresüberschuss	426.358,05 €		
	5.272.342,90 €		5.272.342,90 €

Die GUV-Rechnung hätte in Staffelform folgendes Aussehen:

Umsatzerlöse	5.221.492,90 €
+ Sonstige betriebliche Erträge	41.650,00 €
Gesamtleistung	**5.263.142,90 €**
– Materialaufwand	3.282.864,00 €
– Aufwendungen für bezogene Leistungen	17.735,00 €
– Personalaufwand	820.000,00 €
– Abschreibungen auf Anlagevermögen	173.899,00 €
– Sonstige betriebliche Aufwendungen	327.111,85 €
Betriebsergebnis	**641.533,05 €**
+ Zinsen und ähnliche Erträge	9.200,00 €
– Zinsen und ähnliche Aufwendungen	165.875,00 €
Finanzergebnis	**484.858,05 €**
– Steuern	58.500,00 €
Gesamtergebnis (Jahresüberschuss)	**426.336,05 €**

INFO

Die Erfolgsrechnung (GUV-Rechnung)
• spiegelt das Unternehmensgeschehen eines Zeitraumes wider,
• zeigt auf, wie ein Gewinn (Verlust) zustande kommt.

Da Julia Blauschneider das Unternehmen als Einzelunternehmen führt, muss sie berücksichtigen, dass ein Teil des Gewinns um die Einkommensteuer gekürzt werden muss. Je nach individueller Steuerbelastung können dies annähernd 40 % des Gewinns sein. Julia Blauschneider überlegt auch, den größten Teil des Gewinns im Unternehmen zu belassen. Damit erhöht sie das Eigenkapital und die Finanzkraft des Unternehmens. Das Unternehmen Blauschneider kann sich damit selbst finanzieren.

INFO

Aus Gründen der Vereinfachung wird der persönliche Steuersatz bei den folgenden Berechnungen nicht berücksichtigt.

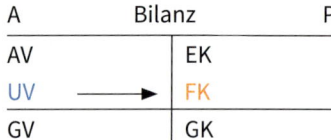

A	Bilanz	P
AV		EK
UV	⟶	FK
GV		GK

2.3 Durchführung der Unternehmensanalyse und Auswertung

Julia Blauschneider denkt darüber nach, alle Jeans-Nähmaschinen durch neue, umweltschonendere und schnellere Modelle zu ersetzen. Der Finanzierungsbedarf läge bei rund 120.000,00 €. Dies ist aus eigenen Mitteln nicht möglich. Deshalb möchte Julia Blauschneider bei der Hausbank einen Kredit aufnehmen. Im telefonischen Vorgespräch mit dem Abteilungsleiter der Bank, Herrn Karl, klärt Frau Blauschneider, welche Unterlagen nötig sind:

Michael Karl (M. K.)

Julia Blauschneider (J. B.)

M. K.: Guten Morgen, Frau Blauschneider.

J. B.: Hallo, Herr Karl.

M. K.: Was kann ich für Sie tun?

J. B.: Ich würde gerne eine Investition in Höhe von 120.000 € mit einem Kredit Ihrer Bank finanzieren.

M. K.: Das ist doch schon eine größere Anschaffung. Für unser persönliches Gespräch über die Bedingungen müssten Sie uns noch einige Unterlagen zur Prüfung zukommen lassen.

J. B.: Welche Unterlagen benötigen Sie denn?

M. K.: Zunächst die Bilanzen und GUV-Rechnungen der letzten drei Jahre – am besten gleich aufbereitet – und auch die wichtigsten Kennziffern für eine Unternehmensanalyse.

J. B.: Kennziffern sind mir neu, welche benötigen Sie da?

M. K.: Die Eigenfinanzierung, die Bar- und Einzugsliquidität, die Anlagendeckungen I und II sowie die Eigenkapitalrentabilität.

J. B.: Das lasse ich alles vorbereiten, herzlichen Dank.

Frau Blauschneider kann sich noch an die aufbereitete Bilanz erinnern:

Aktiva	Aufbereitete Bilanz		Passiva
Anlagevermögen (AV)		Eigenkapital (EK)	2.830.108,05 €
Sachanlagen	5.419.169,00 €	Fremdkapital (FK)	
Umlaufvermögen (UV)		Langfristiges Fremdkapital	2.200.000,00 €
Vorräte	458.850,00 €	Kurzfristiges Fremdkapital	1.204.207,43 €
Forderungen	275.571,79 €		
flüssige Mittel	80.724,69 €		
Gesamtvermögen	6.234.315,48 €	Gesamtkapital	6.234.315,48 €

Eigenfinanzierung

Bei der Eigenfinanzierung wurde das Eigenkapital ins Verhältnis zum Gesamtkapital gebracht, die Formel lautet also:

FORMEL

Eigenfinanzierung: $\dfrac{\text{Eigenkapital} \cdot 100}{\text{Gesamtkapital}}$

Eigenfinanzierung: $\dfrac{2.830.108,05 \cdot 100}{6.234.315,48} = 45,40$ Die Eigenfinanzierung beträgt 45,40 %.

**Vergleichswert
29 %**

MERKE

Die Kennzahl der Finanzierung gibt an, wie hoch der Anteil der eigenen Mittel an der Finanzierung ist (Eigenkapitalanteil), gibt also Auskunft über die Kapitalstruktur und ob das Unternehmen überwiegend mit eigenen Mitteln (Eigenkapital) oder fremden Mitteln (Fremdkapital) arbeitet.

Der Anteil ist von Branche zu Branche verschieden und auch von der Unternehmensgröße abhängig. Der Durchschnittswert in Deutschland beträgt zurzeit rund 30 %.

Ein hoher Eigenkapitalanteil hat mehrere Vorteile. Das Unternehmen Blauschneider
- ist krisenfester und kreditwürdiger,
- ist finanziell unabhängiger von Gläubigern und
- hat eine geringere Belastung mit Schuldzinsen.

Barliquidität

MERKE

Bei der **Barliquidität** werden die flüssigen Mittel des Umlaufvermögens mit dem kurzfristigen Fremdkapital in Beziehung gesetzt.

Diese Kennzahl
- zeigt Julia Blauschneider, inwieweit die kurzfristigen Verbindlichkeiten durch flüssige Mittel gedeckt sind,
- gibt Auskunft, ob sie den Zahlungsverpflichtungen kurzfristig nachkommen kann und
- sagt aus, ob das Unternehmen flüssige Mittel wirtschaftlich angelegt hat
- wird als Liquidität 1. Grades (Cash Ratio) bezeichnet.

INFO

Eine Barliquidität von 10 % bis 30 % gilt gerade noch als zulässig, ab 45 % als „gut", ab 80 % als „sehr gut". Die Barliquidität liegt in der Praxis in der Regel unter 60 %.

FORMEL

Barliquidität: $\dfrac{\text{flüssige Mittel} \cdot 100}{\text{kurzfristiges Fremdkapital}}$

Barliquidität: $\dfrac{80.724,69 \cdot 100}{1.204.207,43} = 6,70$ Die Barliquidität beträgt 6,70 %.

**Vergleichswert
45 %**

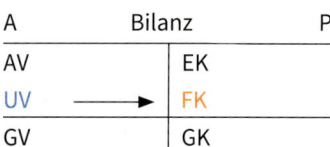

Einzugsliquidität

Bei der **Einzugsliquidität** werden die flüssigen Mittel und die Forderungen aus dem Umlaufvermögen mit dem kurzfristigen Fremdkapital in Beziehung gesetzt.

Diese Kennzahl
- zeigt Julia Blauschneider, inwieweit die kurzfristigen Verbindlichkeiten gedeckt sind und
- gibt Auskunft, ob sie den Zahlungsverpflichtungen pünktlich nachkommen kann.

Aktiva	Aufbereitete Bilanz	Passiva
Anlagevermögen (AV)		Eigenkapital (EK)	2.830.108,05 €
Sachanlagen	5.419.169,00 €	Fremdkapital (FK)	
Umlaufvermögen (UV)		Langfristiges Fremdkapital	2.200.000,00 €
Vorräte	458.850,00 €	Kurzfristiges Fremdkapital	1.204.207,43 €
Forderungen	275.571,79 €		
flüssige Mittel	80.724,69 €		
Gesamtvermögen	6.234.315,48 €	Gesamtkapital	6.234.315,48 €

Insolvenzverfahren

Ein Insolvenzverfahren kann für ein zahlungsunfähiges oder überschuldetes Unternehmen eingeleitet werden. Ziel des Verfahrens ist es, das Unternehmen nach Möglichkeit zu erhalten, das Unternehmensvermögen zu sichern und die Ansprüche der Gläubiger bestmöglich zu befriedigen.

Vergleichswert
70 %

$$\text{Einzugsliquidität:} \quad \frac{(\text{flüssige Mittel} + \text{Forderungen}) \cdot 100}{\text{kurzfristiges Fremdkapital}}$$

$$\text{Einzugsliquidität:} \quad \frac{(80.724,69 + 275.571,79) \cdot 100}{1.204.207,43} = 29,59$$

Die Einzugsliquidität beträgt 29,59 %.

Die Zielvorgabe für ein Unternehmen wäre 100 %, da dann die kurzfristigen Zahlungsverpflichtungen vollständig erfüllt werden können. Eine Einzugsliquidität über 100 % könnte bedeuten, dass Kapital nicht wirtschaftlich angelegt wurde (totes Kapital). Eine Einzugsliquidität weit unter 100 % könnte zu Problemen bei den Zahlungsverpflichtungen führen. Der Durchschnittswert in Deutschland beträgt zurzeit ca. 70 %. Die Liquidität von Blauschneider liegt damit weit unter dem Durchschnitt und muss unbedingt verbessert werden. Zahlungsunfähigkeit führt oft zu einem Insolvenzverfahren.

Möglichkeiten zur Verbesserung der Einzugsliquidität:
- Lagerbestände von Fertigerzeugnissen abbauen (verkaufen)
- gebrauchte, nicht mehr benötigte Sachanlagen verkaufen
- kurzfristiges Fremdkapital in langfristiges Fremdkapital umwandeln

Die Einzugsliquidität wird auch als Liquidität 2. Grades bezeichnet. Im englischen Sprachraum spricht man von Quick Ratio oder Acid Test Ratio.

Anlagendeckung

> **MERKE**
>
> Bei der **Anlagendeckung** soll das Anlagevermögen durch Eigenkapital und Fremdkapital gedeckt sein.

A	Bilanz	P
AV	→	EK
UV	↘	FK
GV		GK

Der **Deckungsgrad I** gibt darüber Auskunft, inwieweit das Anlagevermögen durch das **Eigenkapital** gedeckt ist. Langfristiges Vermögen soll auch langfristig finanziert sein (goldene Bilanzregel). Da zum langfristigen Kapital auch das langfristige Fremdkapital zählt und beim Deckungsgrad I nur das Eigenkapital einbezogen wird, darf der Deckungsgrad I auch unter 100 % liegen (Ziel: 70 bis 100%).

**Vergleichswert
70 – 100 %**

Rechnet man zum Eigenkapital das langfristige Fremdkapital hinzu (**Deckungsgrad II**), sollte die Kennzahl deutlich über 100 % liegen (Ziel: 110 bis 150 %).

Je weiter der Deckungsgrad II über 100 % liegt, umso mehr ist neben dem Anlagevermögen auch das Umlaufvermögen durch langfristiges Kapital finanziert und damit eine höhere finanzielle Stabilität des Unternehmens gegeben.

**Vergleichswert
100 – 150 %**

Aktiva	**Aufbereitete Bilanz**		Passiva
Anlagevermögen (AV)		Eigenkapital (EK)	2.830.108,05 €
Sachanlagen	5.419.169,00 €	Fremdkapital (FK)	
Umlaufvermögen (UV)		Langfristiges Fremdkapital	2.200.000,00 €
Vorräte	458.850,00 €	Kurzfristiges Fremdkapital	1.204.207,43 €
Forderungen	275.571,79 €		
flüssige Mittel	80.724,69 €		
Gesamtvermögen	6.234.315,48 €	Gesamtkapital	6.234.315,48 €

> **FORMEL**
>
> Anlagendeckung I: $\dfrac{\text{Eigenkapital} \cdot 100}{\text{Anlagevermögen}}$

Anlagendeckung I: $\dfrac{2.830.108,05 \cdot 100}{5.419.169,00} = 52,22$

> **FORMEL**
>
> Anlagendeckung II: $\dfrac{(\text{Eigenkapital} + \text{langfristiges Fremdkapital} \cdot 100}{\text{Anlagevermögen}}$

Anlagendeckung II: $\dfrac{(2.830.108,05 + 2.200.000,00) \cdot 100}{5.419.169,00} = 92,82$

Julia Blauschneider hat die Anlagendeckung I mit 52,22 %, die Anlagendeckung II mit 92,82 % berechnet. Beide Deckungsgrade sollten verbessert werden.

> **INFO**
>
> **Möglichkeiten zur Verbesserung der Anlagendeckung**
> - Kurzfristige Bankkredite werden langfristig umgeschuldet.
> - Das Eigenkapital hat sich verbessert.
> - Es werden Maschinen verkauft.
> - Es wird Anlagevermögen geleast.

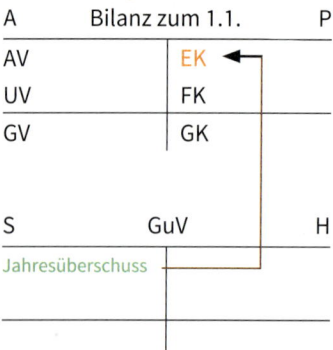

**Vergleichswert
15 %**

Eigenkapitalrentabilität

MERKE

Unter **Eigenkapitalrentabilität** versteht man das Verhältnis vom Jahresüberschuss (nach Steuern) zum Anfangsbestand des Eigenkapitals (ein-
gesetztes Kapital).

Die Eigenkapitalrentabilität bringt die Verzinsung des eingesetzten Kapitals
durch seinen Einsatz im Unternehmen zum Ausdruck. Diese Kennzahl
- zeigt Julia Blauschneider die Ertragskraft des Unternehmens,
- ermöglicht den Vergleich mit anderen Anlageformen und
- sollte höher sein als der durchschnittliche Marktzins (Umlaufrendite),
  da sie auch den Unternehmerlohn und das Unternehmerrisiko abdecken
  muss.

Grundsätzlich wird eine hohe Eigenkapitalrentabilität als positives Zeichen
bewertet, das auf ein wirtschaftlich gut aufgestelltes Unternehmen verweist.
Tatsächlich schwanken die Eigenkapitalrentabilitäten unterschiedlicher Bran-
chen enorm. Hoher Kapitaleinsatz und hohe Personalkosten bei geringem
Gewinn führen zu einer niedrigen Rendite.

FORMEL

$$\text{Eigenkapitalrentabilität:} \quad \frac{\text{Jahresüberschuss} \cdot 100}{\text{Eigenkapital (Anfangsbestand)}}$$

$$\text{Eigenkapitalrentabilität:} \frac{426.358,05 \cdot 100}{2.416.750,00} = 17,64$$

Die Eigenkapitalrentabilität beträgt 17,64 %.

Julia Blauschneider entnimmt die Daten für den Anfangsbestand des Eigenkapitals der letzten Bilanz (2.416.750,00 €). Dieser Wert kann auch mithilfe
folgenden Schemas (Rückwärtskalkulation) ermittelt werden:

	Eigenkapital zum 1. Januar	2.416.750,00 €
−	Privatentnahmen	13.000,00 €
+	Privateinlagen	0,00 €
+	Jahresüberschuss	426.358,05 €
	Eigenkapital zum 31. Dezember	2.830.108,05 €

Die Zielvorgabe in Deutschland liegt bei 15 %. Das Unternehmen Blauschneider
hat also mit einer Eigenkapitalrentabilität von 17,64 % ein durchschnittliches
Ergebnis erzielt. Im Vergleich zu anderen Anlageformen (Zinsen bei Anleihen
oder Rendite von Immobilien) ist diese Rendite allerdings recht ordentlich.

AUFGABE 33

Zur Auswertung des Jahresabschlusses des **Unternehmens Biber e. K.** liegt Ihnen ein Rechenblatt zur Tabellenkalkulation vor:

	A	B	C	D
1	**Aktiva**	**Bilanz BiBer e. K. zum 31.12.20..**		**Passiva**
2	0500 GR	460.000,00 €	3000 EK	573.463,00 €
3	0530 BVG	260.000,00 €	3670 EWB	1.600,00 €
4	0700 MA	59.000,00 €	3680 PWB	3.800,00 €
5	0840 FP	25.000,00 €	3900 RST	10.000,00 €
6	0860 BM	12.000,00 €	4200 KBKV	80.000,00 €
7	0870 BGA	8.000,00 €	4250 LBKV	250.000,00 €
8	2000 R	70.000,00 €	4400 VE	47.840,00 €
9	2020 H	7.400,00 €	4800 UST	6.397,00 €
10	2030 B	4.500,00 €	4830 VFA	8.740,00 €
11	2400 FO	33.670,00 €	4840 VSV	4.250,00 €
12	2470 ZWFO	8.800,00 €	4900 PRA	900,00 €
13	2600 VORST	3.690,00 €		
14	2800 BK	26.830,00 €		
15	2880 KA	6.000,00 €		
16	2900 ARA	2.100,00 €		
17		986.990,00 €		986.990,00 €
18				
19	**Aktiva**	**aufbereitete Bilanz zum 31.12.20..**		**Passiva**
20	Anlagevermögen	824.000,00 €	Eigenkapital	573.463,00 €
21	Umlaufvermögen		Fremdkapital	
22	Vorräte	81.900,00 €	langfristig	250.000,00 €
23	Forderungen	42.860,00 €	kurzfristig	158.127,00 €
24	flüssige Mittel	32.830,00 €		
25	**Gesamtvermögen**	**981.590,00 €**	**Gesamtkapital**	**981.590,00 €**

1. Geben Sie unter Verwendung einer geeigneten Funktion die Formeldarstellung zur Berechnung des Postens Vorräte in Zelle B22 an.

2. Erklären Sie, weshalb die Bilanzsumme der ausführlichen Bilanz nicht mit der Summe der aufbereiteten Bilanz übereinstimmt.

3. Elias Biber strebt für sein Unternehmen einen hohen Eigenkapitalanteil an.

   3.1 Nennen Sie zwei Vorteile eines hohen Eigenkapitalanteils.

   3.2 Berechnen Sie die Kennzahl der Finanzierung (Eigenkapitalanteil).

4. Da bereits Schwierigkeiten beim Ausgleich von Rechnungen aufgetreten sind, soll die Zahlungsfähigkeit von Biber e. K. genauer untersucht werden.

   4.1 Berechnen Sie die Kennzahlen der Bar- und Einzugsliquidität.

   4.2 Beurteilen Sie unter Angabe einer Begründung die Kennzahlen der Bar- und Einzugsliquidität.

AUFGABE 34

Bearbeiten Sie folgende Aufgaben:

1. Beschreiben Sie die Kennzahl der Barliquidität.

2. Stellen Sie die Vorteile eines hohen Eigenkapitalanteils dar.

3. Beschreiben Sie die Kennzahl der Einzugsliquidität.

4. Nennen Sie drei Möglichkeiten zur Verbesserung der Einzugsliquidität.

5. Grenzen Sie die zwei Arten von Anlagendeckung voneinander ab.

6. Ermitteln Sie die durchschnittliche Höhe der deutschen Eigenkapitalrentabilität.

7. Definieren Sie die durchschnittliche Einzugsliquidität.

8. Begründen Sie, warum eine Einzugsliquidität über 100 % ungünstig ist.

9. Stellen Sie dar, von welchen beiden passiven Bestandskonten die Bestände bei der Aufbereitung der Bilanz herausgerechnet werden müssen.

10. Bestimmen Sie die Höhe der durchschnittlichen Barliquidität.

AUFGABE 35

Bearbeiten Sie folgende Aufgaben zur untenstehenden Bilanz:

1. Bereiten Sie die Bilanz auf.
2. Ermitteln und beurteilen Sie die Kennzahl der Eigenfinanzierung.
3. Ermitteln und beurteilen Sie die Kennzahl der Einzugsliquidität.

Aktiva	Bilanz zum 31. Dezember 20..		Passiva
Anlagevermögen		**Eigenkapital**	
Grundstücke	1.100.500,00 €	Eigenkapital	1.904.000,00 €
Betriebs- u. Verwaltungsgebäude	600.000,00 €	**Fremdkapital**	
Maschinen und Anlagen	1.500.200,00 €	Einzelwertberichtigungen	4.000,00 €
Fuhrpark	260.000,00 €	Pauschalwertberichtigungen	2.000,00 €
Büromaschinen	180.700,00 €	Rückstellungen	3.000,00 €
Büromöbel und Geschäftsausstattung	350.000,00 €	Kurzfristige Bankverbindlichkeiten	650.000,00 €
Umlaufvermögen		Langfristige Bankverbindlichkeiten	1.800.000,00 €
Rohstoffe	195.000,00 €	Verbindlichkeiten	175.000,00 €
Fremdbauteile	100.000,00 €	Umsatzsteuer	60.000,00 €
Hilfsstoffe	36.000,00 €	Sonstige Verbindlichkeiten ggü. FA	18.000,00 €
Betriebsstoffe	5.400,00 €	Verbindlichkeiten ggü. Sozialvers.träger	35.000,00 €
Forderungen	186.000,00 €	Passive Rechnungsabgrenzung	5.000,00 €
Zweifelhafte Forderungen	8.000,00 €		
Vorsteuer	55.000,00 €		
Bank	53.000,00 €		
Kasse	23.000,00 €		
Aktive Rechnungsabgrenzung	3.200,00 €		
	4.656.000,00 €		4.656.000,00 €

AUFGABE 36

Bearbeiten Sie die Aufgaben zu folgender Bilanz:

1. Ermitteln Sie die Kennzahlen der Bar- und Einzugsliquidität.
2. Ermitteln und beurteilen Sie die Kennzahl der Anlagendeckung II.

Aktiva	Aufbereitete Bilanz		Passiva
Anlagevermögen (AV)		Eigenkapital (EK)	1.334.000,00 €
Sachanlagen	2.600.000,00 €	Fremdkapital (FK)	
Umlaufvermögen (UV)		Langfristiges Fremdkapital	1.100.000,00 €
Vorräte	225.000,00 €	Kurzfristiges Fremdkapital	600.000,00 €
Forderungen	154.000,00 €		
flüssige Mittel	55.000,00 €		
Gesamtvermögen	3.034.000,00 €	Gesamtkapital	3.034.000,00 €

AUFGABE 37

Ordnen Sie die folgenden Vergleichswerte den entsprechenden Unternehmenskennzahlen zu:

70 %	45 %	70 – 100 %	100 – 150 %	15 %

AUFGABE 38

Ihnen liegt die aufbereitete Bilanz des **Unternehmens Schmidt** zum 31.12.20.. vor.

Aktiva	Aufbereitete Bilanz		Passiva
Anlagevermögen (AV)		Eigenkapital (EK)	912.000,00 €
Sachanlagen	1.600.000,00 €	Fremdkapital (FK)	
Umlaufvermögen (UV)		Langfristiges Fremdkapital	2.300.000,00 €
Vorräte	672.000,00 €	Kurzfristiges Fremdkapital	688.000,00 €
Forderungen	1.388.000,00 €		
flüssige Mittel	240.000,00 €		
Gesamtvermögen	3.900.000,00 €	Gesamtkapital	3.900.000,00 €

Außerdem sind folgende Werte bekannt: Jahresüberschuss 173.500,00 €, Privatentnahmen 43.500,00 €

1. Die Liquidität ist eine wichtige Unternehmenskennziffer.
   1.1 Nennen Sie einen Grund, warum die Kennzahl der Liquidität für ein Kreditinstitut zur Bewertung eines Unternehmens von Interesse ist.
   1.2 Berechnen Sie die Bar- und Einzugsliquidität beim Unternehmen Schmidt.
   1.3 Nennen Sie eine Möglichkeit, beide Kennzahlen der Liquidität zu verbessern.
2. Für Unternehmer/-innen wie Kapitalanleger/-innen ist unter anderem die Eigenkapitalrentabilität von besonderer Bedeutung.
   2.1 Berechnen Sie die Eigenkapitalrentabilität beim Unternehmen Schmidt.
   2.2 Nennen Sie zwei Gründe, warum die Eigenkapitalrentabilität deutlich über dem durchschnittlichen Marktzins liegen sollte.
3. Eine weitere Kennzahl ist die Anlagendeckung. Worüber gibt sie Auskunft?

AUFGABE 39

Ihnen liegt die nebenstehende aufbereitete Gewinn- und Verlustrechnung in Staffelform vor. Berechnen und beurteilen Sie die Kennzahl der Eigenkapitalrentabilität, wenn der Schlussbestand des Eigenkapitals 2.300.000,00 € betrug und 45.000,00 € Privatentnahmen sowie 10.000,00 € Privateinlagen zu berücksichtigen sind.

Gewinn- und Verlustrechnung	
Umsatzerlöse	2.600.000,00 €
+ Sonstige betriebliche Erträge	35.000,00 €
Gesamtleistung	**2.635.000,00 €**
– Materialaufwand	1.600.000,00 €
– Aufwendungen für bezogene Leistungen	9.000,00 €
– Personalaufwand	410.000,00 €
– Abschreibungen auf Anlagevermögen	180.000,00 €
– Sonstige betriebliche Aufwendungen	160.000,00 €
Betriebsergebnis	**276.000,00 €**
+ Zinsen und ähnliche Erträge	6.000,00 €
– Zinsen und ähnliche Aufwendungen	84.000,00 €
Finanzergebnis	**198.000,00 €**
– Steuern	27.000,00 €
Gesamtergebnis (Jahresüberschuss)	**171.000,00 €**

Das Unternehmen Blauschneider

Ein Konkurrenzunternehmen

Julia Blauschneider vergleicht die eigenen Kennzahlen mit den Kennzahlen der Branche.

2.4 Zwischenbetrieblicher und innerbetrieblicher Vergleich

Zur Analyse eines Unternehmens können wichtige Rückschlüsse aus einem Vergleich der Jahresabschlüsse mit ähnlichen Unternehmen gezogen werden. Der Jahresabschluss eines Unternehmens ist jedoch ein streng gehütetes Geheimnis, weil daraus wichtige Informationen über die finanziellen und wirtschaftlichen Verhältnisse abgeleitet werden können.

Einzelunternehmen wie Blauschneider unterliegen nicht der Pflicht zur Veröffentlichung. Damit aber auch Einzelunternehmer einen zwischenbetrieblichen Vergleich anstellen können, gibt es Branchenkennzahlen bei den Wirtschaftsverbänden, Kreditinstituten oder dem Statistischen Bundesamt. Branchenkennzahlen stellen Durchschnittswerte dar.

Vom Industrieverband Bekleidungsmoden e. V. erhält Julia Blauschneider folgende Branchenkennzahlen für das letzte Geschäftsjahr:

Kennzahl	Branche	Blauschneider
Barliquidität	26,55 %	6,70 %
Einzugsliquidität	54,35 %	29,59 %
Eigenkapitalrentabilität	12,52 %	17,64 %
Anlagendeckung I	57,02 %	52,22 %
Anlagendeckung II	90,82 %	92,82 %

Auswertung des zwischenbetrieblichen Vergleichs:

Barliquidität:

Hier hat das Unternehmen Blauschneider große Nachteile gegenüber der Konkurrenz. Blauschneider muss hier unbedingt die Barmittel erhöhen oder die kurzfristigen Verbindlichkeiten abbauen.

Einzugsliquidität:

Hier sind die Konkurrenten einen Schritt voraus, obwohl auch sie vom Idealwert von 100 % weit entfernt sind. Das Unternehmen Blauschneider muss dringend die Liquidität verbessern, um nicht in Gefahr der Zahlungsunfähigkeit zu gelangen.

Eigenkapitalrentabilität:

Die Verzinsung des eingesetzten Kapitals liegt beim Unternehmen Blauschneider über dem Branchendurchschnitt. Das ist ein Vorteil z. B. bei der Einbeziehung von stillen Teilhabern oder bei der Aufnahme von Krediten.

Anlagendeckungen:

Bei diesen Kennzahlen liegt Blauschneider beim Branchendurchschnitt. Zur Verbesserung auf die Idealwerte muss Julia Blauschneider alle Möglichkeiten der Kostensenkung nutzen.

Insgesamt zeigt der zwischenbetriebliche Vergleich, dass Blauschneider am Markt durchschnittlich positioniert ist.

Neben dem Branchenvergleich (extern) ist für Julia Blauschneider besonders der innerbetriebliche Vergleich der Zahlen der letzten Geschäftsjahre aufschlussreich. Hierbei lässt sich die Entwicklung des Unternehmens im Verlauf der letzten drei Jahre gut erkennen:

		Jahr 1	Jahr 2	Jahr 3
+	Umsatzerlöse	4.800.542,00 €	4.956.000,00 €	5.221.492,90 €
+	Sonstige betriebliche Erträge	59.000,00 €	65.000,00 €	41.650,00 €
	Gesamtleistung	4.859.542,00 €	5.021.000,00 €	5.263.142,90 €
–	Materialaufwand	3.254.000,00 €	3.175.000,00 €	3.282.864,00 €
–	Aufwendungen für bezogene Leistungen	15.000,00 €	16.000,00 €	17.735,00 €
–	Personalaufwand	940.000,00 €	780.000,00 €	820.000,00 €
–	Abschreibungen auf Anlagevermögen	345.000,00 €	340.000,00 €	173.889,00 €
–	Sonstige betriebliche Aufwendungen	355.000,00 €	315.000,00 €	327.111,85 €
	Betriebsergebnis	– 49.458,00 €	395.000,00 €	641.543,05 €
+	Zinsen und ähnliche Erträge	123.000,00 €	42.000,00 €	9.200,00 €
–	Zinsen und ähnliche Aufwendungen	35.000,00 €	152.000,00 €	165.875,00 €
	Finanzergebnis	38.542,00 €	285.000,00 €	484.868,05 €
–	Steuern	23.000,00 €	37.000,00 €	58.500,00 €
	Jahresüberschuss	15.542,00 €	248.000,00 €	426.368,05 €
	Eigenkapitalrentabilität	0,68 %	3,24 %	5,36 %

Auswertung des innerbetrieblichen Vergleichs der letzten drei Jahre

- **Umsatzerlöse**: Sie konnten kontinuierlich gesteigert werden. Die Zuwächse betrugen jeweils im Vergleich zum Vorjahr 3,24 % und 5,36 %.

- **Materialaufwand**: Er konnte durch Verhandlungen mit den Lieferern und durch Einsparungen in der Produktion nahezu konstant gehalten werden.

- **Personalaufwand**: Blauschneider hat drei Stellen nicht wieder besetzt, als Mitarbeiterinnen in Rente gingen. So werden mehr als 10 % Kosten gespart.

- **Betriebsergebnis**: Dieses Ergebnis zeigt den Erfolg des Unternehmens, wenn man nur die Produktion und den Verkauf von Erzeugnissen berücksichtigt. Hier hatte das Unternehmen vor drei Jahren sogar ein negatives Ergebnis. Dies lag zum einen an einem wirtschaftlich schwierigen Jahr mit geringeren Umsätzen und zum anderen an hohen Material- und Personalaufwendungen. Wegen hoher Gewinne aus Aktiengeschäften konnte noch ein positives Gesamtergebnis erreicht werden.

- **Jahresüberschuss**: Er wird ermittelt, indem alle Erträge und alle Aufwendungen innerhalb eines Geschäftsjahres zusammengefasst werden.

- **Gesamtergebnis**: Durch Kosteneinsparungen und moderne Produktionsmethoden ist es dem Unternehmen Blauschneider gelungen, den Jahresüberschuss und die Eigenkapitalrentabilität deutlich zu steigern.

Hans Holz

Franz Flink

⊹ **AUFGABE 40**

Ihnen liegen die aufbereiteten Bilanzen der **Unternehmen Hans Holz** und **Franz Flink** vor, der mangels eines geeigneten Nachfolgers sein Unternehmen verkaufen möchte.

1. Sie werden beauftragt, die Bilanzen beider Unternehmen im Vergleich zu betrachten. Wie wird diese Art von Vergleich bezeichnet?

2. Der Jahresabschluss dient nicht nur dem Unternehmen selbst und dem Betriebsrat zur Information. Auch weitere Adressaten haben ein berechtigtes Interesse. Nennen Sie einen dieser weiteren Adressaten und begründen Sie, worin dessen berechtigtes Interesse am Jahresabschluss besteht.

3. Berechnen Sie die Kennzahlen der Liquidität des Unternehmens Holz.

4. Berechnen Sie die Kennzahlen der Anlagendeckung bei Flink und bewerten Sie diese.

5. Bei den beiden vergleichbaren Unternehmen ist die Höhe der Abschreibungen sehr unterschiedlich. Nennen Sie unter Vergleich beider Jahresabschlüsse zwei mögliche Gründe, warum das Unternehmen Flink deutlich niedrigere Abschreibungen ausweist.

6. Eine wichtige Kennzahl ist die Eigenkapitalrentabilität.

   6.1 Berechnen Sie die Kennzahl der Eigenkapitalrentabilität von Flink.

   6.2 Beurteilen Sie die Kennzahl der Eigenkapitalrentabilität bei Flink.

Aktiva	Bilanz Hans Holz zum 31.12.20..		Passiva
Anlagevermögen	180.000,00 €	Eigenkapital	2.064.330,00 €
Umlaufvermögen		Fremdkapital	
Vorräte	2.370.000,00 €	Langfristiges Fremdkapital	3.425.670,00 €
Forderungen	2.420.000,00 €	Kurzfristiges Fremdkapital	1.550.000,00 €
flüssige Mittel	450.000,00 €		
Gesamtvermögen	7.040.000,00 €	Gesamtkapital	7.040.000,00 €

Aktiva	Bilanz Franz Flink zum 31.12.20..		Passiva
Anlagevermögen	800.000,00 €	Eigenkapital	1.365.000,00 €
Umlaufvermögen		Fremdkapital	
Vorräte	1.210.000,00 €	Langfristiges Fremdkapital	2.105.000,00 €
Forderungen	1.800.000,00 €	Kurzfristiges Fremdkapital	1.000.000,00 €
flüssige Mittel	660.000,00 €		
Gesamtvermögen	4.470.000,00 €	Gesamtkapital	4.470.000,00 €

Außerdem sind zu den Unternehmen folgende Werte bekannt:

	Hans Holz	Frank Flink
Privateinlagen	0,00 €	80.000,00 €
Privatentnahmen	122.000,00 €	90.000,00 €
Jahresüberschuss	140.500,00 €	93.700,00 €
Abschreibungen	35.562,00 €	17.861,00 €

Jahresabschluss

Der Jahresabschluss eines Unternehmens besteht laut § 242 HGB aus der **Bilanz** und der **Gewinn- und Verlustrechnung**. Er ist für das vergangene Geschäftsjahr aufzustellen. Dabei muss, unter Beachtung der Grundsätze ordnungsmäßiger Buchführung, ein den tatsächlichen Verhältnissen entsprechendes Bild der Vermögens-, Finanz- und Ertragslage des Unternehmens vermittelt werden.

Zu den vorbereitenden Abschlussbuchungen gehören:

- Abschluss aller Unterkonten auf die Hauptkonten,
- Bewertung der Sachanlagen (Abschreibungen),
- Erfassung der Bestandsveränderungen,
- Bewertung der Forderungen,
- Periodenrichtige Erfolgsermittlung.

Unternehmenskennzahlen

Eigentümer und Investoren, Banken und Finanzamt sowie Mitarbeiter/-innen des Unternehmens möchten wissen, ob ein Unternehmen gesund wirtschaftet. Zur Analyse werden Kennzahlen berechnet.

Barliquidität

FORMEL

$$\text{Barliquidität:} \quad \frac{\text{flüssige Mittel} \cdot 100}{\text{kurzfristiges Fremdkapital}}$$

Vergleichswert
45 %

Einzugsliquidität

FORMEL

$$\text{Einzugsliquidität:} \quad \frac{(\text{flüssige Mittel} + \text{Forderungen}) \cdot 100}{\text{kurzfristiges Fremdkapital}}$$

Vergleichswert
70 %

Anlagendeckung I

FORMEL

$$\text{Anlagendeckung I:} \quad \frac{\text{Eigenkapital} \cdot 100}{\text{Anlagevermögen}}$$

Vergleichswert
70 – 100 %

Anlagendeckung II

FORMEL

$$\text{Anlagendeckung II:} \quad \frac{(\text{Eigenkapital} + \text{langfristiges Fremdkapital}) \cdot 100}{\text{Anlagevermögen}}$$

Vergleichswert
100 – 150 %

Eigenkapitalrentabilität

FORMEL

$$\text{Eigenkapitalrentabilität:} \quad \frac{\text{Jahresüberschuss} \cdot 100}{\text{Eigenkapital (Anfangsbestand)}}$$

Vergleichswert
15 %

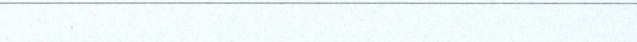
Zur Auswertung des Jahresabschlusses von **BIBER e. K.** liegt Ihnen folgendes
Tabellenblatt vor:

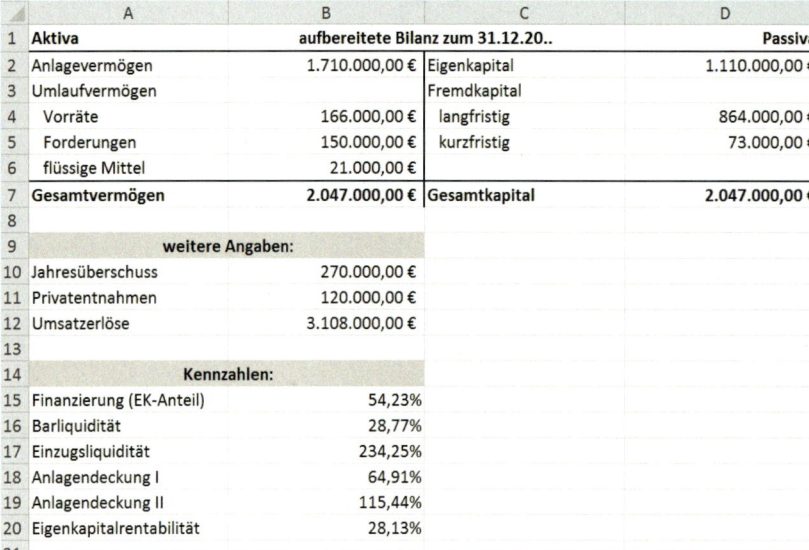

	A	B	C	D
1	Aktiva	aufbereitete Bilanz zum 31.12.20..		Passiva
2	Anlagevermögen	1.710.000,00 €	Eigenkapital	1.110.000,00 €
3	Umlaufvermögen		Fremdkapital	
4	Vorräte	166.000,00 €	langfristig	864.000,00 €
5	Forderungen	150.000,00 €	kurzfristig	73.000,00 €
6	flüssige Mittel	21.000,00 €		
7	Gesamtvermögen	2.047.000,00 €	Gesamtkapital	2.047.000,00 €
8				
9	weitere Angaben:			
10	Jahresüberschuss	270.000,00 €		
11	Privatentnahmen	120.000,00 €		
12	Umsatzerlöse	3.108.000,00 €		
13				
14	Kennzahlen:			
15	Finanzierung (EK-Anteil)	54,23%		
16	Barliquidität	28,77%		
17	Einzugsliquidität	234,25%		
18	Anlagendeckung I	64,91%		
19	Anlagendeckung II	115,44%		
20	Eigenkapitalrentabilität	28,13%		

1. Geben Sie die Formeldarstellung für die Zelle B7 zur Berechnung des Gesamtvermögens unter Verwendung einer geeigneten Funktion an.
2. Die Kennzahl der Finanzierung ist für Kreditinstitute von Bedeutung.
   2.1 Geben Sie den Grund dafür an.
   2.2 Geben Sie die Formeldarstellung für die Zelle B15 zur Ermittlung der Kennzahl der Finanzierung an.
   2.3 Die Kennzahl der Finanzierung hat sich gegenüber dem Vorjahr erhöht. Nennen Sie eine mögliche Ursache.
3. Die Eigenkapitalrentabilität gehört zu den wichtigsten Kennzahlen.
   3.1 Geben Sie die Formeldarstellung für die Zelle B20 zur Berechnung der Eigenkapitalrentabilität an.
   3.2 Nennen Sie zwei Gründe, weshalb die Eigenkapitalrentabilität deutlich über dem aktuellen Kapitalmarktzins liegen sollte.
4. Die Kennzahl der Anlagendeckung ist eine vielbeachtete Kennzahl.
   4.1 Erklären Sie, was eine Anlagendeckung II von 115,44 % für das Unternehmen BIBER bedeutet.
   4.2 BIBER e. K. möchte die Anlagendeckung I steigern. Nennen Sie eine mögliche Maßnahme.
5. Die Kennzahl der Liquidität ist eine sehr wichtige Kennzahl.
   5.1 Erklären Sie, was man unter der Bar- und Einzugsliquidität versteht.
   5.2 Stellen Sie die Formel zur Berechnung der Einzugsliquidität dar.
   5.3 Nennen Sie drei Möglichkeiten zur Verbesserung der Einzugsliquidität.
6. Die Unternehmenskennzahlen werden von verschiedenen Interessenten genutzt.
   6.1 Erklären Sie, inwiefern Banken daran ein Interesse haben.
   6.2 Zeigen Sie auf, warum auch Mitarbeiter/-innen und der Unternehmer bzw. die Unternehmerin selbst Kennzahlen benötigen.

III
Die Vollkostenrechnung (Betriebsbuchführung)

In diesem Kapitel lernen Sie ...

... die Rechnungskreise I und II sowie deren Aufgaben im Unternehmen zu unterscheiden,

... mithilfe der Kostenartenrechnung Einzelkosten und Gemeinkosten einem Kostenträger zuzuordnen,

... im Rahmen der Kostenstellenrechnung die Gemeinkosten verursachungsgerecht auf die Kostenstellen zu verteilen, auch um deren Wirtschaftlichkeit zu prüfen,

... die Gesamtkosten einer Abrechnungsperiode zu berechnen und

... mit der Zuschlagskalkulation die Selbstkosten sowie die Angebotspreise für unsere Produkte zu berechnen.

1 Rechnungskreis I und II im Unternehmen Blauschneider

1.1 Unternehmen, Betrieb und Firma

„Das Unternehmen Blauschneider erschließt sich gerade neue Märkte im Online-Handel."

„Meine Eltern arbeiten in der Firma Schröder im Nachbarort."

„Unser Betrieb hat in diesem Geschäftsjahr große Erfolge beim Verkauf von Aktienpaketen erzielt."

Nur eine dieser drei Aussagen ist richtig formuliert – wenn es um die korrekte Anwendung der Fachbegriffe in der Betriebswirtschaftslehre geht.

AUFGABE 41

Betrachten Sie die folgende Infografik über den Aufbau des Fertigungsunternehmens Blauschneider Jeans e. K. und begründen Sie, welche beiden der oben angegebenen Aussagen falsch formuliert sind.

MERKE

Firma

= Name des Unternehmens mit Rechtsformzusatz

Betrieb

= Bereiche Beschaffung, Produktion, Vertrieb der Produkte

Unternehmen

= gesamte wirtschaftliche Tätigkeit einer Betriebswirtschaft, z. B. von Blauschneider

Blauschneider Jeans e. K.

Verwaltung
- Geschäftsführung
- Kreditsachbearbeitung
- Wertpapierverwaltung
- Rechtsabteilung
- Immobilienverwaltung
- ...

Beschaffung	**Fertigung**	**Vertrieb**
- Einkauf	- Herstellung	- Verkauf
- Eingangslager	- Maschinen	- Marketing
- Lagerverwaltung	- Reparaturen	- Ausgangslager
- ...	- Zwischenlager	- ...
	- ...	

AUFGABE 42

Überprüfen Sie nun die folgenden Aussagen auf ihre Richtigkeit:

1. Das Unternehmen Zechmeister hat Verluste beim Verkauf von Aktien erzielt.
2. Ein Brief ist mit ‚An die Firma Gockel, Hauptstr. 3, ...' richtig adressiert.
3. Ein Betriebsleiter muss nicht gleichzeitig der Geschäftsführer sein.
4. Die Firma Renner GmbH hat in diesem Quartal gut gewirtschaftet.
5. Die Erfassung des Einkaufs und des Verkaufs unserer Produkte stellt eine wesentliche Aufgabe der Geschäfts- und der Betriebsbuchführung dar.

1.2 Geschäfts- und Betriebsbuchführung

Die Frühjahrsferien stehen kurz bevor. Julia Blauschneider (J. B.) erhält mittags Besuch von ihren Kindern Lea und Tim.

Tim: Hi Mama, was steht an?

J. B.: Hallo ihr zwei. Ach, ich werte gerade die Zahlen unseres letzten Jahresabschlusses aus. Wir haben hohe Gewinne beim Verkauf unserer Aktienpakete erzielt, auch der Verkauf des nicht mehr benötigten Betriebsgebäudes am Lorenzfeld brachte über eine Million Euro ein.

Lea: Das ist ja super! Unser Unternehmen hat wirklich gut gewirtschaftet!

J. B.: Na ja, ganz so einfach ist es leider nicht. Unser Gewinn ist zwar um 25 % gestiegen, aber unsere Umsatzerlöse sind im letzten Jahr um 8 % gesunken. Die neue Skinny Jeans hat sich leider nicht gut verkauft und außerdem macht uns ein neuer Jeanshersteller aus Südbayern Kundschaft streitig.

Tim: Aber Mama, was sind schon 8 % gegen eine Million und dazu noch die Aktienverkäufe! Wir sind reich, mach dir keine Gedanken.

J. B.: Das stimmt nicht. Wir sollten unsere Gewinne mit dem Verkauf unserer Produkte erzielen. Auf lange Sicht, und damit meine ich schon dieses laufende Geschäftsjahr, müssen wir entscheidende Veränderungen erreichen. Hm ...

> **INFO**
>
> **Tipp!**
> Diskutieren Sie, ob die folgenden Posten etwas mit dem betrieblichen Zweck des Unternehmens Blauschneider zu tun haben:
> – Umsatzerlöse
> – Gewinn
> – Zinsaufwendungen
> – Aufwendungen für Mieten
> – Erlöse aus Vermietung
> – Erträge aus dem Abgang von Wertpapieren
> – Kommunikationsgebühren
> – Löhne und Gehälter

AUFGABE 43

Frau Blauschneider denkt noch einmal über die Zahlen des letzten Jahresabschlusses nach.

1. Begründen Sie, warum der Verkauf des Grundstücks Frau Blauschneider zwar hohe Gewinne brachte, sie aber dennoch nicht zuversichtlich stimmt.
2. Erklären Sie, wieso die Umsätze gesunken sind.
3. Stellen Sie dar, welche Maßnahmen das Unternehmen nun ergreifen sollte, um den eigenen Betrieb wieder auf die Erfolgsspur zurückzubringen.

AUFGABE 44

Kürzlich hat Frau Blauschneider eine Tagung für Jungunternehmer/-innen besucht. Dort wurden die beiden folgenden GUV-Rechnungen ausgewertet. Vergleichen Sie in Partnerarbeit die einzelnen Posten.

1. Erläutern Sie, welche Unterschiede bestehen.
2. Begründen Sie, welches Unternehmen besser gewirtschaftet hat.
3. Erklären Sie, welche drei Posten in der GUV-Rechnung nichts mit dem Betrieb zu tun haben.

Soll	GuV-Rechnung Unternehmen Fix		Haben
AWR	40.000,00 €	UEFE	1.333.000,00 €
AWF	20.000,00 €	EMP	47.000,00 €
AWH	20.000,00 €	EFO	10.000,00 €
AWB	20.000,00 €	EAWP	40.000,00 €
AWVM	18.000,00 €		
LG	360.000,00 €		
ABSA	120.000,00 €		
AWMP	500,00 €		
WER	40.000,00 €		
GWST	10.000,00 €		
ZAW	1.500,00 €		
EK	780.000,00 €		
	1.430.000,00 €		1.430.000,00 €

Soll	GuV-Rechnung Unternehmen Fertig		Haben
AWR	40.000,00 €	UEFE	1.350.000,00 €
AWF	20.000,00 €	EMP	30.000,00 €
AWH	20.000,00 €	EFO	4.000,00 €
AWB	20.000,00 €	EAWP	3.000,00 €
AWVM	20.000,00 €		
LG	300.000,00 €		
ABSA	120.000,00 €		
AWMP	40.000,00 €		
WER	40.000,00 €		
GWST	7.000,00 €		
ZAW	40.000,00 €		
EK	720.000,00 €		
	1.387.000,00 €		1.387.000,00 €

MERKE

Gesamtergebnis

= Gesamterfolg (Gewinn oder
   Verlust) gemäß Geschäftsbuchführung (GUV)

Betriebsergebnis

= Betriebserfolg (Betriebsgewinn oder -verlust) gemäß
   Betriebsbuchführung (KLR)

Filtern der Aufwendungen und Erträge

Frau Blauschneider weiß, dass die meisten der Aufwendungen und Erträge in ihrer GUV-Rechnung mit dem **Betrieb** zu tun haben, also mit der Beschaffung (Einkauf), der Herstellung (Produktion) oder dem Vertrieb (Verkauf) der Produkte des Unternehmens Blauschneider.

Einige Aufwendungen und Erträge betreffen jedoch zwar das **Unternehmen** Blauschneider und dessen Geschäftsbuchführung, aber nicht den Betriebsbereich des Unternehmens. Die Erfolge, also Gewinne oder Verluste, die dort erzielt wurden, beeinflussen nicht das Betriebsergebnis, sind aber Teil des Gesamtergebnisses des Unternehmens.

Da Frau Blauschneider nun ermitteln möchte, wie hoch ihr **Betriebsergebnis**, also ihr Erfolg als Ergebnis der Beschaffung, der Herstellung und des Vertriebs gewesen war, muss sie zunächst die Posten der GUV-Rechnung „filtern". Sie sortiert sie also nach betrieblich und betriebsfremd.

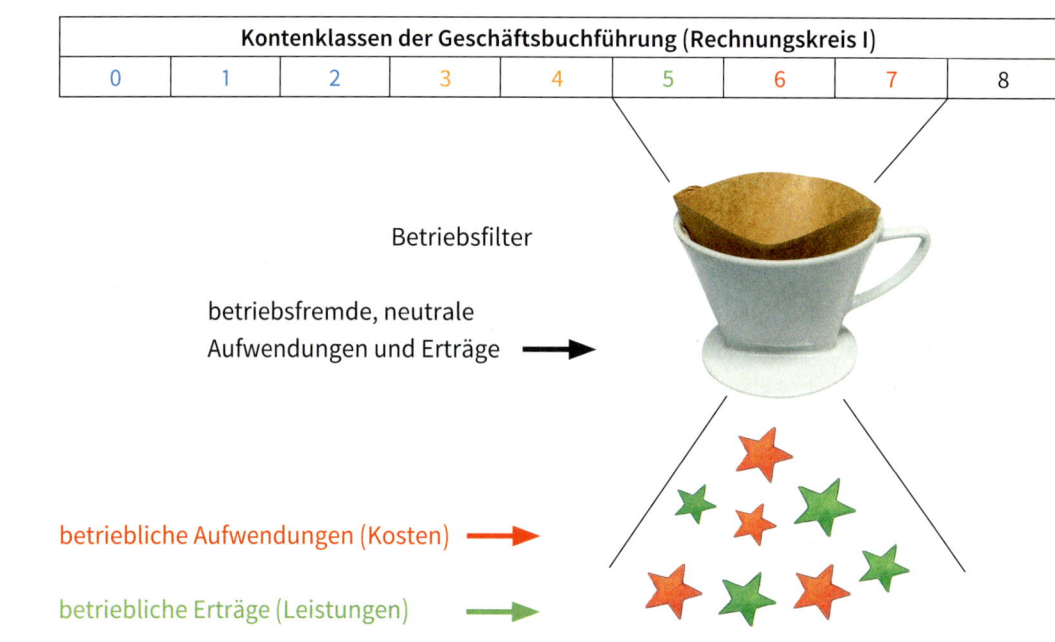

Im Betriebsfilter bleiben die unternehmensbezogenen Aufwendungen und Erträge hängen, sie gehen nicht in die Vollkostenrechnung (Kosten- und Leistungsrechnung / Rechnungskreis II) ein. Man nennt sie auch neutrale Aufwendungen bzw. Erträge.

Nur die betrieblichen Aufwendungen (Kosten) und die betrieblichen Erträge (Leistungen) werden in die Vollkostenrechnung (Kosten- und Leistungsrechnung, KLR) übernommen. Aus ihnen wird der Betriebserfolg, also der Betriebsgewinn oder der Betriebsverlust, ermittelt.

Statt auf Konten in der Kontenklasse 9 wird die KLR heutzutage mithilfe von Tabellen und Rechenschemata durchgeführt.

Industriekontenrahmen (IKR)	
Rechnungskreis I (RK I) auch Geschäftsbuchführung genannt ▼ bezieht sich auf das gesamte Unternehmen ▼ Kontenklassen 0 bis 8 ▼ Alle Veränderungen von Vermögens- und Kapitalwerten und auch alle Erfolgsvorgänge werden erfasst ▼ Konto 8020 GUV ▼ Erfolgsrechnung ▼ Gesamt- ergebnis	**Rechnungskreis II (RK II)** auch Betriebsbuchführung genannt ▼ bezieht sich ausschließlich auf den Betriebszweck (Fertigung von Erzeugnissen) ▼ Kontenklasse 9 ▼ Nur die durch die eigentliche betriebliche Tätigkeit verursachten Kosten und Leistungen werden erfasst. ▼ Tabellen der Vollkostenrechnung ▼ Kosten- und Leistungsrechnung (KLR) ▼ Betriebs- ergebnis

AUFGABE 45

Betrachten Sie die Abbildung auf S. 70.

1. Bestimmen Sie, welche Kontenarten mit dem Betriebsfilter sortiert werden.
2. Finden Sie ein Synonym für betriebsfremde Aufwendungen bzw. Erträge.
3. Nennen Sie den Rechnungskreis, in dem der Gesamterfolg eines Unternehmens ermittelt wird.
4. Betrachten Sie nun den Kontenplan auf S. 188/189. In den Kontenklassen 5, 6 und 7 finden Sie Symbole, die in Zusammenhang mit der Abbildung auf S. 70 stehen. Begründen Sie, warum dies so ist.
5. Nennen Sie je drei Beispiele für neutrale Erträge und neutrale Aufwendungen (der Kontenplan hilft Ihnen).
6. Ordnen Sie die Konten 6770 RBK / 5430 ASBE / 6950 ABFO / 4250 LBKV / 5710 ZE / 6020 AWH / 5490 PFE / 6160 FRI / 5000 UEFE / 6870 WER diesen Begriffen zu: neutraler Ertrag, neutraler Aufwand, betrieblicher Ertrag, betrieblicher Aufwand.
7. Erklären Sie, welche Erfolgskonten in die KLR eingehen.
8. Im Kontenplan steht bei den Unterkonten wie z. B. 6001 BZKR kein Sternchen (*). Begründen Sie, warum diese Kosten dennoch in die KLR eingehen.
9. Begründen Sie, dass ein Betriebsverlust auch einen Erfolg darstellt.

> Mama, ich hab 'ne Fünf in BwR. Aber mein Lehrer hat gesagt, dass das auch ein Erfolg ist!

1.3 Neutrale Aufwendungen und Erträge

Beim Filtern der Aufwendungen und Erträge aus der Geschäftsbuchführung werden Erfolgsvorgänge herausgenommen, die das Betriebsergebnis verfälschen würden. Falls ein Unternehmen einen Gewinn aus dem Verkauf von Aktien erzielt, hat es mit seiner Herstellung möglicherweise nicht ebenso erfolgreich gearbeitet. In die Kosten- und Leistungsrechnung (KLR) sollen jedoch nur betrieblich bedingte und regelmäßig anfallende Aufwendungen und Erträge zur Kostenkontrolle und zur Berechnung der Selbstkosten eingehen.

Der Filter sortiert also Vorgänge heraus, die
- außerordentlich (nur gelegentlich anfallend),
- periodenfremd (fürs vergangene Geschäftsjahr nachzuzahlen) oder
- betriebsfremd (unternehmensbezogen)

Nur die Leistung der Mannschaften und nicht sein Verhalten soll das Ergebnis beeinflussen – er muss neutral handeln.

sind. Diese Vorgänge beeinflussen das Gesamtergebnis, aber nicht das Betriebsergebnis – sie verhalten sich also neutral zum Betriebserfolg. Diese neutralen Aufwendungen und neutralen Erträge werden im Betriebsfilter bzw. in der Abgrenzungsrechnung herausgefiltert und nicht in die KLR aufgenommen.

Geschäftsbuchführung (RK I)			
alle Aufwendungen und Erträge			
in Zusammenhang mit der Herstellung von Jeans → betrieblich			ohne Zusammenhang mit dem Betriebszweck
gewöhnlich/normal	außerordentlich	periodenfremd	betriebsfremd
z. B. Rohstoffverbrauch, Umsatzerlöse, Löhne und Gehälter	z. B. nicht versicherter Unfallschaden	z. B. Steuernachzahlung	z. B. Verlust bei Aktienverkäufen
Kosten und Leistungen	neutrale Aufwendungen und Erträge		
gehen in den RK II und damit z. B. in die Kalkulation der Selbstkosten ein	Ihr Einfluss verfälscht die Beurteilung, ob ein Betrieb erfolgreich wirtschaftet. → Sie werden in der Abgrenzungsrechnung herausgefiltert.		
Vollkostenrechnung / KLR / Betriebsbuchführung			

AUFGABE 46

Nennen Sie zur o. a. Tabelle je ein weiteres Beispiel für …
1. Aufwendungen, die betriebsbedingt und „normal" sind,
2. Aufwendungen, die außerordentlich sind,
3. Aufwendungen, die periodenfremd sind.
4. Erträge, die betriebsbedingt und „normal" sind,
5. Erträge, die außerordentlich sind, und für
6. Erträge, die periodenfremd sind.

1.4 Wichtige Grundbegriffe – verlieren Sie nicht den Überblick!

Beim Analysieren der folgenden Geschäftsfälle im Unternehmen Blauschnei-der lassen sich die rechts angeführten Begriffe zuordnen – am einfachsten geht das, wenn man vorher einen dazugehörigen Buchungssatz bildet. Auf geht's!

Geschäftsfall 1: Julia Blauschneider kauft einen Büroschrank gegen Bar-zahlung, 1.713,60 € brutto.

Buchungssatz 1:   Ausgabe

0870 BGA	1.440,00 €			
2600 VORST	273,60 €	an	2880 KA	1.713,60 €

Bei diesem Geschäftsfall handelt es sich um eine Ausgabe, da der Schrank bar bezahlt wird. Der Vorgang erfasst eine **Zahlung**, aber keinen Erfolgsvorgang.

Geschäftsfall 2: Zum Geschäftsjahresende schreibt Frau Blauschneider den Schrank aus Fall 1 anteilig mit 135,00 € ab.

Buchungssatz 2:   Aufwand/Kosten

6520 ABSA		an	0870 BGA	135,00 €

Der Wertverlust wird als **Erfolgsvorgang** auf einem Aufwandskonto erfasst. Da es ein betrieblicher Aufwand ist, handelt es sich gleichzeitig um Kosten.

Geschäftsfall 3: Barverkauf von Jeans für 850,00 € netto

Buchungssatz 3:   Ertrag, Leistung

2880 KA	1.011,50 €	an	5000 UEFE	850,00 €
		an	4800 UST	161,50 €

Einnahme

Dieser Geschäftsfall betrifft sowohl einen Zahlungsvorgang als auch einen Erfolgsvorgang. Da es sich zudem um einen betrieblichen Ertrag handelt, liegt auch eine Leistung vor. Wäre der Verkauf gegen Rechnung erfolgt, läge ebenfalls ein Erfolgsvorgang vor, aber noch kein Zahlungsvorgang.

Alle **Zahlungsvorgänge** werden in Bestandskonten erfasst, die über das **Schlussbilanzkonto** abgeschlossen werden.

Alle **Erfolgsvorgänge** werden zum Jahresabschluss in die **GUV-Rechnung** übernommen, wo der Gesamterfolg des Unternehmens ermittelt wird.

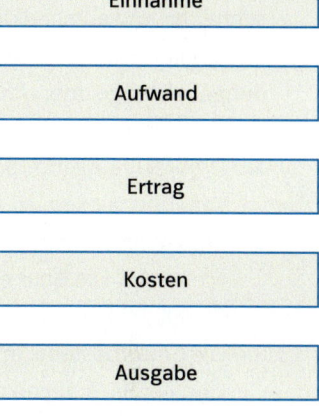

Einnahme

Aufwand

Ertrag

Kosten

Ausgabe

Leistung

AUFGABE 47

Alles gecheckt? Dann kommen hier zwei Aufgaben je Geschäftsfall auf Sie zu: Bilden Sie jeweils den Buchungssatz für das Unternehmen Blauschneider und entscheiden Sie dann, ob es sich um Einnahmen/Ausgaben, um neutrale Aufwendungen/Erträge oder um Kosten/Leistungen handelt. Es können mehrere Begriffe zutreffen.

1. Der Rechnungsbetrag des Heizöllieferers wird überwiesen, 15.200,00 €.
2. Frau Blauschneider verkauft Aktien der Metall AG. Die Bankgutschrift beträgt 18.600,00 €, der Kursverlust 1.400,00 €.
3. Die Gewerbesteuer in Höhe von 2.000,00 € wird per Bank abgebucht.
4. Die Miete für eine derzeit nicht benötigte Lagerhalle wird überwiesen: brutto 1.428,00 €.
5. Der Personalaufwand für den Monat Februar (98.000,00 €) wird erfasst: Nettolöhne 57.900,00 €, Sozialversicherung AG-Anteil 20.500,00 €.
6. Ein Gerichtsverfahren wegen der Klage eines Kunden wurde gewonnen. Die entsprechende Rückstellung kann aufgelöst werden: 5.000,00 €.
7. Zum drittletzten Bankarbeitstag im Monat werden die Beiträge zur Sozialversicherung überwiesen (siehe 5.).
8. Barzahlung einer Garnlieferung, netto 800,00 €.
9. Blauschneider verkauft Jeans an den Denim Store für brutto 2.618,00 € gegen Rechnung.
10. Barspende von Frau Blauschneider an das Rote Kreuz, 2.000,00 €.
11. Die Tageseinnahmen in Höhe von 9.860,00 € werden aufs Konto eingezahlt.

AUFGABE 48

Richtig oder falsch? Stellen Sie falsche Aussagen richtig.

1. Ein Betriebsgewinn ist erwirtschaftet, wenn die Kosten niedriger sind als die Leistungen.
2. Zieht man die neutralen Aufwendungen von den Leistungen ab, erhält man das Betriebsergebnis.
3. Betriebsbedingte Erträge nennt man auch neutrale Erträge.
4. Der Betriebsfilter lässt nur betriebliche Aufwendungen und Erträge durch.
5. Einnahmen sind immer Erträge für das Unternehmen.
6. Die Kosten- und Leistungsrechnung erfasst auch außerordentliche und periodenfremde Vorgänge.

AUFGABE 49

Definieren Sie folgende Begriffe und geben Sie jeweils ein Beispiel an:

1. Kosten
2. neutraler Ertrag
3. Jahresüberschuss
4. Erträge
5. Betriebsergebnis
6. Ausgabe
7. Erfolgsvorgang
8. außerordentlicher Aufwand

Schau genau hin!

Tandem-Quiz

Ein Partner testet den anderen mit diesen Aufgaben, der andere Partner nimmt die Fragen von Seite 78.

	Frage	Antwort
1	Nenne die drei Arten von neutralen Aufwendungen oder Erträgen.	betriebsfremde, außerordentliche oder periodenfremde Aufwendungen oder Erträge
2		
3	Welche Kontenklassen befinden sich im Rechnungskreis I?	0 bis 8
4		
5	Was ist für Blauschneider wichtiger: Ein Unternehmensgewinn oder ein Betriebsgewinn?	Ein Betriebsgewinn ist wichtiger, weil er die Leistungsfähigkeit des Unternehmens widerspiegelt.
6		
7	Erkläre den Begriff „Leistungen".	Leistungen sind betriebliche, „normale" Erträge.
8		
9	Welche beiden Varianten gibt es für das Betriebsergebnis?	Betriebsgewinn oder Betriebsverlust
10		
11	Welche der Grundbegriffe von S. 73 treffen auf diesen Buchungssatz zu?	Aufwand, Kosten
12		
13	Bilde den Buchungssatz: Aus der Verwertung des Vermögens eines Kunden erhalten wir einen Teilbetrag überwiesen (FO ist bereits abgeschrieben).	2800 BK an 5495 EFO 4800 UST
14		
15	Bilde den Buchungssatz: Abschluss des Kontos 6010 AWF.	8020 GUV an 6010 AWF
16		
17	Welche Kontenarten gehen in die KLR ein?	betriebliche Aufwands- und Ertragskonten
18		
19	Bilde den Buchungssatz: Ein Kunde zahlt endlich einen Teil unserer Forderung bar, der Rest ist leider verloren.	2880 KA 6950 ABFO 4800 UST an 2470 ZWFO
20		
21	Welche drei Bereiche umfasst ein Betrieb?	Beschaffung/Einkauf, Herstellung/Produktion, Vertrieb/Absatz
22		
23	Nenne ein Beispiel für einen außergewöhnlichen Aufwand.	z. B. Brandschaden im Lager
24		
25	Begründe, was in der Regel höher ist: unsere Erträge oder unsere Leistungen	Unsere Erträge, da sie neben den Leistungen neutrale Erträge umfassen.
26		

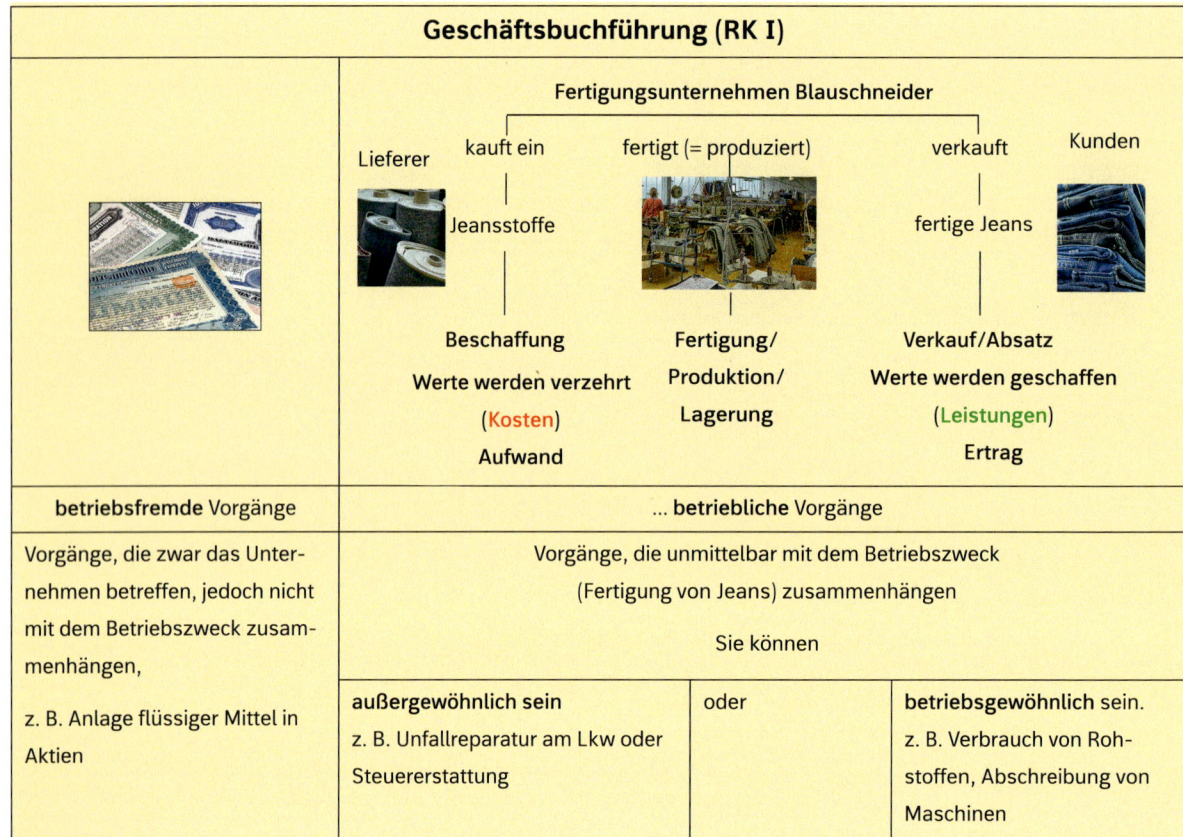

Geschäftsbuchführung (RK I)		
	Fertigungsunternehmen Blauschneider	
	Beschaffung / **Fertigung/** / **Verkauf/Absatz** Werte werden verzehrt / Produktion/ / Werte werden geschaffen (Kosten) / Lagerung / (Leistungen) Aufwand / / Ertrag	
betriebsfremde Vorgänge	... **betriebliche** Vorgänge	
Vorgänge, die zwar das Unternehmen betreffen, jedoch nicht mit dem Betriebszweck zusammenhängen, z. B. Anlage flüssiger Mittel in Aktien	Vorgänge, die unmittelbar mit dem Betriebszweck (Fertigung von Jeans) zusammenhängen Sie können	
	außergewöhnlich sein z. B. Unfallreparatur am Lkw oder Steuererstattung	oder	**betriebsgewöhnlich** sein. z. B. Verbrauch von Rohstoffen, Abschreibung von Maschinen

---

MERKE

Die **Geschäfts**buchführung
- ist eine Dokumentation aller Geschäftsfälle im Unternehmen und umfasst daher betriebliche und betriebsfremde Vorgänge.
- benötigt das Unternehmen für sich selbst (z. B. aus Gründen der Übersicht).
- liegt aber auch im öffentlichen Interesse und wird daher durch die Gesetzgebung „erzwungen".

Der RK I liefert die zahlenmäßige Grundlage für das gesamte betriebliche Rechnungswesen.

Der **Abschluss** der Geschäftsbuchführung am Jahresende umfasst
- die Darstellung der Vermögens- und Kapitalsituation in der **Bilanz** und
- die Ergebnisdarstellung in der **Gewinn- und Verlustrechnung**. Der Jahresüberschuss (Jahresfehlbetrag) stellt das gesamte Ergebnis des Unternehmens dar, enthält also betriebsbedingte und betriebsfremde Elemente:

Soll (Aufwendungen)	8020 GUV	(Erträge) Haben
gesamter betriebsbedingter und betriebsfremder **Werteverzehr**		gesamter betriebsbedingter und betriebsfremder **Wertezuwachs**
Jahresüberschuss (**Gesamtgewinn**)		

Zentrale Aufgabe der Betriebsbuchführung ist es, für die Kalkulation der Verkaufspreise eine Bezugsgröße zu haben. Diese Bezugsgröße sind die Selbstkosten (Kosten, die bei der Herstellung von Fertigerzeugnissen entstehen).

Betriebsbuchführung (RK II)

Fertigungsunternehmen Blauschneider

| Lieferer | kauft ein | fertigt (= produziert) | verkauft | Kunden |

Jeansstoffe — fertige Jeans

Beschaffung / Werte werden verzehrt / (Kosten) / Aufwand

Fertigung/ Produktion/ Lagerung

Verkauf/Absatz / Werte werden geschaffen / (Leistungen) / Ertrag

In RK II gibt es nur betriebliche Vorgänge:

Vorgänge, die unmittelbar mit dem Betriebszweck (Produktion von Jeans) zusammenhängen und betriebsgewöhnlich (normal) sind:

| z. B. Verbrauch von Rohstoffen, Abschreibung von Maschinen, Lohn- und Gehaltsaufwendungen | z. B. Verkauf von Fertigerzeugnissen |

MERKE

Die **Betriebsbuchführung**
- umfasst daher ausschließlich betriebliche Vorgänge und
- bildet die Grundlage für die betriebliche Kalkulation, z. B. für die Berechnung der Selbstkosten und zur Ermittlung von Verkaufspreisen.

Voraussetzung für die Betriebsbuchführung
- sind der **Abschluss der Geschäftsbuchführung** am Jahresende und
- die **sachliche Abgrenzung** der Erfolgsrechnung (z. B. Abgrenzung zwischen Kosten und neutralen Aufwendungen).

Die Betriebsbuchführung heißt auch
- Kosten- und Leistungsrechnung oder
- Vollkostenrechnung oder
- Rechnungskreis II.

Kosten erfassen den betrieblichen Verbrauch von Gütern (z. B. Werkstoffe) und Dienstleistungen (z. B. Fertigungslöhne) in Euro. Diesem Werteverzehr wird der betriebliche Wertezuwachs (z. B. **Leistungen** aus dem Verkauf unserer Fertigerzeugnisse) gegenübergestellt. Daraus ergibt sich das Betriebsergebnis bzw. der Betriebserfolg, den das Unternehmen mit seiner Herstellung erzielt hat:

Kosten > Leistungen ➡ Betriebsgewinn
Kosten < Leistungen ➡ Betriebsverlust

Tandem-Quiz

Ein Partner testet den anderen mit diesen Aufgaben, der andere Partner nimmt die Fragen von Seite 75.

	Frage	Antwort
1		
2	Nenne fünf Beispiele für betriebliche Aufwendungen.	Alle AW mit *, z. B. AWB, ABSA, AFR, BMK, GWST
3		
4	Wie nennt man die Kosten- und Leistungsrechnung auch?	Betriebsbuchführung
5		
6	Nenne drei neutrale Erträge.	Alle ER ohne *, z. B. EMP, EAWP, ZE
7		
8	Welches Konto ermittelt das Gesamtergebnis eines Unternehmens?	8020 GUV
9		
10	Bilde den Buchungssatz: Kauf von Heizöl gegen Rechnung.	6030 AWB 2600 VORST an 4400 VE
11		
12	Welcher Unterschied besteht zwischen Aufwendungen und Kosten?	Aufwendungen können neutral oder betrieblich sein, betriebliche Aufwendungen sind Kosten.
13		
14	Welche der Grundbegriffe von S. 73 treffen auf diesen Buchungssatz zu?	Einnahme, Ertrag
15		
16	Welche der Grundbegriffe von S. 73 treffen auf diesen Buchungssatz zu?	Aufwand, Kosten
17		
18	Welche Konten filtert der Betriebsfilter heraus?	Konten für neutrale Aufwendungen und neutrale Erträge
19		
20	Welche der Grundbegriffe von S. 73 treffen auf diesen Buchungssatz zu?	Einnahme, Aufwand
21		
22	Bilde den Buchungssatz: Unser Neukunde hat den offenen Betrag am Tag nach der Lieferung überwiesen (Skontoabzug).	2800 BK 5001 EBFE 4800 UST an 2400 FO
23		
24	Nenne ein Beispiel für einen betrieblichen Ertrag.	Verkauf von Fertigerzeugnissen
25		
26	Erkläre, warum ein Unternehmen einen Gesamtgewinn, aber einen Betriebsverlust haben kann.	Das kann sein, wenn das neutrale Ergebnis positiv ist, aber das Betriebsergebnis negativ.

1.5 Kalkulatorische Kosten

Die betrieblichen Aufwendungen gehen als Kosten und die betrieblichen Erträge als Leistungen in die Betriebsbuchführung ein. Allerdings muss bei zwei Posten noch etwas nachgebessert werden ...

Kalkulatorische Abschreibungen / Anderskosten
Bei der bilanzmäßigen Abschreibung auf Sachanlagen in der Geschäftsbuchführung werden die Anschaffungskosten gleichmäßig (linear) auf die geschätzte Nutzungsdauer verteilt. Sie orientiert sich nach steuerlichen Gesichtspunkten.

Die Abschreibungsbeträge werden in die Verkaufspreise einkalkuliert, sodass mit jedem verkauften Produkt ein Sparbetrag für das nächste Anlagegut eintrifft. Deshalb werden bei der Kalkulation der Selbstkosten nicht die Anschaffungskosten (z. B. der derzeit in Nutzung befindlichen Maschine) angesetzt, sondern die Kosten der nächsten, technisch weiterentwickelten und normalerweise teureren Maschine: die Wiederbeschaffungskosten.

Der Wertverlust einer Fertigungsmaschine wird in die Preise einkalkuliert.

RK I: bilanzmäßige Abschreibung	RK II: kalkulatorische Abschreibung
ausgehend von den Anschaffungskosten	ausgehend vom Wiederbeschaffungswert
Betrag auf 6520 ABSA	Betrag neu zu berechnen
Im Vordergrund stehen Überlegungen ...	
... zum Steuerrecht	... zur Preisberechnung

Da ein anderer Betrag in die Kostenrechnung aufgenommen wird, nennt man die kalkulatorische Abschreibung auch **Anderskosten**.

Kalkulatorischer Unternehmerlohn / Zusatzkosten
Julia Blauschneider erhält für ihre Tätigkeit als Geschäftsführerin im RK I kein Gehalt. Würde sie z. B. aufgrund einer längeren Erkrankung einen Geschäftsführer einstellen, würde dessen Gehalt in die Selbstkosten eingehen. Damit sie nun die Verkaufspreise nicht zu niedrig ansetzt, wird ein geschätztes Gehalt, der kalkulatorische Unternehmerlohn, zusätzlich in den RK II aufgenommen. Dieses Gehalt wird nicht monatlich ausgezahlt, Frau Blauschneider entnimmt es unregelmäßig über das Konto 3001 Privat.

Da für die Entlohnung der Mitarbeit des Einzelunternehmers kein Wert von einem Konto des RK I übernommen werden kann, wird in der KLR ein vorgegebener Betrag zusätzlich angesetzt, man nennt ihn **Zusatzkosten**.

Die beiden Arten der kalkulatorischen Kosten werden im RK II nicht immer verwendet. Falls kein Betrag für die kalkulatorische Abschreibung angegeben ist, wird der Betrag der bilanzmäßigen Abschreibung übernommen. Falls ein Unternehmer auf seinen Lohn verzichtet, wird hierfür kein Betrag angesetzt.

Für ihre Tätigkeit als Geschäftsführerin kann Julia Blauschneider einen kalkulatorischen Unternehmerlohn ansetzen.

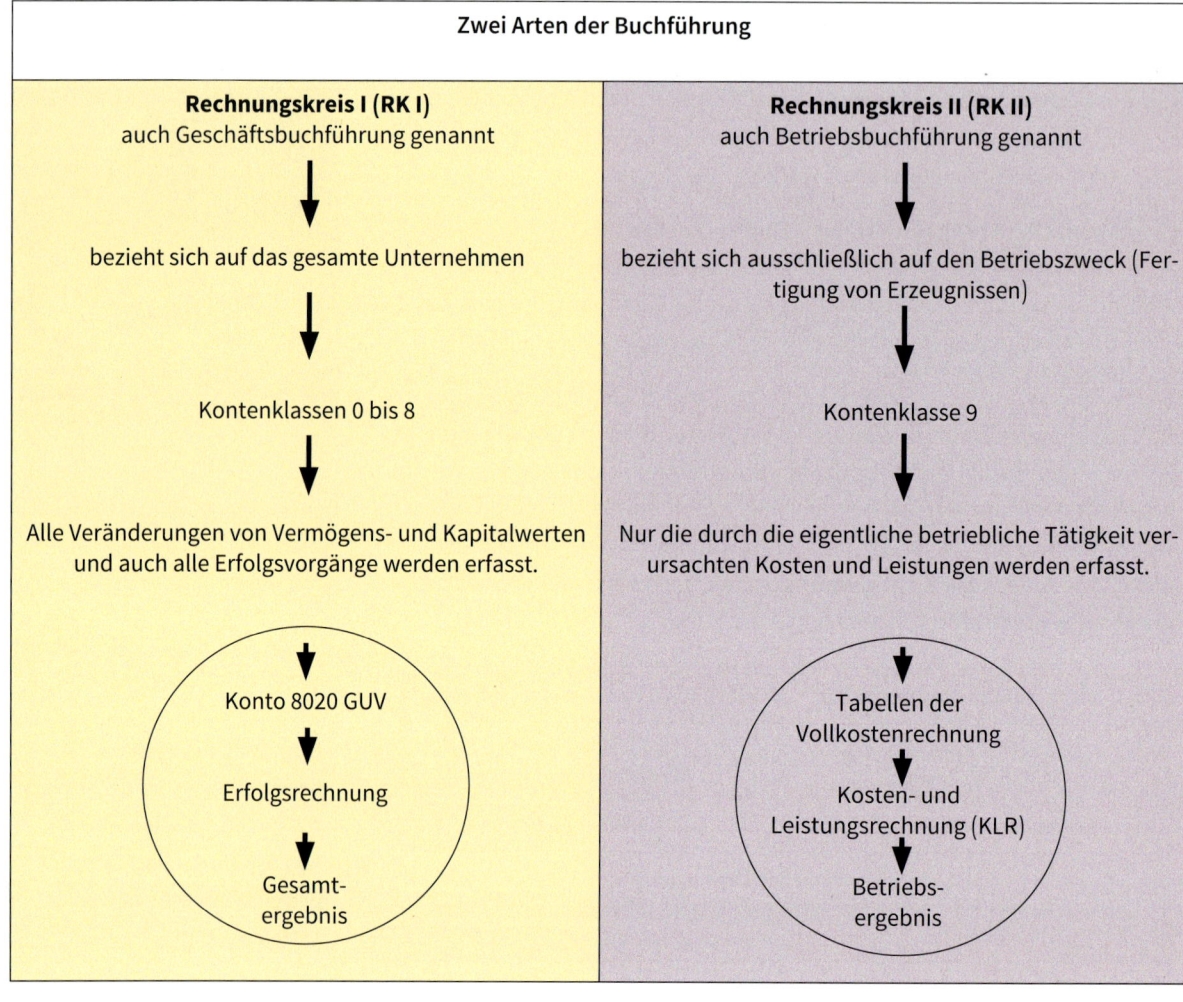

Kosten* sind betriebliche Aufwendungen und **Leistungen** * sind betriebliche Erträge. Falls Geschäftsfälle zu Zahlungsvorgängen führen, liegen auch Ausgaben bzw. Einnahmen vor.

Eine Aussage über die genaue Höhe der Kosten bzw. Leistungen ist nur möglich, wenn zunächst

1. die **neutralen Aufwendungen bzw. Erträge** mithilfe des Betriebsfilters (Abgrenzungsrechnung) herausgerechnet werden und
2. die **kalkulatorischen Kosten** (Anders- und Zusatzkosten) berücksichtigt werden.

Kalkulatorische Kosten stellen die Werte für die KLR an zwei Stellen richtig:

- **Anderskosten** (kalkulatorische Abschreibungen) werden mit einem anderen Wert als im RK I in die KLR übernommen,
- **Zusatzkosten** (kalkulatorischer Unternehmerlohn) werden zusätzlich angesetzt.

Die Vollkostenrechnung wird mithilfe von Tabellen und Rechenschemata durchgeführt.

Sehr geehrte Auszubildende, sehr geehrter Auszubildender,

Sie haben sich in den letzten beiden Monaten in der Buchführungs-abteilung mit den Fachbegriffen rund um die **Kosten- und Leistungs-rechnung** befasst. Bearbeiten Sie als Training für Ihre Abschlussprü-fung diese Zwischenprüfung in **maximal 45 Minuten**.

Hilfsmittel: Taschenrechner und Kontenplan

Viel Erfolg!

Julia Blauschneider
Unternehmensleitung

Luca Rossi
Leitung innerbetriebliche Ausbildung

AUFGABE A

1. Erklären Sie den Unterschied zwischen „Unternehmen" und „Betrieb".
2. Begründen Sie, welche Kontenklassen in die Kosten- und Leistungsrechnung eingehen.
3. Erläutern Sie, zu welchem Rechnungskreis das GUV-Konto gehört.
4. Nennen Sie die beiden Hauptaufgaben der Kosten- und Leistungsrechnung sowie zwei weitere Begriffe, die für die KLR verwendet werden.
5. Erklären Sie, warum man meist nur „Kostenrechnung" sagt.
6. Stellen Sie die Unterschiede zwischen einem neutralen und einem betrieblichen Ertrag dar.
7. In unserem Kontenplan finden Sie z. B. bei 5001 EBFE kein Sternchen (*). Begründen Sie, warum diese Kosten dennoch in die KLR eingehen.
8. Erklären Sie, warum ein Betriebsverlust auch einen Erfolg darstellt.

AUFGABE B

9. Bilden Sie den Buchungssatz für Beleg 1.
10. Ordnen Sie den Konten aus 9. die Begriffe von S. 73 zu.
11. Im Unternehmen Mai GmbH liegen folgende Werte für das erste Quartal im Jahr 20.. vor:
    - gesamte Aufwendungen 122.500,00 €
    - neutrale Erträge 8.800,00 €
    - kalkulatorischer Unternehmer-lohn 20.000,00 €
    - neutrale Aufwendungen 12.700,00 €
    - betriebliche Erträge 155.300,00 €

    Ermitteln Sie die Höhe
    a) der Kosten,
    b) der Leistungen,
    c) der betrieblichen Aufwendun-gen,
    d) des Betriebsergebnisses.

Netto	50	Cent	00	
+ 19 % USt.	9	Cent	50	**Quittung**
Gesamt	59	Cent	50	

Gesamtbetrag in Worten

Neunundfünfzig ---------------------------- Cent wie oben

(im Gesamtbetrag sind 19 % Umsatzsteuer enthalten)

von *Fam. Knopf, Bamberg*
für *zwei Kinderjeans, Gr. 104 und 128, Lagerverkauf*

richtig erhalten zu haben, bestätigt

Ort *Bamberg*   Datum *30. Januar 20..*

Buchungsvermerke	Stempel/Unterschrift des Empfängers
	Malck
	Blauschneider Jeans e. K.

Beleg 1

Mom-Jeans MJ25

2 Die Vollkostenrechnung im Einzelunternehmen

2.1 Die Ermittlung der Selbstkosten bei einem Produkt

Julia Blauschneider hat sich bei den bisherigen Selbstkostenpreisen auf Erfahrungswerte ihres Vaters verlassen. Beim neuen Produkt, der locker und hoch geschnittenen Mom-Jeans MJ25, muss sie den Selbstkostenpreis neu festlegen. Sie ist sich bewusst, dass nur genaue und gewissenhafte Berechnungen den Fortbestand ihres Unternehmens sichern.

Der **Selbstkostenpreis** fasst die Kosten, die durch die Herstellung eines Produkts entstanden sind, in einer Summe zusammen: z. B. Werkstoffe, Miete, Löhne, Marketing …

- Falls sie den Selbstkostenpreis zu hoch ansetzt, führt dies zu einem überhöhten Verkaufspreis. Sie würde schnell den Konkurrenzdruck spüren und ihre Wettbewerbsfähigkeit verlieren.
- Falls sie den Selbstkostenpreis zu niedrig ansetzt, werden ihre Kosten nicht gedeckt und sie gerät in die Verlustzone. Hält dies länger an, drohen Zahlungsunfähigkeit und Insolvenz.

Für die Kalkulation des Listenverkaufspreises der Mom-Jeans MJ25 überprüft sie zunächst ihre Zuschlagsätze, die sie normalerweise bei einer **Angebotskalkulation** einsetzt, wie hier beim Modell Slim S7:

Selbstkostenpreis	45,80 €	100,0 %	
+ Gewinn	11,45 €	25,0 %	
Barverkaufspreis	57,25 €	125,0 %	98,0 %
+ Kundenskonto	1,17 €		2,0 %
Zielverkaufspreis	58,42 €	87,5 %	100,0 %
+ Kundenrabatt	8,35 €	12,5 %	
Listenverkaufspreis	66,77 €	100,0 %	

Für das neue Jeansmodell MJ25 würde sie vorerst die gleichen Zuschlagsätze für den Gewinn, das Kundenskonto und den Kundenrabatt ansetzen. Nur den Selbstkostenpreis muss sie zunächst ermitteln.

Aus der Kostenartenrechnung sind ihr die **Gesamtkosten** bekannt, die im letzten Geschäftsjahr angefallen sind. Diese Gesamtkosten wurden allerdings durch die Herstellung von vielen unterschiedlichen Produkten verursacht – Frau Blauschneider kann also nicht einfach die Gesamtkosten durch die Anzahl der hergestellten Produkte teilen. Eine Kinderjeans hätte dann den gleichen Selbstkostenpreis wie ein Herrenmodell oder eine Baseballcap. Außerdem erfordert die Produktion der neuen Mom Jeans nicht nur neuartiges Material (z. B. Stretchstoff gebleicht) sondern auch besondere Konstruktionszeichnungen, andere Fremdbauteile oder eine Umrüstung der Fertigungsmaschinen.

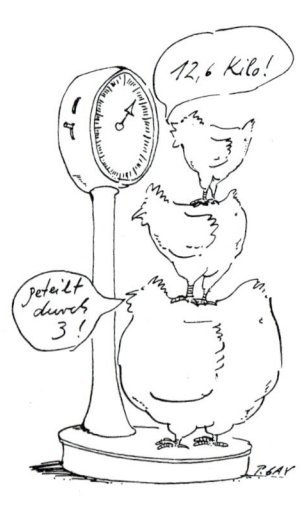

Warum ist es unfair, das Gewicht durch 3 zu teilen? Welches ähnliche Problem hat Frau Blauschneider?

2.2 Die Kostenartenrechnung – welche Kosten sind angefallen?

Für die Ermittlung der gesamten Selbstkosten im Monat Februar hat Julia Blauschneider mithilfe der Abgrenzungsrechnung bereits betriebliche Aufwendungen in Höhe von 128.600,00 € ermittelt. Diese Kosten enthalten ihren Unternehmerlohn und die kalkulatorische Abschreibung, aber die neutralen Aufwendungen sowie die buchhalterische Abschreibung sind bereits herausgerechnet worden.

Jedes einzelne Produkt verursacht Kosten und muss diese Kosten auch tragen, d. h. wieder einbringen. Es ist ein **Kostenträger** für das Unternehmen. Bei der Kalkulation der Selbstkosten sollen die bei der Herstellung angefallenen Kosten den einzelnen Kostenträgern **verursachungsgerecht zugeordnet** werden.

Ausgewählte Kostenträger bei Blauschneider Jeans e. K.:

Kids-Jeans   Boyfriend-Jeans   Herrenjeans   Jeanstasche Hobo

Bei einigen Kosten kann Frau Blauschneider leicht feststellen, wie viel ein bestimmtes Jeansmodell verursacht:
- Die verwendete Menge des **Fertigungsmaterials** (Rohstoffe, z. B. Denimstoff) lässt sich in der Fertigungsabteilung erfragen.
- Durch elektronische Erfassung ermittelt sie die Arbeitsstunden bzw. die **Fertigungslöhne**, die für die Herstellung eines Jeansmodells anfallen.
- Auch **Sondereinzelkosten** wie Konstruktionszeichnungen und das Umrüsten von Maschinen können leicht je Jeansmodell ermittelt werden.

Da diese Kostenart dem einzelnen Fertigerzeugnis direkt zugeordnet werden kann, nennt man sie **Einzelkosten**.

Alle anderen Kosten, wie z. B. Miete eines Lagerraums, Abschreibungen auf Sachanlagen, Gehälter in der Verwaltung, Stromkosten, der Unternehmerlohn oder Versicherungsbeiträge lassen sich nicht oder nur mit einem hohen Aufwand einem einzelnen Jeansmodell zuordnen. Aus Vereinfachungsgründen gilt hier: Diese Kostenart fällt für alle Produkte gemeinsam an. Man nennt sie daher **Gemeinkosten**. Diese Gemeinkosten müssen nun ebenfalls möglichst verursachungsgerecht auf die Produkte verteilt werden. Ganz so einfach wie bei den Einzelkosten geht das leider nicht ...

Julia Blauschneider berechnet die Kosten.

Einzelkosten bei Blauschneider Jeans e. K.: Jeansstoff

Gemeinkosten bei Blauschneider Jeans e. K.: Miete

Kosten	
... die dem Erzeugnis **direkt** zugeordnet werden können, nur dieses eine Erzeugnis betreffen:	... die dem Produkt nur **indirekt** zugeordnet werden können, mehrere oder alle Erzeugnisse gleichzeitig betreffen:
↓	↓
Einzelkosten (Fertigungsmaterial und Fertigungslöhne) Dazu gehören auch die **Sondereinzelkosten** der Fertigung (fallen nur selten an, z. B. Entwicklungskosten, Lizenzgebühren, Kosten für ein Spezialwerkzeug)	**Gemeinkosten** (alle übrigen Kosten wie Miete, Abschreibungen usw.)
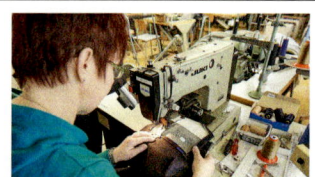	

AUFGABE 50

Bei der Herstellung der neuen **Mom Jeans MJ25** (2 000 Stück) fallen bei Blauschneider folgende Kosten an – überprüfen Sie jeweils, ob es sich um Einzel- oder um Gemeinkosten handelt:

Spezialaufsatz für die Nietenmaschine / Licht / Konstruktionszeichnung / 200 Stunden Arbeitszeit in der Fertigung / Abschreibungen auf die Maschinen / Heizung / Arbeitszeit des Lagerverwalters / Gehalt der Bürokräfte / 3 500 Meter Denimstoff / kalkulatorischer Unternehmerlohn / Schmieröl.

AUFGABE 51

Beim Möbelhersteller Woody in Weiden fallen im 2. Quartal folgende Kosten an: Rohstoffverbrauch 200.000,00 €, Abschreibungen auf Sachanlagen 40.000,00 €, Gehälter 32.000,00 €, betriebliche Steuern 16.000,00 €, Hilfsstoffverbrauch 20.000,00 €, Fremdinstandhaltungen 6.000,00 €, Fertigungslöhne 178.000,00 €. Die Leistungen betragen 610.000,00 €.

1. Berechnen Sie das Betriebsergebnis.
2. Berechnen Sie die Summen der direkten Kosten und der indirekten Kosten.
3. Nennen Sie drei weitere Gemeinkosten, die bei diesem Unternehmen noch anfallen könnten.
4. Erklären Sie, warum der Hilfsstoffverbrauch nicht zu den Einzelkosten zählt.

Ein Blick zurück

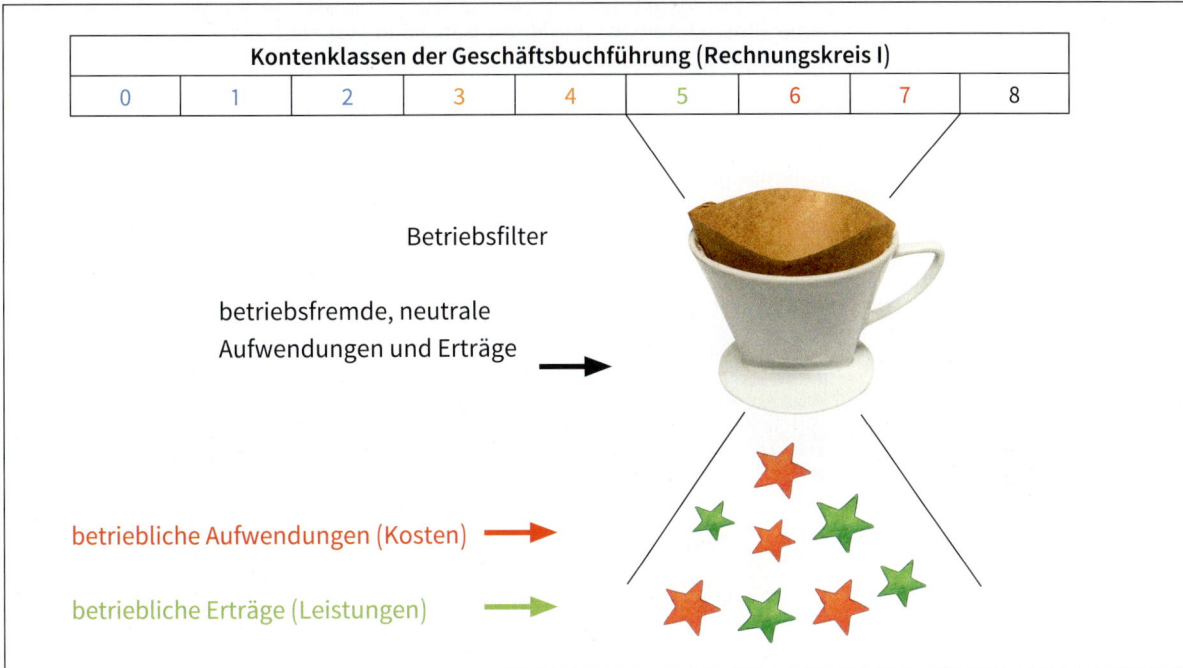

Kontenklassen der Geschäftsbuchführung (Rechnungskreis I)

0	1	2	3	4	5	6	7	8

Betriebsfilter

betriebsfremde, neutrale
Aufwendungen und Erträge

betriebliche Aufwendungen (Kosten)

betriebliche Erträge (Leistungen)

Im GUV-Konto werden alle Aufwendungen bzw. Erträge eines Geschäftsjahres gegenübergestellt und das **Gesamtergebnis** des Unternehmens ermittelt.

S	8020 GUV	H
Aufwendungen	Erträge	

Mithilfe des **Betriebsfilters** werden neutrale Aufwendungen bzw. Erträge herausgefiltert. Die betrieblichen Aufwendungen bzw. Erträge werden als Kosten* bzw. Leistungen* in die Betriebsbuchführung übernommen. **Kalkulatorische Kosten** (Anders- und Zusatzkosten) kommen hinzu.

Abgrenzungsrechnung bzw. Kostenartenrechnung

Mithilfe von Tabellen und Schemata werden die genauen Kosten* bzw. Leistungen* einer Abrechnungsperiode sowie das **Betriebsergebnis** ermittelt. Die Betriebsbuchführung heißt auch Kosten- und Leistungsrechnung und erfolgt in mehreren Schritten.

Betriebsbuchführung

Die Gesamtkosten einer Abrechnungsperiode werden den zwei Kostenarten zugeordnet: **Einzelkosten** (mit **Sondereinzelkosten**) können dem **Kostenträger** (Produkt) direkt zugeordnet werden. **Gemeinkosten** fallen für alle Produkte gemeinsam an und werden indirekt auf die Fertigerzeugnisse verteilt.

Einteilung der Kosten im Betrieb

Die **Selbstkosten** einer Abrechnungsperiode werden durch die Addition der Einzelkosten und der Gemeinkosten ermittelt. Der **Selbstkostenpreis** eines Produkts bzw. einer Produktserie erfordert eine genaue Zuordnung, damit er nicht zu hoch oder zu niedrig veranschlagt wird.

Gesamtkosten

2.3 Die Kosten entstehen an vier Kostenstellen

Julia Blauschneider kann ihren Betrieb in vier räumliche Bereiche einteilen: Beschaffung, Fertigung, Verwaltung und Vertrieb. Die entstandenen Kosten können diesen Kostenstellen möglichst verursachungsgerecht zugeordnet werden. Dies ist wichtig für die Kostenkontrolle und für die exakte Preiskalkulation der Produkte. Da die KLR eine innerbetriebliche Angelegenheit ist, können größere Betriebe jederzeit weitere Kostenstellen einrichten, z. B. Fertigung I und II.

①	Kostenstelle I
②	Kostenstelle II
③	Kostenstelle III
④	Kostenstelle IV

Jedes Fertigerzeugnis verursacht beim Durchlaufen des Betriebes von der Kostenstelle I bis hin zum Vertrieb in jedem dieser Betriebsbereiche Kosten:

Kostenstelle I	Kostenstelle II	Kostenstelle III	Kostenstelle IV
Fertigungsmaterial (FM) Materialgemeinkosten (MGK)	Fertigungslöhne (FL) Fertigungsgemeinkosten (FGK)	Verwaltungsgemeinkosten (VwGK)	Vertriebsgemeinkosten (VtGK)

Nach den betrieblichen Grundfunktionen unterteilt Julia Blauschneider das Unternehmen Blauschneider in:

Beschaffung	Fertigung	Verwaltung	Vertrieb
z. B. Einkauf, Prüfung, Lagerung und Verwaltung von Material	z. B. zuschneiden, kappen, nieten, nähen	z. B. kaufmännische Leitung und Verwaltung des Unternehmens (Rechnungswesen, Personalabteilung)	z. B. Werbung, Kundenberatung, Verkauf, Fertiglager, Versand

In diesen vier Bereichen werden Kosten verursacht, z. B. für:

Fertigungsmaterial (FM), Lohn für Lagerverwalter/-innen und Hilfsarbeiter/-innen, Licht, Heizung, Miete bzw. Abschreibung auf Gebäude	Fertigungslöhne (FL), Löhne für Hilfsarbeiter/-innen, Licht, Heizung, Miete bzw. Abschreibung auf Gebäude, Abschreibung auf Maschinen	Gehälter für die kaufmännischen Mitarbeiter/-innen, Licht, Heizung, Miete bzw. Abschreibung auf Gebäude, Abschreibung auf Büromaschinen und Büromöbel	Werbung, Verkauf, Auslieferung, Abschreibung auf Fahrzeuge

Jeder **Kostenträger** verursacht beim Durchlaufen des Betriebs in jeder der vier **Kostenstellen** Kosten. Die Einzelkosten können den ersten beiden Kostenstellen zugeordnet werden. Die Gemeinkosten werden auf alle vier Kostenstellen verteilt, da z. B. Heizkosten oder Abschreibungen überall anfallen und z. B. die Gehälter der Angestellten oder die Gewerbesteuer nicht einzelnen Erzeugnissen zugeordnet werden können.

Kostenstelle I	Kostenstelle II	Kostenstelle III	Kostenstelle IV
Fertigungsmaterial (FM)	Fertigungslöhne (FL)	Verwaltungsgemeinkosten (VwGK)	Vertriebsgemeinkosten (VtGK)
Materialgemeinkosten (MGK)	Fertigungsgemeinkosten (FGK)		

Frau Blauschneider kann nach dem **Verursachungsprinzip** folgenden Zusammenhang annehmen: Wenn für ein Produkt mehr Fertigungsmaterial (Rohstoffe) benötigt werden, hat es vermutlich auch höhere Gemeinkosten in der Kostenstelle Material verursacht. Dies gilt auch für die weiteren Kostenstellen:

Jeder Kostenträger verursacht		
Einzelkosten	Zusammenhang	**Gemeinkosten**
Fertigungsmaterial (FM)	viel FM → hohe MGK (und umgekehrt)	Materialgemeinkosten (MGK)
Fertigungslöhne (FL)	hohe FL → hohe FGK (und umgekehrt)	Fertigungsgemeinkosten (FGK)
	hohe Kosten in den Kostenstellen I + II	Verwaltungsgemein-kosten (VwGK)
	→ hohe VwGK bzw. VtGK (und umgekehrt)	Vertriebsgemeinkosten (VtGK)

Die Einzelkosten wurden bereits den Kostenstellen Material und Fertigung zugeordnet, da sie dort verursacht werden. Bei den Gemeinkosten braucht man dafür einen Zwischenschritt – die **Kostenstellenrechnung**, die tabellarisch durchgeführt wird.

Vier Kostenstellen wirken zusammen.

2.4 Die Kostenstellenrechnung auf dem einstufigen Betriebsabrechnungsbogen

Um eine Kostenkontrolle durchzuführen und eine realistische Preiskalkulation zu ermöglichen, werden nun die Gemeinkosten auf die vier Kostenstellen verteilt. Frau Blauschneider und ihre Mitarbeiter/-innen aus der Abteilung Rechnungswesen führen diese Kostenstellenrechnung einmal monatlich durch, um stets aktuelle Zahlenwerte für die Kalkulation zu haben. Kleinere Betriebe wenden sie viertel-, halbjährlich oder jährlich an. Die Kostenstellenrechnung wird in Form einer Tabelle namens Betriebsabrechnungsbogen (BAB) durchgeführt. Dieser ist waagrecht nach Kostenstellen und senkrecht nach Kostenarten gegliedert.

Kostenstellen Kostenarten	Material I	Fertigung II	Verwaltung III	Vertrieb IV
Miete 2.000,00 €	400,00 €	1.200,00 €	250,00 €	150,00 €
...	...	...	...	...

Aus der Abgrenzungsrechnung übernimmt Julia Blauschneider die Gemeinkosten (z. B. 2.000,00 € für Miete) in den BAB und verteilt sie dann möglichst verursachungsgerecht auf die Kostenstellen. Die Verteilung geschieht

- entweder nach **Belegen** (direkt, €-Beträge je Kostenstelle angegeben)
- oder nach **Verteilungsschlüsseln** (indirekt, anteilige €-Beträge müssen berechnet werden).

Ein **verursachungsgerechter Verteilungsschlüssel** kann z. B. bei Mietkosten die Fläche in qm sein, die für die Kostenstellen angemietet wurde. Beim Beispiel oben hat die Materialstelle 40 qm angemietet, die Fertigungsstelle 120 qm, die Verwaltungsstelle 25 qm und die Vertriebsstelle 15 qm. Insgesamt wurden also 200 qm angemietet. Die gesamten Mietkosten von 2.000,00 € verteilt man nun nach dem Verhältnis, also z. B. bei der Kostenstelle Material:

Mietkosten: $\dfrac{2.000 \cdot 40}{200} = 400$

Somit sind 400,00 € Gemeinkosten für Miete in der ersten Kostenstelle angefallen. Ebenso werden die Anteile der weiteren Kostenstellen berechnet.

	Verteilungsgrundlage	Gemeinkosten-Art
Mengen-schlüssel	kWh	Strom
	m³	Heizung
	Anzahl der Mitarbeiter/-innen	Kantine
Zeit-schlüssel	Arbeitsstunden	Hilfslöhne
	Maschinenstunden	Schmiermittel, Reparaturen
Wert-schlüssel	Löhne in €	Sozialabgaben
	Investiertes Kapital	Zinskosten

Beispiel: Die Gemeinkosten des Unternehmens Blauschneider für Februar 20.. sollen nach dem folgenden Kostenverteilungsbogen auf die vier Kostenstellen verteilt werden:

	A	B	C	D	E	F	G
2	**Kostenverteilungsbogen**						
3							
4					Kostenstelle		
5	**Arten der Gemeinkosten**	**Zahlen der KLR in €**	**Verteilungsschlüssel**	**I Material**	**II Fertigung**	**III Verwaltung**	**IV Vertrieb**
6	Aufw. Hilfsstoffe	2.000,00	Belege in €	500,00	1.500,00		
7	Aufw. Betriebsstoffe	1.500,00	Verhältniszahlen	1	12	1	1
8	Instandhaltung	10.200,00	Belege in €		9.000,00	800,00	400,00
9	Hilfslöhne	10.000,00	Anzahl der Mitarbeiter/-innen	2	8		
10	Gehälter	5.500,00	Anzahl der Mitarbeiter/-innen		1	3	1,5
11	Mieten	2.000,00	Flächen in qm	400	1.400	100	100
12	Heizung	1.000,00	Zählermessung	50	300	100	50
13	Sonstige Kosten	5.040,00	Belege in €	500,00	2.540,00	1.500,00	500,00
14	Kalk. Abschreibungen	12.000,00	Wert des AV in €	150.000,00	500.000,00	200.000,00	150.000,00
15	Kalk. Unternehmerlohn	6.000,00	Prozentsätze	10%	50%	20%	20%
16	**Summe der Gemeinkosten**	**55.240,00**					
17							

Die Verteilungsschlüssel bestimmen die Verteilung der Gemeinkostenarten auf die vier Kostenstellen. Für jede Zeile des Betriebsabrechnungsbogens (BAB) müssen die Anteile der Kostenstellen Material, Fertigung, Verwaltung und Vertrieb einzeln berechnet werden. Danach können durch Summenbildung die **Gemeinkosten je Kostenstelle** ermittelt werden, die z. B. für die **Kalkulation der Gesamtkosten** benötigt werden.

> **ARBEITSAUFTRAG**
>
> Nennen Sie die Formeldarstellungen im BAB unten, die zur Berechnung folgender Zellen eingegeben wurden (wo möglich, unter Verwendung einer geeigneten Funktion): L7, K9, M10, K12, L15 und N16.

	J	K	L	M	N	O
1						
2/3	**Betriebsabrechnungsbogen (BAB)**			**Blauschneider Februar 20..**		
4				Kostenstelle		
5	**Arten der Gemeinkosten**	**Zahlen der KLR in €**	**I Material**	**II Fertigung**	**III Verwaltung**	**IV Vertrieb**
6	Aufw. Hilfsstoffe	2.000,00	500,00 €	1.500,00 €	0,00 €	0,00 €
7	Aufw. Betriebsstoffe	1.500,00	100,00 €	1.200,00 €	100,00 €	100,00 €
8	Instandhaltung	10.200,00	0,00 €	9.000,00 €	800,00 €	400,00 €
9	Hilfslöhne	10.000,00	2.000,00 €	8.000,00 €	0,00 €	0,00 €
10	Gehälter	5.500,00	0,00 €	1.000,00 €	3.000,00 €	1.500,00 €
11	Mieten	2.000,00	400,00 €	1.400,00 €	100,00 €	100,00 €
12	Heizung	1.000,00	100,00 €	600,00 €	200,00 €	100,00 €
13	Sonstige Kosten	5.040,00	500,00 €	2.540,00 €	1.500,00 €	500,00 €
14	Kalk. Abschreibungen	12.000,00	1.800,00 €	6.000,00 €	2.400,00 €	1.800,00 €
15	Kalk. Unternehmerlohn	6.000,00	600,00 €	3.000,00 €	1.200,00 €	1.200,00 €
16	**Summe der Gemeinkosten**	**55.240,00**	**6.000,00 €**	**34.240,00 €**	**9.300,00 €**	**5.700,00 €**

👥 **AUFGABE 52**

🧩 Der Kostenverteilungsbogen des Unternehmens **Pietro Katzenfutter** in Nürnberg weist folgende Eintragungen aus:

Kostenart	Zahlen der KLR (€)	Verteilungsschlüssel für die Kostenstelle			
		I Material	II Fertigung	III Verwaltung	IV Vertrieb
AW f. Hilfsstoffe	2.000,00	10 %	75 %	5 %	10 %
Energie	4.800,00	800 m²	4 000 m²	600 m²	1 000 m²
Hilfslöhne	9.000,00	1/10	4/5	1/20	Rest
Gehälter	36.000,00	7 %	25 %	50 %	Rest
Leasing	8.400,00	2/7	4/7	0	1/7
kalk. Abschreibung	18.000,00	2.000,00 €	12.000,00 €	2.000,00 €	2.000,00 €
Steuern	11.000,00	1/11	3/11	5/11	2/11
versch. Kosten	4.000,00	200,00 €	2.300,00 €	300,00 €	1.200,00 €

1. Erläutern Sie, welche Kostenart mithilfe des BAB verteilt wird.
2. Beschreiben Sie die Aufgaben jeder Kostenstelle.
3. Nennen Sie die Arten von Verteilungsschlüsseln, die bei „Energie" und bei der „kalk. Abschreibung" verwendet werden.
4. Begründen Sie, warum der BAB bei Großunternehmen einen anderen Aufbau hat.
5. Erstellen Sie einen Betriebsabrechnungsbogen und verteilen Sie die Kosten auf die vier Kostenstellen.
6. Berechnen Sie die Summe der Gemeinkosten je Kostenstelle.
7. Berechnen Sie die gesamten Kosten in der Kostenstelle Fertigung, wenn die Fertigungslöhne 240.000,00 € betragen.

AUFGABE 53

Die folgende Grafik wurde mithilfe eines Kalkulationsprogramms erstellt.

1. Bestimmen Sie die verwendete Diagramm-Art.
2. Ermitteln Sie, welche Werte aus einem BAB dargestellt werden.
3. Ermitteln Sie die beiden Kostenstellen mit den höchsten Gemeinkosten.
4. Erstellen Sie diese Grafik mithilfe Ihres Tabellenkalkulationsprogramms.

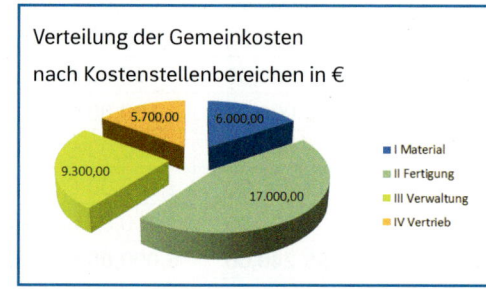

Verteilung der Gemeinkosten nach Kostenstellenbereichen in €

Ein Blick zurück

Kontenklassen der Geschäftsbuchführung (Rechnungskreis I)									
0	1	2	3	4	5	6	7	8	9

Im GUV-Konto wird das **Gesamtergebnis** des Unternehmens ermittelt.

Geschäftsbuchführung

Mithilfe des **Betriebsfilters** werden neutrale Aufwendungen bzw. Erträge herausgefiltert. Die betrieblichen Aufwendungen bzw. Erträge werden als **Kosten*** bzw. **Leistungen*** in die Betriebsbuchführung übernommen. **Kalkulatorische Kosten** (Anders- und Zusatzkosten) kommen hinzu.

Abgrenzungsrechnung bzw. Kostenartenrechnung

Betriebsbuchführung = KLR
Sie wird als **Vollkostenrechnung** (Kap. III) und als **Teilkostenrechnung** (Kap. IV) durchgeführt. Bei der Vollkostenrechnung werden mithilfe von Tabellen das **Betriebsergebnis** ermittelt, die Kosten kontrolliert und die Verkaufspreise kalkuliert.

Kosten- und Leistungs-rechnung

Einteilung der Kosten im Betrieb

Die **Selbstkosten** einer Abrechnungsperiode werden durch die Addition der Einzelkosten und der Gemeinkosten ermittelt. Der **Selbstkostenpreis** eines Produkts bzw. einer Produktserie erfordert eine genaue Zuordnung, damit er nicht zu hoch oder zu niedrig veranschlagt wird.

**Gesamtkosten
Stückkosten**

Nach dem **Verursachungsprinzip** wird unterstellt, dass zwischen der Höhe des Fertigungsmaterials und der Höhe der Materialgemeinkosten ein Zusammenhang besteht. Ebenso bei den Fertigungslöhnen und den FGK.

Verhältnis Einzel- und Gemeinkosten

Im Gegensatz zu den Einzelkosten können die Gemeinkosten nur mithilfe der **Kostenstellenrechnung** direkt oder nach Verteilungsschlüsseln auf die vier Kostenstellen verteilt werden.

**Betriebsabrechnungsbogen
BAB**

Kostenstellen \ Kostenarten	Material I	Fertigung II	Verwaltung III	Vertrieb IV
...	...	...	...	...
Miete 2.000,00 €	400,00 €	1.200,00 €	250,00 €	150,00 €
...	...	...	...	...

Mengenschlüssel, z. B. kg, Stück, qm
Zeitschlüssel, z. B. Maschinenstunden, Arbeitsstunden
Wertschlüssel, z. B. Löhne in €

Verteilungsschlüssel

Die Gesamtkosten müssen
überwacht werden!

2.5 Wie hoch sind die Gesamtkosten?

Julia Blauschneider hat für den Monat Februar die Einzelkosten ermittelt und die Gemeinkosten mithilfe des BAB auf die vier Kostenstellen verteilt. Aus den Summen der Kostenstellen-Gemeinkosten und den Einzelkosten kann sie nun die Gesamtkosten des Monats Februar berechnen. Dies bezeichnet man als **Kostenträgerzeitrechnung** oder **Gesamtkalkulation**.

Zunächst berechnet sie die Herstellkosten für den Monat Februar. Das Kalkulationsschema nimmt die Kosten beim Durchlauf der Kostenstellen auf und lautet:

	A	B	C
1	**Kostenträgerzeitrechnung**	**Februar**	
2	**(Gesamtkalkulation)**		
3		€	€
4	Fertigungsmaterial (FM)	60.000,00	
5	+ Materialgemeinkosten (MGK)	6.000,00	
6	Materialkosten (MK)		66.000,00
7	Fertigungslöhne (FL)	42.800,00	
8	+ Fertigungsgemeinkosten (FGK)	34.240,00	
9	Fertigungskosten (FK)		77.040,00
10	Herstellkosten **der Erzeugung**		143.040,00

Die Lagerverwaltung meldet
Bestandsveränderungen.

Unfertige Jeans

Nun fällt Frau Blauschneider ein, dass in diesem Monat Jeansmodelle, die bereits früher hergestellt worden waren, aus dem Lager geholt und ebenfalls verkauft wurden. Dieser **Minderbestand an Fertigerzeugnissen (FE)** im Lager ist hier aber noch nicht erfasst, deshalb sind bislang zu niedrige Kosten kalkuliert worden. Die oben angegebenen Herstellkosten umfassen zwar die Kosten der aktuellen Produktion, aber nicht die Kosten aller verkauften Produkte – es fehlen noch die Entnahmen aus dem Lager!

Allerdings sind auch halbfertige Erzeugnisse noch nicht verkauft worden, sondern im Zwischenlager gelandet. Deren Kosten wurden bislang mit einkalkuliert. Will man aber die Kosten und die Leistungen der aktuellen Abrechnungsperiode gegenüberstellen, muss der **Mehrbestand an unfertigen Erzeugnissen (UFE)** herausgerechnet, also abgezogen werden. Deshalb kalkuliert Frau Blauschneider nun weiter:

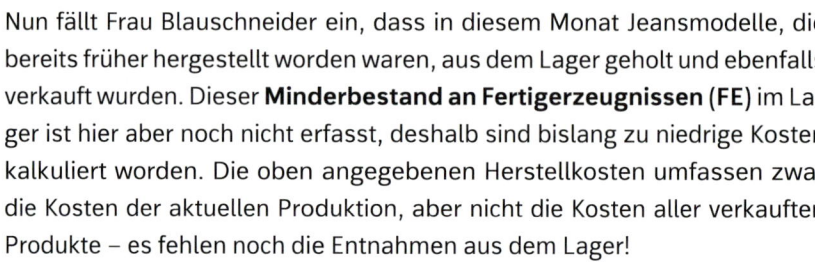

10	Herstellkosten **der Erzeugung**		143.040,00
11	+ Minderbestand FE	3.960,00	
12	- Mehrbestand UFE	600,00	
13	Herstellkosten **des Umsatzes**		146.400,00

Bestandsveränderungen beeinflussen die Herstellkosten:

Minderbestand im Lager → höhere Herstellkosten des Umsatzes
Mehrbestand im Lager → niedrigere Herstellkosten des Umsatzes

Auf diese Weise werden die Bestandsveränderungen bei fertigen und unfertigen Erzeugnissen in den Zwischenlagern berücksichtigt. Dieser Zwischenschritt bei der Ermittlung der **Herstellkosten des Umsatzes** ist auch deshalb erforderlich, weil die Höhe der Kosten in den Kostenstellen Verwaltung und Vertrieb weniger von den Kosten der hergestellten als vielmehr von den Kosten der verkauften Erzeugnisse abhängt. So bedeuten z. B. höhere Umsätze durch abnehmende Lagerbestände auch höhere Kosten in diesen Kostenstellen.

Anfangsbestand

Die Herstellkosten des Umsatzes sind …	
höher	**niedriger**
als die Herstellkosten der Erzeugung,	
wenn mehr umgesetzt als erzeugt wurde (Minderbestand im Lager). Anfangsbestand > Schlussbestand	wenn weniger umgesetzt als erzeugt wurde (Mehrbestand im Lager). Anfangsbestand < Schlussbestand
Herstellkosten der Erzeugung	
+ Bestandsminderungen an UFE/FE	– Bestandsmehrungen an UFE/FE
Herstellkosten des Umsatzes	

Schlussbestand

Bestandsminderung:
Es wurden mehr Fertigerzeugnisse verkauft als im gleichen Zeitraum hergestellt wurden.

Es fehlen nur noch die Gemeinkostensummen der Kostenstellen III und IV, deshalb kalkuliert Julia Blauschneider folgendermaßen weiter:

13	Herstellkosten **des Umsatzes**		146.400,00
14	+ Verwaltungsgemeinkosten (VwGK)	9.300,00	
15	+ Vertriebsgemeinkosten (VtGK)	5.700,00	
16	**Gesamtkosten (Selbstkosten des Umsatzes)**		**161.400,00**

Somit hat sie die Gesamtkosten des Monats Februar mit 161.400,00 € ermittelt. Da ihr Unternehmen Leistungen (v. a. Umsatzerlöse) in Höhe von 236.700,00 € erzielen konnte, berechnet sie nun den Betriebserfolg:

Gesamtleistungen Februar	236.700,00 €
– Gesamtkosten Februar	161.400,00 €
Betriebsgewinn	**75.300,00 €**

Anfangsbestand

AUFGABE 54

Im Monat Januar hat Frau Blauschneider folgende Werte ermittelt:

Herstellkosten der Erzeugung		113.600,00 €	
Verwaltungsgemeinkosten		9.300,00 €	
Vertriebsgemeinkosten		5.700,00 €	
Anfangsbestand	UFE 6.000,00 €	FE 3.000,00 €	
Schlussbestand	UFE 4.000,00 €	FE 8.600,00 €	

1. Berechnen Sie die Gesamtkosten im Januar.
2. Erklären Sie, welchen Einfluss die Bestandsveränderungen auf die Gesamtkosten hatten.

Schlussbestand

Bestandsmehrung:
Es wurden weniger Fertigerzeugnisse verkauft als im gleichen Zeitraum hergestellt wurden.

Ein Blick zurück

Kontenklassen der Geschäftsbuchführung (Rechnungskreis I)									
0	1	2	3	4	5	6	7	8	9

Geschäftsbuchführung

Im GUV-Konto wird das **Gesamtergebnis** des Unternehmens ermittelt.

Abgrenzungsrechnung bzw. Kostenartenrechnung

Mithilfe des **Betriebsfilters** werden neutrale Aufwendungen bzw. Erträge herausgefiltert. Die betrieblichen Aufwendungen bzw. Erträge werden als **Kosten*** bzw. **Leistungen*** in die Betriebsbuchführung übernommen. **Kalkulatorische Kosten** (Anders- und Zusatzkosten) kommen hinzu.

Einteilung der Kosten im Betrieb

Gesamtkosten

Einzelkosten   Sondereinzelkosten   Gemeinkosten

Betriebsabrechnungsbogen BAB

Im Gegensatz zu den Einzelkosten können die Gemeinkosten nur mithilfe der **Kostenstellenrechnung** direkt oder nach Verteilungsschlüsseln auf die vier Kostenstellen verteilt werden.

Kostenstellen / Kostenarten	Material I	Fertigung II	Verwaltung III	Vertrieb IV
…	…	…	…	…
Miete 2.000,00 €	400,00 €	1.200,00 €	250,00 €	150,00 €
…	…	…	…	…

Gesamtkosten

Die Gesamtkosten bzw. Selbstkosten einer Abrechnungsperiode werden durch die Addition der Einzelkosten und der Gemeinkosten ermittelt.

HkdE >< HKdU

Da bei den FE und UFE auch Lagerbestände neu entstehen bzw. aufgelöst werden, müssen die Bestandsveränderungen bei der Ermittlung der Gesamtkosten berücksichtigt werden.

Kalkulationsschema für die Gesamtkosten

Fertigungsmaterial (FM)
+ Materialgemeinkosten (MGK)
Materialkosten (MK)   ①
Fertigungslöhne (FL)
+ Fertigungsgemeinkosten (FGK)
Fertigungskosten (FK)   ②
Herstellkosten der Erzeugung (HKdE)   ① + ②
+ Minderbestand FE/UFE
- Mehrbestand FE/UFE
Herstellkosten des Umsatzes (HKdU)
+ Verwaltungsgemeinkosten (VwGK)
+ Vertriebsgemeinkosten (VtGK)
Gesamtkosten (GK) bzw. Selbstkosten des Umsatzes (SKdU)

AUFGABE 55

Das Unternehmen **Stecker** in Ulm stellt Elektrogeräte her. Sven Stecker hat bereits begonnen, die Gesamtkosten für den Monat Februar zu berechnen:

1. Berechnen Sie die restlichen Werte in Spalte C des Rechenblatts mit folgenden Werten: VwGK 5.773,42 €, VtGK 8.660,12 €, Mehrbestand UFE 687,00 €, Minderbestand FE 8.687,00 €

2. Geben Sie die Formeldarstellungen für die Zellen C10 und C13 an.

3. Geben Sie für die Zelle C16 die Formeldarstellung unter Verwendung einer geeigneten Funktion an.

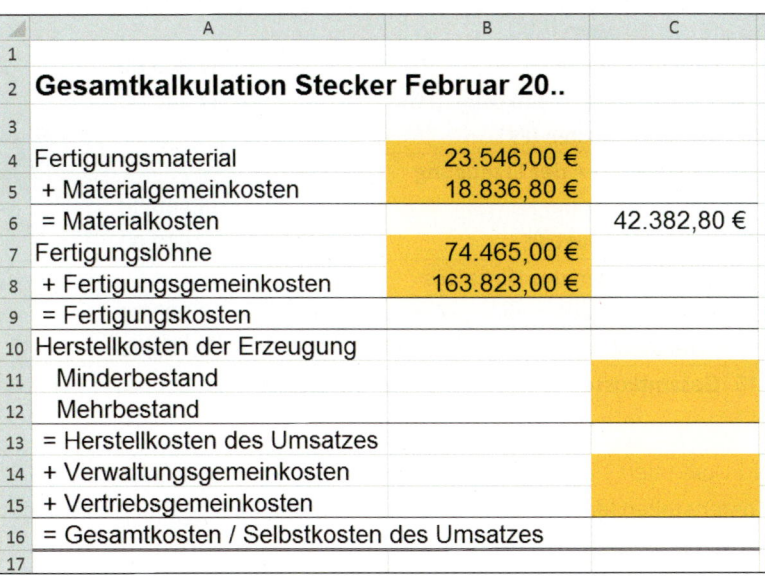

	A	B	C
1			
2	**Gesamtkalkulation Stecker Februar 20..**		
3			
4	Fertigungsmaterial	23.546,00 €	
5	+ Materialgemeinkosten	18.836,80 €	
6	= Materialkosten		42.382,80 €
7	Fertigungslöhne	74.465,00 €	
8	+ Fertigungsgemeinkosten	163.823,00 €	
9	= Fertigungskosten		
10	Herstellkosten der Erzeugung		
11	Minderbestand		
12	Mehrbestand		
13	= Herstellkosten des Umsatzes		
14	+ Verwaltungsgemeinkosten		
15	+ Vertriebsgemeinkosten		
16	= Gesamtkosten / Selbstkosten des Umsatzes		
17			

AUFGABE 56

Bearbeiten Sie folgende Aufgaben und Fragen zur KLR:

1. Bestimmen Sie die Ziele, die ein Unternehmer/eine Unternehmerin mit der Kosten- und Leistungsrechnung verfolgt.

2. Erklären Sie den Unterschied zwischen der Kostenarten- und der Kostenstellenrechnung.

3. Beschreiben Sie die Aufgaben eines Betriebsabrechnungsbogens.

4. Begründen Sie, weshalb Bestandsveränderungen bei den Herstellkosten berücksichtigt werden müssen.

AUFGABE 57

Spezialaufgabe für Grübler und Tüftler:

Die Herstellkosten der Erzeugung sind um 1.500,00 € größer als die Herstellkosten des Umsatzes.

Unfertige Erzeugnisse:	Anfangsbestand	10.000,00 €
	Schlussbestand	8.700,00 €
Fertige Erzeugnisse:	Anfangsbestand	18.000,00 €

Berechnen Sie den Schlussbestand bei den fertigen Erzeugnissen.

> **TIPP**
>
> Notieren Sie erst den benötigten Abschnitt des Kalkulationsschemas!

Kostenträger-
zeitrechnung
= Gesamtkalkulation

2.6 Der Weg zur Stückkalkulation

Frau Blauschneider hat ihre Gesamtkosten für den Monat Februar bereits ermittelt.

	A	B	C
1	**Kostenträgerzeitrechnung**	**Februar**	
2	**(Gesamtkalkulation)**		
3		€	€
4	Fertigungsmaterial (FM)	60.000,00	
5	+ Materialgemeinkosten (MGK)	6.000,00	
6	Materialkosten (MK)		66.000,00
7	Fertigungslöhne (FL)	42.800,00	
8	+ Fertigungsgemeinkosten (FGK)	34.240,00	
9	Fertigungskosten (FK)		77.040,00
10	Herstellkosten **der Erzeugung**		143.040,00
11	+ Minderbestand FE	3.960,00	
12	- Mehrbestand UFE	600,00	
13	Herstellkosten **des Umsatzes**		146.400,00
14	+ Verwaltungsgemeinkosten (VwGK)	9.300,00	
15	+ Vertriebsgemeinkosten (VtGK)	5.700,00	
16	**Gesamtkosten (Selbstkosten des Umsatzes)**		**161.400,00**
17			

Mom-Jeans MJ25

Nun kalkuliert sie den Selbstkostenpreis für das neue Jeansmodell MJ25. Die Kostenstellen Material und Fertigung haben sie bereits über die **Einzelkosten für ein Exemplar des Produkts** informiert:

Fertigungsmaterial (Rohstoffverbrauch)	12,00 €
Fertigungslöhne	32,00 €
Lizenzgebühr für die Schnittvorlage	2,35 €

Kostenträger-
stückrechnung
= Angebotskalkulation

Sie beginnt mit der **Kostenträgerstückrechnung**, also der Ermittlung des Selbstkostenpreises und des Angebotspreises für das neue Jeansmodell. Dabei fällt ihr auf, dass sie zwar die Gemeinkosten jeder Kostenstelle für die Gesamtproduktion kennt, aber nicht den Anteil für das jeweilige Produkt. Da ein Zusammenhang zwischen dem Verbrauch von Fertigungsmaterial und dem Verursachen von Materialgemeinkosten unterstellt wird, untersucht sie nun das Verhältnis zwischen diesen Einzelkosten und den Gemeinkosten.

Kostenstellen Kostenarten	Material I	Fertigung II	Verwaltung III	Vertrieb IV
Einzelkosten	60.000,00 €	42.800,00 €		
Gemeinkosten	6.000,00 €	34.240,00 €	9.300,00 €	5.700,00 €

Frau Blauschneider geht z. B. davon aus, dass ein Produkt mit höheren Fertigungsmaterialverbrauch auch mehr Materialgemeinkosten verursacht.

In der Kostenstelle Material wird unterstellt, dass die Materialgemeinkosten vor allem durch z. B. die Qualitätskontrolle beim Einkauf, die Lagerung und die Ausgabe des Fertigungsmaterials entstanden sind. Das Fertigungsmaterial (Rohstoffe, Einzelkosten) kostet in diesem Monat 60.000,00 €, die Materialgemeinkosten laut Summenzeile des BAB 6.000,00 €, das sind genau 10 % des Fertigungsmaterials. Wenn Frau Blauschneider nun bei jedem Produkt auf die Kosten des Fertigungsmaterials 10 % Materialgemeinkosten aufschlägt, hat sie zum Schluss alle Einzel- und alle Gemeinkosten in der Kostenstelle Material auf alle Produkte verteilt.

Ermittlung des Zuschlagsatzes im Materialbereich:

Beispiel:

Fertigungsmaterial (FM)	60.000,00 €
+ Materialgemeinkosten (MGK)	6.000,00 €
Materialkosten (MK)	66.000,00 €

Der Zuschlag in % für die MGK beträgt: $\dfrac{6.000,00 \cdot 100}{60.000,00} = 10,00$

Rätsel:
Was hat ein Tortenstück mit der Stückkalkulation zu tun?

> **FORMEL**
>
> Materialgemeinkostenzuschlagsatz: $\dfrac{\text{Materialgemeinkosten} \cdot 100}{\text{Fertigungsmaterial}}$
>
> Die Zuschlagsgrundlage (Grundwert) für die Materialgemeinkosten ist der Wert des verbrauchten Fertigungsmaterials.

Ebenso geht sie bei der Verteilung der Fertigungsgemeinkosten auf die einzelnen Kostenträger vor.

Ermittlung des Zuschlagsatzes im Fertigungsbereich:

Hier werden die Fertigungslöhne als Einzelkosten zur Zuschlagsgrundlage.

Beispiel:

Fertigungslöhne (FL)	42.800,00 €
+ Fertigungsgemeinkosten (FGK)	34.240,00 €
Fertigungskosten (FK)	77.040,00 €

Der Zuschlag in % für die FGK beträgt: $\dfrac{34.240,00 \cdot 100}{42.800,00} = 80,00$

> **FORMEL**
>
> Fertigungsgemeinkostenzuschlagsatz: $\dfrac{\text{Fertigungsgemeinkosten} \cdot 100}{\text{Fertigungslöhne}}$
>
> Die Zuschlagsgrundlage (Grundwert) für die Fertigungsgemeinkosten sind die gezahlten Fertigungslöhne.

Zuschlagsätze verteilen die Gemeinkosten auf alle Produkte.

Bei den Verwaltungs- und Vertriebsgemeinkosten werden die Herstellkosten des Umsatzes als Zuschlagsgrundlage herangezogen, da sie sich auf alle vier Bereiche des Betriebs beziehen.

Ermittlung der Zuschlagsätze im Verwaltungs- und Vertriebsbereich:

Für beide Zuschlagsätze stellen die Herstellkosten des Umsatzes den Grundwert dar.

Herstellkosten des Umsatzes	146.400,00 €	≙	100 %
+ Verwaltungsgemeinkosten	9.300,00 €		
+ Vertriebsgemeinkosten	5.700,00 €		
Selbstkosten	161.400,00 €		

FORMEL

$$\text{Verwaltungsgemeinkostenzuschlagsatz} : \frac{\text{Verwaltungsgemeinkosten} \cdot 100}{\text{Herstellkosten des Umsatzes}}$$

$$\text{Vertriebsgemeinkostenzuschlagsatz} : \frac{\text{Vertriebsgemeinkosten} \cdot 100}{\text{Herstellkosten des Umsatzes}}$$

Beim Unternehmen Blauschneider ergeben sich folgende Zuschlagsätze:

$$\text{Verwaltungsgemeinkostenzuschlag in \%:} \quad \frac{9.300,00 \cdot 100}{146.400,00} = 6,35$$

$$\text{Vertriebsgemeinkostenzuschlag in \%:} \quad \frac{5.700,00 \cdot 100}{146.400,00} = 3,89$$

Da sich beide Zuschlagsätze auf den gleichen Grundwert beziehen, kann man sie auch zusammenfassen:

Vw-/VtGK-Zuschlagsatz in %: 6,35 + 3,89 = 10,24

Formel für die Berechnung des gemeinsamen Zuschlagsatzes:

$$\text{Vw-/VtGK-Zuschlagsatz in \%} = \frac{(9.300,00 + 5.700,00) \cdot 100}{146.400,00} = 10,24$$

FORMEL

$$\text{Vw/VtGK-Zuschlagsatz:} \quad \frac{(\text{Vw-Gemeinkosten} + \text{Vt-Gemeinkosten}) \cdot 100}{\text{Herstellkosten des Umsatzes}}$$

Zuschlagsätze bei Blauschneider im 1. Quartal:

MGK-Zuschlagsatz: 10 %
FGK-Zuschlagsatz: 80 %
VwGK-Zuschlagsatz: 6,35 %
VtGK-Zuschlagsatz: 3,89 %

Gemeinkostensummen:

Materialstelle	6.000,00 €
Fertigungsstelle	188.400,00 €
Verwaltungsstelle	39.600,00 €
Vertriebsstelle	59.400,00 €

Einzelkosten:

Fertigungsmaterial	120.000,00 €
Fertigungslöhne	125.600,00 €

Es gab keine Bestandsveränderungen.

AUFGABE 58

Beim Skihersteller CHILL wurde für den Monat Januar ein BAB erstellt. Für die vier Kostenstellen fielen nebenstehende Kosten an:

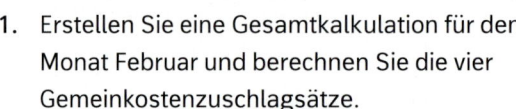

1. Erstellen Sie eine Gesamtkalkulation für den Monat Februar und berechnen Sie die vier Gemeinkostenzuschlagsätze.
2. Ermitteln Sie den gemeinsamen Zuschlagsatz für die Kostenstellen III und IV.
3. Begründen Sie, warum der Zuschlagsatz für die Kostenstellen Verwaltung und Vertrieb zusammengefasst werden kann.

AUFGABE 59

Der **Kunststoffhersteller PLASTE** stellt u. a. Gehäuse für Handys her. Folgende Zahlen liegen dem Inhaber aus der Abteilung Rechnungswesen vor:

Zuschlagsätze: Vw-/VtGK 18 %,
　　　　　　　MGK 1 %,
　　　　　　　FGK 180 %

Fertigungslöhne: 14,5 Std. zu 24,00 €,
Rohstoffverbrauch: 200 kg Granulat zu 6,50 €
　　　　　　　　je kg

Es gab keine Bestandsveränderungen.

1. Berechnen Sie die Gesamtkosten nach den Angaben für den Monat März.
2. Erklären Sie, in welchen dieser Beträge man den Verbrauch von Hilfsstoffen findet.

AUFGABE 60

Für das erste Quartal liegen im Unternehmen **X-Boards** aus München Ende März folgende Zahlen aus der Kostenrechnung vor. Da der Inhaber Xaver Huber schnell auf die Preisentwicklungen auf dem Markt für Skateboards reagieren muss, berechnet er die neuen Zuschlagsätze für die vier Kostenstellen, um sie in der Preiskalkulation seiner Produkte zu nutzen. Bitte helfen Sie ihm.

Fertigungsmaterial	12.000,00 €
Fertigungslöhne	18.000,00 €
Materialgemeinkosten	900,00 €
Fertigungsgemeinkosten	26.100,00 €
Verwaltungsgemeinkosten	7.125,00 €
Vertriebsgemeinkosten	8.835,00 €
Anfangsbestand an unfertigen Erzeugnissen	4.000,00 €
Schlussbestand an unfertigen Erzeugnissen	5.100,00 €
Anfangsbestand an fertigen Erzeugnissen	5.600,00 €
Schlussbestand an fertigen Erzeugnissen	4.600,00 €

AUFGABE 61

Auch beim **Sportbekleidungshersteller Hoppsa e. K.** wird die Betriebsbuchführung durchgeführt. Erledigen Sie folgende Aufgaben mithilfe der Angaben der Zuschlagsätze aus dem BAB.

Materialgemeinkosten	12 %
Verwaltungsgemeinkosten	10 %
Fertigungsgemeinkosten	180 %
Vertriebsgemeinkosten	15 %

Im Monat Juli betrug der Materialverbrauch 1.380.000,00 €, an Fertigungslöhnen wurden 930.000,00 € gezahlt.

Mehrbestand an unfertigen Erzeugnissen	50.000,00 €
Minderbestand an fertigen Erzeugnissen	104.000,00 €

Berechnen Sie folgende Werte:
1. Materialgemeinkosten in €
2. Fertigungsgemeinkosten in €
3. Herstellkosten des Umsatzes
4. Selbstkosten des Umsatzes

AUFGABE 62

Endlich ist mal wieder Ihr Grundwissen gefragt. Erinnern Sie sich an die Berechnung der Listenverkaufspreise, die Sie seit der 8. Jahrgangsstufe beherrschen? Auf den Selbstkostenpreis, der bislang vorgegeben wurde und den Sie nun ebenfalls berechnen könnten, werden noch drei weitere Prozentsätze aufgeschlagen.

1. Erklären Sie, wie der Selbstkostenpreis berechnet wird.
2. Nennen Sie den Fachbegriff für den nun noch fehlenden Teil der Kalkulation.
3. Nennen Sie die Fachbegriffe für die drei Prozentsätze in der Angebotskalkulation.
4. Erklären Sie den Teil des Kalkulationsschemas, der vom SKP zum LVP führt. War da nicht was mit verminderten Grundwerten?

Julia Blauschneider kalkuliert das Modell MJ25.

2.7 Wie viel soll das neue Jeansmodell MJ25 kosten? (Stückkalkulation)

Mom-Jeans MJ25

Frau Blauschneider wird langsam ungeduldig – so viele Vorarbeiten musste sie erledigen, bis sie nun endlich den Verkaufspreis ihres neuen Jeansmodells, der Mom Jeans MJ25, und weiterer neuer Produkte berechnen kann.

Zunächst hat sie in der **Kostenartenrechnung** mithilfe der Abgrenzungsrechnung die Aufwendungen und Erträge aus dem GUV-Konto gefiltert und die kalkulatorischen Kosten ergänzt. Anschließend konnte sie die Gesamtkalkulation durchführen und die Gesamtkosten für den vergangenen Monat berechnen. Diese Gesamtkosten hat Frau Blauschneider in diese beiden Gruppen getrennt:
- Einzelkosten (direkt zurechenbar: Rohstoffe, Fertigungslöhne, …)
- Gemeinkosten (nur indirekt den Produkten zurechenbar; alle übrigen Aufwandskonten mit *)

Somit konnte sie in der **Kostenstellenrechnung** mithilfe des Betriebsabrechnungsbogens die Gemeinkosten auf die vier Kostenstellen Material, Fertigung, Verwaltung und Vertrieb verteilen. Dabei setzte sie Verteilungsschlüssel ein, die teilweise auch dem Ziel der Kostenkontrolle dienten (z. B. kWh beim Stromverbrauch). Als Ergebnis erhielt sie die Summen der Gemeinkosten je Kostenstelle.

Nun begann sie mit der **Kostenträgerrechnung**. Um den Selbstkostenpreis für ein Produkt zu berechnen, hat sie zunächst die Summen der Gemeinkosten ins Verhältnis zur jeweils geeigneten Zuschlagsgrundlage gesetzt, damit sie die Zuschlagsätze jeder Kostenstelle nutzen kann.

In der **Stückkalkulation** ermittelt sie nun den Selbstkostenpreis für das Fertigerzeugnis **Mom-Jeans MJ25** und anschließend kalkuliert sie mithilfe der Angebotskalkulation den Listenverkaufpreis dieses und weiterer Produkte. Bei einem einzelnen Produkt gibt es keine Bestandsveränderungen, dafür aber eventuell Sondereinzelkosten der Fertigung.

Die Kostenstellen Material und Fertigung haben sie bereits über die **Einzelkosten für ein Exemplar des Produkts** informiert:

Rohstoffverbrauch	12,00 €
Fertigungslöhne	32,00 €
Lizenzgebühr für die Schnittvorlage	2,35 €

Auch die **Gemeinkosten-Zuschlagsätze** für die Stückkalkulation sind ihr aus der Gesamtkalkulation des Monats Februar bekannt:

MGK 10 %, FGK 80 %, VwGK 6,35 %, VtGK 3,89 %

	A	B	C	D	E
1	**Kostenträgerstückrechnung**	**Produkt:**	**MJ25**		
2	**(Stückkalkulation)**				
3		€	€	%	
4	Fertigungsmaterial (FM)	12,00		100,00%	
5	+ Materialgemeinkosten (MGK)	1,20		10,00%	
6	Materialkosten (MK)		13,20	110,00%	
7	Fertigungslöhne (FL)	32,00			100,00%
8	+ Fertigungsgemeinkosten (FGK)	25,60			80,00%
9	+ Sondereinzelkosten d. Fert. (SEKF)	2,35			
10	Fertigungskosten (FK)		59,95		
11	Herstellkosten		73,15	100,00%	
12	+ Verwaltungsgemeinkosten (VwGK)		4,65	6,35%	
13	+ Vertriebsgemeinkosten (VtGK)		2,85	3,89%	
14	Selbstkostenpreis (SKP)		80,65	100,00%	

Die Kosten werden in die Tabellenkalkulation übertragen.

Noch kann Frau Blauschneider sich nicht zufrieden zurücklehnen. Ihr Unternehmen würde nicht lange überleben, wenn sie die Produkte zum Selbstkostenpreis verkaufen würde. Da es sich bei der **Mom-Jeans MJ25** um ein neues Produkt und somit um eine Markteinführung handelt, ist sie beim Einkalkulieren des Gewinns sehr zurückhaltend und setzt vorerst nur 10 % an. Außerdem handeln die meisten Kunden einen Rabatt aus und lassen sich mit ein paar Prozenten Skonto zum schnelleren Zahlen motivieren. Sie beschließt deshalb, auf den Selbstkostenpreis von 80,65 € nicht nur 10 % Gewinn, sondern auch 2 % Kundenskonto und 12 % Kundenrabatt aufzuschlagen. Sie berechnet den Listenverkaufpreis:

14	Selbstkostenpreis (SKP)	80,65		100,00%
15	+ Gewinn	8,07		10,00%
16	Barverkaufspreis (BVP)	88,72	98,00%	110,00%
17	+ Kundenskonto (KSK)	1,81	2,00%	
18	Zielverkaufspreis (ZVP)	90,53	100,00%	88,00%
19	+ Kundenrabatt (KR)	12,35		12,00%
20	Listenverkaufspreis (LVP)	102,88		100,00%
21				

Ein Blick zurück

Kontenklassen der Geschäftsbuchführung (Rechnungskreis I)									
0	1	2	3	4	5	6	7	8	9

Geschäftsbuchführung

Im GUV-Konto wird das **Gesamtergebnis** des Unternehmens ermittelt.

Abgrenzungsrechnung bzw. Kostenartenrechnung

Mithilfe des **Betriebsfilters** werden neutrale Aufwendungen bzw. Erträge herausgefiltert. Die betrieblichen Aufwendungen bzw. Erträge werden als **Kosten*** bzw. **Leistungen*** in die Betriebsbuchführung übernommen. **Kalkulatorische Kosten** (Anders- und Zusatzkosten) kommen hinzu.

Einteilung der Kosten im Betrieb

Gesamtkosten

Einzelkosten   Sondereinzelkosten   Gemeinkosten

Betriebsabrechnungsbogen BAB

Die Gemeinkosten werden mithilfe der **Kostenstellenrechnung** verteilt.

Kostenstellen / Kostenarten	**Material** I	**Fertigung** II	**Verwaltung** III	**Vertrieb** IV

Kostenträgerzeitrechnung

Die **Gesamtkosten** bzw. **Selbstkosten** einer Abrechnungsperiode werden durch die Addition der Einzelkosten und der Gemeinkosten ermittelt.

Kostenträgerstückrechnung

Um die Gemeinkosten verursachungsgerecht auf die Produkte (Kostenträger) zu verteilen, ermittelt man **Zuschlagsätze**, indem man sie ins Verhältnis zu Einzelkosten bzw. zu den Herstellkosten des Umsatzes setzt.

Kalkulationsschema für die Gesamtkosten (mit Bestandsveränderungen)

Fertigungsmaterial (FM)
+ Materialgemeinkosten (MGK)
Materialkosten (MK)
Fertigungslöhne (FL)
+ Fertigungsgemeinkosten (FGK)
Fertigungskosten (FK)
Herstellkosten der Erzeugung (HKdE)
+ Minderbestand FE/UFE
- Mehrbestand FE/UFE
Herstellkosten des Umsatzes (HKdU)
+ Verwaltungsgemeinkosten (VwGK)
+ Vertriebsgemeinkosten (VtGK)
Selbstkosten (SK) bzw. Gesamtkosten (GK)

Kalkulationsschema für die Stückkalkulation

Fertigungsmaterial (FM)
+ Materialgemeinkosten (MGK)
Materialkosten (MK)
Fertigungslöhne (FL)
+ Fertigungsgemeinkosten (FGK)
+ Sondereinzelkosten der Fertigung (SEKF)
Fertigungskosten (FK)
Herstellkosten (HK)
+ Verwaltungsgemeinkosten (VwGK)
+ Vertriebsgemeinkosten (VtGK)
Selbstkostenpreis (SKP)
+ Gewinn (G)
Barverkaufspreis (BVP)
+ Kundenskonto (KSK)
Zielverkaufspreis (ZVP)
+ Kundenrabatt (KR)
Listenverkaufspreis (LVP)

Sehen Sie nur noch Sternchen, wenn es um die Kosten- und Leistungsrechnung geht? Keine Sorge, das ist schon der erste Schritt, da alle Kosten und Leistungen im Kontenplan ja ein Sternchen haben. Jetzt wird trainiert!

AUFGABE 63

Azubi Jonas muss für die Berufsschule das Kalkulationsschema üben ... Bitte helfen Sie ihm. Es geht um das Unternehmen **BüroFIX**, das Büromaschinen herstellt.

Produkt A: Aktenvernichter
Produkt B: Kombigerät Kopierer-Drucker-Scanner
Produkt C: Bargeldzählmaschine

Produkte	FM	FL	MGK	FGK	SEKF	VwGK	VtGK	Gewinn	Skonto	Rabatt
	€	€	%	%	€	%	%	%	%	%
A	120,00	80,00	7,50	200,00	--	8,00	6,00	15,00	2,00	10,00
B	2.500,00	400,00	4,00	250,00	90,00	7,00	8,00	10,00	3,00	20,00
C	48,00	60,00	5,00	300,00	--	10,00	12,50	12,50	2,00	30,00

1. Für die drei oben angegebenen Produkte soll er das Schema aufstellen und – unter korrekter Angabe der Ansätze – den jeweiligen Listenverkaufspreis berechnen.
2. Anschließend soll er die Verkäufe der Produkte A, B und C gegen Rechnung buchen, und zwar von den Geldzählmaschinen 5 Stück, von den Aktenvernichtern 10 Stück und von den Kombigeräten 8 Stück. Der Treuerabatt wird jeweils gewährt.
3. Kleiner Schreck: Der Käufer der Aktenvernichter reklamiert Dellen an den Geräten. Er erhält 20 % Nachlass aufgrund seiner Mängelrüge. Bilden Sie den Buchungssatz.
4. Noch ist Jonas bzw. sind Sie nicht fertig: Der Kunde der Kombigeräte überweist den fälligen Betrag innerhalb der Skontofrist. Berechnen und buchen Sie auch diesen Geschäftsfall.
5. Leider sendet nun der Käufer der Geldzählmaschinen ein Erzeugnis zurück, da die falsche Farbe geliefert worden war. Bilden Sie den Buchungssatz.

AUFGABE 64

Das **Holzbearbeitungs-
werk Brettl** in Schöllnach
stellt u. a. Gartenhäuschen
vom Typ Chris her.

Materialkosten	723,00 €
Fertigungslöhne	3,3 Std. zu 17,00 €
Fertigungsgemeinkosten	125,00 %
Verwaltungsgemeinkosten	4,50 %
Vertriebsgemeinkosten	3,00 %
Gewinn	20,00 %
Kundenskonto	3,00 %
Kundenrabatt	20,00 %

1. Kalkulieren Sie den Listenverkaufspreis für ein Gartenhäuschen.
2. Brettl verkauft 15 Gartenhäuschen gegen Rechnung an einen Baumarkt, der Mengenrabatt wird gewährt. Bilden Sie den Buchungssatz.

AUFGABE 65

Der **Möbelhersteller
Holzkopf** aus Holzkir-
chen stellt u. a. Kinder-
betten in Rennwagen-
form her. Folgende Daten
aus der Kostenrechnung konnte ein Betriebsspi-
on in Erfahrung bringen:

Holzkopf
Möbel

Massivholz	80,00 €
Lackfarbe	12,00 €
Schrauben	4,00 €
Lizenzgebühr	10,00 €
Fertigungslöhne	130,50 €

Die Zuschlagsätze, die mithilfe des BAB berechnet wurden, betragen für die Kostenstellen I
18 %, II 220 %, III + IV 25 %. Außerdem rechnet
das Unternehmen Holzkopf mit 3 % Skonto, 8 %
Jubiläumsrabatt und 35 % Gewinn.

1. Berechnen Sie den Listenverkaufspreis für ein Kinderbett.
2. Bilden Sie den Buchungssatz für den Verkauf von 20 Betten an ein Möbelhaus, wenn auch 300,00 € netto für die Fracht in Rechnung gestellt werden.

3. Das Möbelhaus bemängelt Kratzer bei der Hälfte der Betten. Holzkopf gewährt 10 % Nachlass. Bilden Sie den Buchungssatz.
4. Das Möbelhaus überweist den fälligen Betrag noch innerhalb der Skontofrist. Bilden Sie den Buchungssatz.

AUFGABE 66

Richtig oder falsch? Stellen Sie falsche Aussagen richtig.
1. Die Materialkosten sind meist niedriger als die Materialgemeinkosten.
2. Bei der Stückkalkulation wird ein Minderbestand hinzugerechnet.
3. Der Selbstkostenpreis eines Produkts enthält die Herstellkosten, die Vw-/VtGK sowie einen Gewinnzuschlag.
4. Der Verkauf gegen Rechnung erfolgt zum Barverkaufspreis.
5. Die Zuschlagsätze für Fertigungs- und Verwaltungsgemeinkosten kann man zusammenfassen.

AUFGABE 67

In der **Zahnradfabrik
Zack** wird der Listenpreis
für ein Getriebe kalkuliert.

Fertigungsmaterial	732,00 €
Materialgemeinkosten	14,20 %
Fertigungslöhne 9 Std. zu 27,00 €	?
Fertigungsgemeinkosten	230,00 %
Sondereinzelkosten der Fertigung:	
– Härtekosten für Stahl	55,10 €
– anteilige Einrichtungskosten	40,00 €
Verwalt.- und Vertr.gemeinkosten	28,50 %
Gewinn	10,00 %

1. Führen Sie die Stückkalkulation durch.
2. Bilden Sie den Buchungssatz für den Zielverkauf von 10 Getrieben.
3. Aufgrund einer Mängelrüge sendet der Kunde drei Getriebe zurück und erhält eine Gutschrift in voller Höhe. Bilden Sie den Buchungssatz.

AUFGABE 68

Der CEO Business der Hotelkette Night & Day GmbH erkundigt sich nach den edlen, schwarzen Straight Jeans der Serie ST20; sie sollen den Hotelangestellten als Berufskleidung zur Verfügung gestellt werden. Der potenzielle Kunde hat mithilfe der Angaben auf unserer Website den Listenpreis von 8.499,00 € für seinen Großauftrag von 100 Stück berechnet. Er möchte 15 % Mengenrabatt sowie 3 % Skonto/10 Tage aushandeln. So viel haben wir nicht einkalkuliert.

> **INFO**
>
> CEO = Chief Executive Officer (Geschäftsführer)

Aus der Kostenrechnung liegen folgende Werte für 100 ST20 vor:

Fertigungslöhne	2.850,00 €
Fertigungsmaterial	1.240,00 €
Spezialauftrag (Logo N & D aufnähen)	75,00 €

Bitte übernehmen Sie die GK-Zuschlagsätze aus Ihrem Ausbildungsbericht (Monat Februar, s. S. 98).

Night & Day: Neue Hosen für die Belegschaft

1. Im Rahmen der Ermittlung der GK-Zuschlagsätze wurden u. a. folgende Gemeinkosten auf die Kostenstellen verteilt. Bestimmen Sie jeweils einen geeigneten Verteilungsschlüssel. Es gab Kosten für ... Kantine / Strom / Reinigung / Klimaanlage / Werbung / Heizung / KFZ-Steuer / Pachten / Ausgangsfrachten
2. Berechnen Sie mithilfe der Differenzkalkulation, wie viel Gewinn in € und in % uns bei dieser Verhandlungsbasis mit Night & Day bleibt. (TIPP: Notieren Sie zunächst das gesamte Kalkulationsschema!)
3. Begründen Sie, ob Ihre Chefin diesen Auftrag annehmen sollte.
4. Frau Blauschneider ist es gelungen, die Höhe des geforderten Mengenrabatts auf 10 % herunterzuhandeln. Berechnen Sie, was dies für die Höhe des Gewinns in € bedeutet.
5. Bilden Sie den Buchungssatz für den Verkauf der Jeans gegen Rechnung, wenn der Rabatt sofort gewährt wird.
6. Ordnen Sie den Konten im Buchungssatz aus Fall 5 die Begriffe Ausgabe/Aufwand/Kosten usw. zu.
7. Der CEO von Night & Day mailt Fotos von ein paar unsauber genähten Logos bei acht Jeans. Gegen einen Nachlass von weiteren 10 % würden sie diese Hosen behalten. Formulieren Sie einen Rat für Frau Blauschneider.
8. Nennen Sie den Fachbegriff für die eingegangene E-Mail von Night & Day.
9. Frau Blauschneider entscheidet, den Nachlass zu gewähren. Bilden Sie den Buchungssatz.
10. Night & Day überweist den noch ausstehenden Betrag nach drei Tagen. Bilden Sie den Buchungssatz.
11. Nennen Sie den Fachbegriff aus der KLR für eine Jeans und beschreiben Sie den Unterschied zwischen der Kostenträgerstück- und der Kostenträgerzeitrechnung.

GUSS-Maschinen

💡 **AUFGABE 69**

Der **Maschinenhersteller GUSS** in Hof kalkuliert mit 20 % Gewinn und 10 % Kundenrabatt, gewährt aber keinen Skonto. Ein neuer Kunde beharrt auf 3 % Skonto.

1. Kalkulieren Sie den LVP einer Maschine Typ 2020i mit einem SKP von 43.400,00 € zu den üblichen Bedingungen.
2. Um den Kunden zu gewinnen, wird seinem Drängen nachgegeben. Wie hoch ist dann der Gewinn in € und in Prozenten?
3. Bilden Sie die Buchungssätze ...
   3.1 für den Verkauf der Maschine gegen Rechnung.
   3.2 für die Überweisung des Kunden innerhalb der Skontofrist.

TOP-JUWELEN

👥 **AUFGABE 70**

🧩 Der **Schmuckhersteller Top-Juwelen** in Würzburg hat seinen BAB für den Monat März erstellt:

Materialgemeinkosten	42.000,00 €
Fertigungsgemeinkosten	324.000,00 €
Verwaltungs- und Vertriebsgemeinkosten	153.000,00 €
An Einzelkosten fielen an:	
Fertigungsmaterialverbrauch	350.000,00 €
Fertigungslöhne	180.000,00 €
Bestandsveränderungen:	
Minderbestand an unfertigen Erzeugnissen	16.000,00 €
Mehrbestand an fertigen Erzeugnissen	12.000,00 €

1. Berechnen Sie im Rahmen der Gesamtkalkulation die Herstellkosten des Umsatzes.
2. Erklären Sie, wie der Minderbestand an unfertigen Erzeugnissen zustande gekommen sein kann.
3. Berechnen Sie die Zuschlagsätze der Gemeinkosten für die Stückkalkulation.
4. Berechnen Sie den Listenverkaufspreis für ein Diamantencollier Typ „Princess", wenn folgende Einzelkosten angefallen sind: Gold/Diamanten 8.800,00 €, Fertigungslöhne 6.200,00 €. Top-Juwelen kalkuliert ferner 10 % Kundenrabatt, 3 % Kundenskonto und 40 % Gewinn ein.
5. Bilden Sie den Buchungssatz für den Verkauf des Diamantencolliers „Princess" an einen Schmuckhändler vor Ort gegen Rechnung. Der Rabatt wird gewährt.
6. Der Schmuckhändler reklamiert leicht verbogene Verbindungsglieder, die er nacharbeiten muss. Dafür erhält er einen Nachlass von 5 %. Bilden Sie den Buchungssatz.
7. Erklären Sie den Unterschied zwischen der Kostenträgerzeitrechnung und der Kostenträgerstückrechnung.

Tandem-Quiz

Ein Partner testet den anderen mit diesen Aufgaben, der andere Partner nimmt die Fragen von Seite 108.

	Frage	Antwort
1	Nenne das Schema der Gesamtkosten.	FM / + MGK / MK / FL / + FGK / FK MK / + FK / HKdE / + MIB / - MEB / HKdU / + Vw-/VtGK / SK
2		
3	Wie lautet die Formel zur Berechnung des FGK-Zuschlagsatzes?	$\dfrac{FGK \cdot 100}{FL}$
4		
5	Definiere den Begriff „Gemeinkosten".	Kosten, die dem Produkt nur indirekt zugeordnet werden können und alle Erzeugnisse gemeinsam betreffen.
6		
7	Wie heißen die vier Kostenstellen? Nenne sie rückwärts.	Vertrieb, Verwaltung, Fertigung, Material
8		
9	Wie ermittelt man die gesamten Gemeinkosten, die in der Kostenstelle Fertigung angefallen sind?	Man bildet die Summe der Spalte „Kostenstelle Fertigung".
10		
11	Wie verteilt man Versicherungskosten, wenn der Schlüssel 3 : 10 : 2 : 5 angegeben ist?	z. B. $\dfrac{\text{Versicherungskosten} \cdot 3}{(3 + 10 + 2 + 5)}$
12		
13	Welche drei Einzelkosten müssen für die Stückkalkulation in der Abteilung Kostenrechnung erfragt werden?	Fertigungsmaterial (AWR) / Fertigungslöhne (L) / Sondereinzelkosten der Fertigung (SEKF)
14		
15	Wo tauchen die Kosten für unsere vier Arten von Werkstoffen im Schema der Stückkalkulation auf?	Rohstoffverbrauch beim Fertigungsmaterial; Verbrauch an Hilfs-, Betriebsstoffen und Fremdbauteilen bei den Gemeinkostenzuschlagsätzen
16		
17	Welchem Prozentsatz entspricht der BVP, wenn du 2 % Kundenskonto berechnen möchtest?	98 %
18		
19	Dein Kunde handelt 3 % Skonto aus. Wie verändert sich dein Gewinn?	Er sinkt etwas, da der LVP gleich bleibt.
20		
21	Bilde den Buchungssatz: Verkauf von 200 Jeans gegen Rechnung, auch Fracht wird berechnet.	2400 FO an 5000 UEFE (inkl. Fracht) / 4800 UST
22		

Tandem-Quiz

Ein Partner testet den anderen mit diesen Aufgaben, der andere Partner nimmt die Fragen von Seite 107.

	Frage	Antwort
1		
2	Welche Unterschiede bestehen beim Schema der Stück-kalkulation?	– Kalkulation für ein Produkt – keine Bestandsveränderungen – Gemeinkosten über Zuschlagsätze – Selbstkostenpreis als Ergebnis – Zuschläge für Gewinn, Kundenskonto und Kundenrabatt
3		
4	Wie lautet die Formel zur Berechnung des VwGK-Zu-schlagsatzes?	$\dfrac{\text{VwGk} \cdot 100}{\text{HkdU}}$
5		
6	Erkläre den Begriff und die Aufgaben des „BAB".	Im Betriebsabrechnungsbogen werden die Gemeinkosten verursachungsgerecht auf die vier Kostenstellen verteilt.
7		
8	Welche Kostenstelle muss wohl den größten Anteil der Kosten unserer Abteilung (Rechnungswesen) tragen?	Verwaltung
9		
10	Wie verteilt man Reinigungskosten, wenn man die Fläche der Kostenstellen in qm kennt?	$\dfrac{\text{Reinigungskosten} \cdot \text{Fläche je Kostenstelle}}{\text{Gesamtfläche}}$
11		
12	Definiere den Begriff „Einzelkosten".	Kosten, die direkt den Produkten zugeordnet werden können.
13		
14	In welchen Kontenklassen des Kontenplans finden wir Sternchen? Warum?	In Kontenklasse 5, 6 und 7, weil sich dort auch betriebli-che AW und ER befinden.
15		
16	Kalkuliere vom SKP zum LVP.	SKP + Gewinn BVP + KSK ZVP + KR LVP
17		
18	Nenne den Fachbegriff für diese Art von Grundwert (bei 17.)	verminderter Grundwert
19		
20	Dein Kunde erhält 10 % Rabatt. Welchen Preis aus dem Kalkulationsschema nimmst du für den Buchungssatz?	Zielverkaufspreis
21		
22	Bilde den Buchungssatz: Der Kunde aus Fall 21 überweist innerhalb der Skontofrist.	5001 EBFE 4800 UST 2800 BK an 2400 FO

AUFGABE 71

Die Stadt Bayreuth hat das Werk **Stahlmann** in Kulmbach mit der Erneuerung eines Fußgängerstegs über den Roten Main beauftragt. Die Fundamente sind vorhanden. Bearbeiten Sie die folgenden Aufgaben:

1. Erstellen Sie die Angebotskalkulation.

Fertigungsmaterial	3.000 kg zu 900,00 €/t
Fertigungslöhne	115 Std. zu 44,00 €
Verwaltungs- und Vertriebsgemeinkosten	12,00 %
Gewinn	10,00 %
Fertigungsgemeinkosten	120,00 %
Materialgemeinkosten	4,00 %
Skonto	2,00 %

2. Erklären Sie, warum hier keine Bestandsveränderungen erfasst wurden.

AUFGABE 72

Es wird Frühling und die Fahrradhäuser verzeichnen steigendes Kundeninteresse. Insbesondere Trekking-Räder werden im Rahmen der Fitnesswelle, die das bayerische Volk ergriffen hat, nachgefragt. Aus dem BAB des **Fahrradherstellers Rad-Express** aus Rosenheim sind Ihnen die folgenden Werte bekannt:

Materialgemeinkosten	1.800,00 €
Fertigungskosten	68.200,00 €
Herstellkosten des Umsatzes	86.100,00 €
Selbstkosten	101.598,00 €
Fertigungsgemeinkostenzuschlag	210,00 %
Materialgemeinkostenzuschlag	12,50 %
zusätzliche Angaben:	
Fertigerzeugnisse: Anfangsbestand	23.000,00 €
Endbestand	18.700,00 €

1. Erklären Sie den Unterschied zwischen
    1.1 den Materialgemeinkosten und den Materialkosten,
    1.2 den Herstellkosten des Umsatzes und den Selbstkosten,
    1.3 der Kostenarten- und der Kostenträgerrechnung.
2. Berechnen Sie
    2.1 die Höhe des Rohstoffverbrauchs,
    2.2 die Höhe der Fertigungslöhne,
    2.3 die Herstellkosten der Erzeugung,
    2.4 die Art und Höhe der Bestandsveränderungen bei den fertigen Erzeugnissen und
    2.5 die Art und Höhe der Bestandsveränderungen bei den unfertigen Erzeugnissen – das klingt einfacher, als es ist.
3. Berechnen Sie den gemeinsamen Zuschlag für die Verwaltungs- und Vertriebsgemeinkosten in € und in %.

AUFGABE 73

Das Unternehmen **Kochstelle e. K.** in Treuchtlingen kalkuliert mit den folgenden Werten ihre Herde für Schulküchen. Bearbeiten Sie die nachstehenden Aufgaben.

Fertigungskosten	520,00 €
Materialgemeinkostenzuschlagsatz	115,00 %
Verwaltungs-/Vertriebsgemeinkostenzuschlagsatz	25,00 %
Kundenrabatt	10,00 %

Die Marktsituation erfordert für dieses Fertigerzeugnis eine Senkung des Angebotspreises auf nunmehr 1.440,00 € netto. Da der bisherige Gewinn nicht geschmälert werden soll, will das Unternehmen die Preissenkung durch eine Kosteneinsparung im Materialbereich auffangen. Die Herstellkosten je Stück sollen deshalb 980,00 € nicht übersteigen.

1. Wie hoch dürfen unter diesen Bedingungen die Kosten für das Fertigungsmaterial je Stück höchstens sein?
2. Mit welchem Gewinn (in € und %) kalkuliert das Unternehmen?
3. Bilden Sie den Buchungssatz für die Ausgangsrechnung über eine Lieferung von zehn Stück, wenn der Rabatt sofort gewährt wird.
4. Der Kunde beanstandet die fehlerhafte Lackierung der ihm gelieferten Erzeugnisse. Das Unternehmen gewährt daraufhin einen Preisnachlass und schreibt dem Kunden 950,00 € gut. Bilden Sie dafür den Buchungssatz.
5. Bilden Sie den Buchungssatz für den vorliegenden Beleg:

Kontoauszug   Nr. 105   IBAN DE80790550001534900202
15. Mai 20.. / 08:55 Uhr   Seite 1/1   BIC TRGBDE83XXX
                                           Kochstelle e. K.

Bu. Tag	Wert	Bu. Nr.	Erläuterungen	Betrag (€)
14.05.	14.05.	5656	Re. Nr. 432/20.., minus Nachlass	14.291,90 +

Kontokorrentkredit 50.000,00 €   alter Kontostand   32.008,10 +
                                                neuer Kontostand   46.300,00 +

Bahnhofstraße 22 – 24   Tel.: 0951 224455
96047 Bamberg   Fax: 0951 224466

Regnitzbank Bamberg

---

6. Erklären Sie dem Azubi die folgenden Begriffe in je einem Satz:
   6.1 Kostenartenrechnung
   6.2 Kostenstellenrechnung
   6.3 Kostenträgerzeitrechnung
   6.4 Kostenträgerstückrechnung

RK I	RK II	
Geschäftsbuchführung **(GUV)**	**Filter**	**Kosten- und Leistungsrechnung** **(KLR)**
alle Aufwendungen und Erträge werden erfasst	**betriebsfremde, außerordentliche** **und periodenfremde** Aufwendungen und Erträge werden herausgerechnet; **kalkulatorische Kosten** (Anders- und Zusatzkosten) kommen hinzu	**betriebsbedingte**, regelmäßige Aufwendungen und Erträge werden verwendet
Gesamtergebnis		**Betriebsergebnis**

Kostenartenrechnung

Kosten ...	
... die dem Erzeugnis **direkt** zugeordnet werden können, nur dieses eine Erzeugnis betreffen	... die dem Erzeugnis nur **indirekt** zugeordnet werden können, mehrere oder alle Erzeugnisse gleichzeitig betreffen
Einzelkosten (Fertigungsmaterial und Fertigungslöhne) Dazu gehören auch die Sondereinzelkosten der Fertigung (fallen nur selten an, z. B. Entwicklungskosten, Lizenzen, Kosten für Spezialwerkzeug)	**Gemeinkosten** (alle übrigen Kosten wie Miete, Abschreibungen usw.)

Kostenstellenrechnung

Kostenstelle I	**Kostenstelle II**	**Kostenstelle III**	**Kostenstelle IV**
Fertigungsmaterial (FM) Materialgemeinkosten (MGK)	Fertigungslöhne (FL) Fertigungsgemeinkosten (FGK)	Verwaltungsgemeinkosten (VwGK)	Vertriebsgemeinkosten (VtGK)

	A	B	C	D	E	F	G
1							
2	Betriebsabrechnungsbogen						
3							
4		**Zahlen der KLR**				Kostenstelle	
5	**Kostenarten**	**in €**	**Verteilungsschlüssel**	I Material	II Fertigung	III Verwaltung	IV Vertrieb

Die Kostenstellenrechnung
- schlüsselt die Gemeinkosten möglichst verursachungsgerecht nach den Entstehungsbereichen (Kostenstellen) auf. Das ist Voraussetzung für eine einwandfreie **Kalkulation** des Selbstkostenpreises und damit auch für die Kalkulation der Verkaufspreise.
- liefert der Betriebsleitung auch das Zahlenmaterial für die **Kontrolle und Überwachung** der Kostengestaltung in den einzelnen Kostenstellen. So kann z. B. der Verbrauch an Hilfs- und Betriebsstoffen oder der Einsatz von Hilfslohnempfängern überwacht und, wenn nötig, gesteuert werden.

Kostenträgerzeitrechnung

Berechnung der gesamten Kosten einer Abrechnungsperiode (Gesamtkalkulation, alle Einzel- und Gemeinkosten)

Mit den Daten der Gesamtkalkulation werden die Gemeinkostenzuschlagsätze für die Stückkalkulation berechnet:

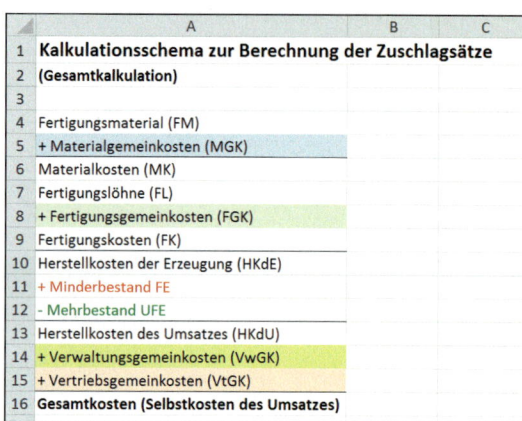

	A	B	C
1	**Kalkulationsschema zur Berechnung der Zuschlagsätze**		
2	**(Gesamtkalkulation)**		
3			
4	Fertigungsmaterial (FM)		
5	+ Materialgemeinkosten (MGK)		
6	Materialkosten (MK)		
7	Fertigungslöhne (FL)		
8	+ Fertigungsgemeinkosten (FGK)		
9	Fertigungskosten (FK)		
10	Herstellkosten der Erzeugung (HKdE)		
11	+ Minderbestand FE		
12	− Mehrbestand UFE		
13	Herstellkosten des Umsatzes (HKdU)		
14	+ Verwaltungsgemeinkosten (VwGK)		
15	+ Vertriebsgemeinkosten (VtGK)		
16	**Gesamtkosten (Selbstkosten des Umsatzes)**		

FORMEL

$$\text{Materialgemeinkostenzuschlagsatz} : \frac{\text{Materialgemeinkosten} \cdot 100}{\text{Fertigungsmaterial}}$$

$$\text{Fertigungsgemeinkostenzuschlagsatz} : \frac{\text{Fertigungsgemeinkosten} \cdot 100}{\text{Fertigungslöhne}}$$

$$\text{Verwaltungsgemeinkostenzuschlagsatz} : \frac{\text{Verwaltungsgemeinkosten} \cdot 100}{\text{Herstellkosten des Umsatzes}}$$

$$\text{Vertriebsgemeinkostenzuschlagsatz} : \frac{\text{Vertriebsgemeinkosten} \cdot 100}{\text{Herstellkosten des Umsatzes}}$$

Kostenträgerstückrechnung:

Berechnung der Selbstkosten eines Kostenträgers (Einzelkosten des Kostenträgers und Zuschlagskalkulation)

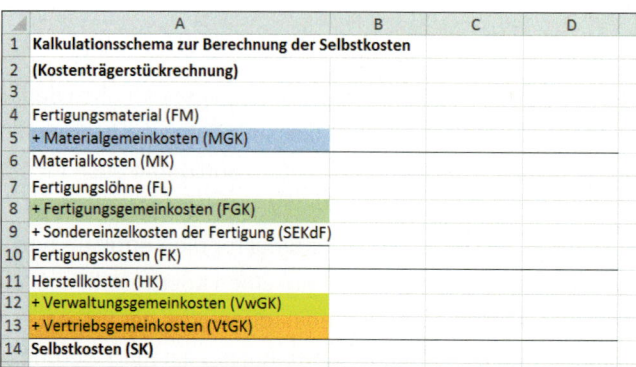

	A	B	C	D
1	**Kalkulationsschema zur Berechnung der Selbstkosten**			
2	**(Kostenträgerstückrechnung)**			
3				
4	Fertigungsmaterial (FM)			
5	+ Materialgemeinkosten (MGK)			
6	Materialkosten (MK)			
7	Fertigungslöhne (FL)			
8	+ Fertigungsgemeinkosten (FGK)			
9	+ Sondereinzelkosten der Fertigung (SEKdF)			
10	Fertigungskosten (FK)			
11	Herstellkosten (HK)			
12	+ Verwaltungsgemeinkosten (VwGK)			
13	+ Vertriebsgemeinkosten (VtGK)			
14	**Selbstkosten (SK)**			

Sehr geehrte Auszubildende, sehr geehrter Auszubildender,

Sie waren in diesem Monat in der Abteilung Kostenrechnung eingesetzt und haben sich mit den Fachbegriffen und Berechnungen zur Vollkostenrechnung befasst. Im Ihnen nun vorliegenden Fallbeispiel werden Sie alle Schritte der Kostenrechnung aus der Sicht eines Passauer Holzmöbelherstellers bearbeiten.

Bearbeitungszeit: 90 Minuten

Hilfsmittel: Taschenrechner und Kontenplan

Viel Erfolg!

Julia Blauschneider   Luca Rossi

Unternehmensleitung   Leitung innerbetriebliche Ausbildung

Fallbeispiel: Die Vollkostenrechnung beim Möbelhersteller MAX & MAI in Passau

Die Jungunternehmer Mai Linh und Max Heindl aus Passau haben ein kleines Industrieunternehmen namens **MAX & MAI Möbelprodukte e. K. (kurz MMM)** aufgebaut. Das Unternehmerpaar stellt moderne Möbel aus heimischen Hölzern her und legt großen Wert auf eine nachhaltige Produktion.

Mai Linh und Max Heindl

Aus dem Sortiment

Sie sind seit vier Jahren Mitarbeiter/-in im Bereich Rechnungswesen und mit vielfältigen Aufgaben aus den Bereichen Betriebswirtschaftslehre und Buchführung vertraut. Da Sie im Bereich Vollkostenrechnung besonders gut eingearbeitet sind, dürfen Sie die neue Mitarbeiterin Amelie einarbeiten. Zunächst besprechen Sie mit ihr einige Zahlenwerte und Fachbegriffe rund um die Betriebsbuchführung. Vor jeder Aufgabe soll Amelie den Stoff im Buch gründlich nachlesen – Sie bitte auch!

AUFGABE 1

Amelie hat den Auftrag, die folgenden Fachbegriffe gut zu beschreiben:

1.1   Firma unseres Unternehmens MAX & MAI

1.2   Kontenarten rund um den Betriebsfilter

1.3   Rechnungskreise I und II

1.4   Gesamterfolg und Betriebserfolg

1.5   Abschlusskonto, das in der Kosten- und Leistungsrechnung verwendet wird.

1.6   Ausgabe, Aufwand und Kosten

1.7   Kosten und Leistungen

1.8   Erfolgs- und Ertragskonten

1.9   periodenfremd und außerordentlich

1.10 Je zwei Beispiele für betriebsfremde Aufwendungen und Erträge

AUFGABE 2

Im Rahmen der Kosten- und Leistungsrechnung gibt es bei MMM ein paar Besonderheiten, zu denen die Mitarbeiterin Amelie Ihnen nun Fragen stellt. Bitte erklären Sie sie ihr.

2.1   „Was versteht man unter kalkulatorischen Kosten? Bitte nennen Sie mir auch Beispiele!"

2.2   „Worin liegt der Unterschied zwischen kalkulatorischen und betrieblichen Abschreibungen?"

2.3   „Warum teilen Sie die Kosten in Einzel- und Gemeinkosten auf?"

2.4   „Welche Kostenarten gehören zu den Einzelkosten?"

2.5   „Auf welche Bereiche werden die Gemeinkosten verteilt?"

AUFGABE 3

In der Betriebskantine von MMM möchte Amelie zur Kostenrechnung von ein paar Mitarbeiter/-innen Genaueres wissen. Es geht um die Herstellung der neuen Schminktische für Teenies.

3.1   Amelie ist der Unterschied zwischen Einzel- und Gemeinkosten noch nicht ganz klar. Die anderen Mitarbeiter/-innen geben ihr Beispiele und sie soll diese Kosten zuordnen – Sie sitzen auch mit am Tisch und helfen Amelie.

> Heizkosten / Abschreibung auf die Lkws / Lärchenholz / Schmierstoffe für die Maschinen / Schrauben / Arbeitsstunden in der Herstellungsabteilung / Kosten für die Klimaanlage / kalkulatorischer Unternehmerlohn / Lizenzgebühr für das Foto und den Namen eines Popstars

3.2   Im Rahmen der Kostenstellenrechnung müssen die Gemeinkosten auf die Kostenstellen verteilt werden. Helfen Sie Amelie, für jede der folgenden Kostenarten eine geeignete Verteilungsgrundlage zu nennen:

> Stromkosten / Lohnkosten für Reparaturen / Sozialversicherungsbeiträge / Kantinenkosten / Werbungskosten / Abschreibungskosten / Heizöl / Kosten fürs Reinigungspersonal

3.3   Amelies Chefin Mai Linh kommt in die Kantine und setzt sich zu ihrer neuen Mitarbeiterin. Frau Linh zeigt ihr eine Aufstellung einiger Kosten beim Unternehmen MMM im 1. Quartal. Zu diesen Zahlen stellt ihr die Chefin ein paar Aufgaben, die Amelie bis 16:30 Uhr erledigen soll:

> Rohstoffverbrauch 26.000,00 €, Abschreibungen auf Sachanlagen 18.000,00 €, Gehälter 28.000,00 €, betriebliche Steuern 8.000,00 €, Hilfsstoffverbrauch 800,00 €, Fremdinstandhaltungen 1.200,00 €, Fertigungslöhne 80.000,00 €. Die Leistungen betrugen 210.000,00 €.

3.3.1 Bestimmen Sie das Datum, an dem das 1. Quartal endet.

3.3.2 Berechnen Sie die Summe der direkten Kosten und die der indirekten Kosten.

3.3.3 Berechnen Sie auch das Betriebsergebnis für den Fall, dass keine weiteren Kosten angefallen wären.

3.4 Amelie hat folgende Zahlenaufstellung von ihrem Chef Max Heindl erhalten. Der Auftrag hierzu lautet: „Lassen Sie sich von diesem Durcheinander nicht verwirren und berechnen Sie mithilfe des Schemas die Gesamtkosten im ersten Quartal." Sie helfen Amelie gerne!

Fertigungsgemeinkosten	88.000,00 €
Schlussbestand bei den fertigen Erzeugnissen	29.000,00 €
Fertigungsmaterial	26.000,00 €
Materialkosten	31.200,00 €
Fertigungslöhne	80.000,00 €
Mehrbestand bei den unfertigen Erzeugnissen	2.200,00 €
Verwaltungsgemeinkosten	11.880,00 €
Anfangsbestand bei den fertigen Erzeugnissen	30.000,00 €
Vertriebsgemeinkosten	15.840,00 €

3.5 Die Daten der Gesamtkalkulation aus Aufgabe 3.4 müssen für die Berechnung des Selbstkostenpreises und des Listenverkaufspreises für einen Schminktisch „STAR 1" noch aufbereitet werden. Berechnen Sie die Zuschlagsätze für die vier Kostenstellen.

AUFGABE 4

Zur Herstellung eines Schminktisches „STAR 1" liegen Amelie folgende Daten aus der Kostenrechnung vor:

Massivholz	18,00 €
Lasurlack	3,00 €
Schrauben	1,00 €
Spiegel	6,00 €
Lizenzgebühr	7,75 €
Fertigungslöhne	32,50 €

Die Zuschlagsätze, die mithilfe des aktuellen BAB berechnet wurden, betragen für die Kostenstellen I: 20 %, II: 110 %, III + IV: 14 %.

Außerdem rechnet das Unternehmen MMM mit 3 % Skonto, 15 % Mengenrabatt und 40 % Gewinn.

4.1 Der Schminktisch soll in den Onlineverkauf aufgenommen werden. Berechnen Sie den Selbstkostenpreis und den Listenverkaufspreis für einen Schminktisch STAR 1.

4.2 Die Möbelhauskette WOHNFIX ist an der Abnahme von 2 000 Schminktischen interessiert – allerdings besteht deren Geschäftsführer darauf, dass wir 20 % Mengenrabatt gewähren. Um den Neukunden nicht zu verärgern, stimmen wir zu. Bilden Sie den Buchungssatz für den Verkauf der 2 000 Schminktische gegen Rechnung. Die Lieferung erfolgt „frei Haus"; für die geliehenen Gitterboxen verlangen wir pauschal 500,00 € netto.

4.3 WOHNFIX bemängelt Kratzer bei 20 Schminktischen. MMM gewährt 15 % Nachlass.

4.4 Nun schickt WOHNFIX die Leihverpackung zurück und erhält eine Gutschrift auf dem Kundenkonto.

4.5 Die Möbelhauskette überweist den fälligen Betrag noch innerhalb der Skontofrist. Beachten Sie die Fälle 4.3 und 4.4 und bilden Sie den Buchungssatz.

AUFGABE 5

Auch die Hotelkette Night & Day GmbH aus Regensburg ist am Schminktisch STAR 1 interessiert. Im Rahmen der Renovierung sollen die 500 Hotelzimmer damit ausgestattet werden.

5.1   Kalkulieren Sie den Listenverkaufspreis für diese Stückzahl mit den Werten aus der Aufgabe 4 (die Lizenzgebühr entfällt).

5.2   Im weiteren Verlauf der Verhandlungen verlangt deren CEO Business von uns 25 % Mengenrabatt – wir haben 15 % einkalkuliert und verhandeln weiter... schließlich sind wir uns handelseinig. Night & Day erhält die Lieferung und eine Rechnung (Beleg 1). Sie werten diese Rechnung aus.

5.2.1   Bestimmen Sie die Abteilung des Handelsregisters, in der Night & Day eingetragen ist.

5.2.2   Nennen Sie den Fachbegriff für den Zusatz „Die gelieferte Ware bleibt ... unser Eigentum."

5.2.3   Konkretisieren Sie die Lieferbedingungen.

5.2.4   Schreiben Sie die Abkürzung der Rechtsform „GmbH" aus.

5.2.5   Erklären Sie den Zusatz „rein netto".

5.2.6   Schreiben Sie die Abkürzungen „IBAN" und „USt-IdNr." aus.

5.2.7   Begründen Sie, warum uns dieser Beleg nur als Kopie vorliegt.

5.2.8   Berechnen Sie, wie viel Prozent Rabatt letztlich gewährt wurden.

5.2.9   Berechnen Sie den Zielverkaufspreis für die 500 Schminktische.

5.2.10 Bilden Sie den Buchungssatz für den Beleg 1.

5.3   Für Tüftler und Denker: Begründen Sie, warum der Nettoverkaufspreis auf der Rechnung nicht dem von Ihnen in Aufgabe 5.1 kalkulierten Listenverkaufspreis entspricht.

5.4   Berechnen Sie mithilfe der Differenzkalkulation, wie viel Gewinn in € und in % uns bei diesem Geschäft mit Night & Day bleibt.

5.5   Night & Day überweist den fälligen Betrag sofort. Prüfen Sie diesen Kontoauszug (Beleg 2) und bilden Sie den Buchungssatz für die Zahlung.

MAX & MAI
Möbelprodukte e. K.

MAX & MAI Möbelprodukte e. K., Innstraße 110, 94033 Passau

Night & Day Hotels GmbH
Innpromenade 80
93055 Regensburg

MAX & MAI Möbelprodukte e. K.
Inn[...]
[...]ssau HRA 8465
[...]7339-100
0851 7339-150

Passau, 23. Mai 20..

Kopie

Rechnung Nr. 196/20

Für die Lieferung vom 22. Mai 20.. erlauben wir uns Ihnen zu berechnen:

Artikel	Artikel-Nr.	Einzelpreis €	Stück	Gesamtpreis
Schminktisch STAR 1	S-1	173,93	500	86.965,00 €
Mengenrabatt				16.523,35 €
Rollgeld PA – R				450,00 €
netto				70.891,65 €
Umsatzsteuer				13.469,41 €
				84.361,06 €

Zahlung fällig am 23. Juni 20.. rein netto
Bei Zahlung bis zum 3. Juni 20.. gewähren wir 3 % Skonto.
Die gelieferte Ware bleibt bis zur vollständigen Bezahlung unser Eigentum.

Bankverbindung: Ilzbank Passau
IBAN: DE80 7215 6300 7370 1083 29 – BIC: IZPADE23XXX
USt-IdNr.: DE 811137653   Steuernr. 9153/4745/9234

Beleg 1

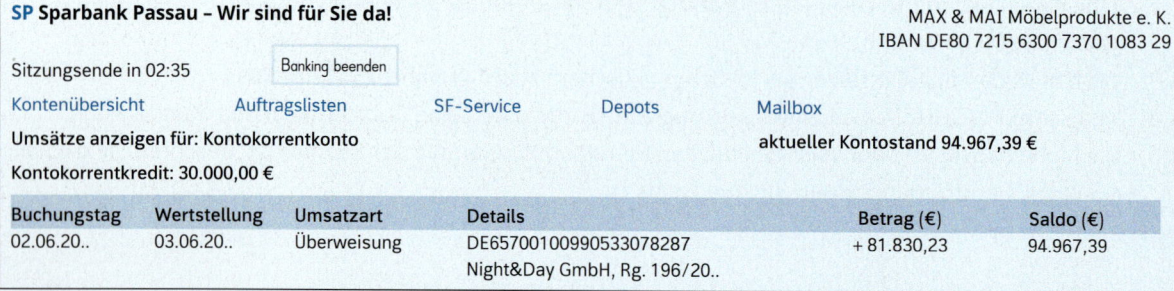

| SP **Sparbank Passau – Wir sind für Sie da!** | | | | MAX & MAI Möbelprodukte e. K. |
| | | | | IBAN DE80 7215 6300 7370 1083 29 |

Sitzungsende in 02:35   [Banking beenden]

Kontenübersicht   Auftragslisten   SF-Service   Depots   Mailbox

Umsätze anzeigen für: Kontokorrentkonto   aktueller Kontostand 94.967,39 €

Kontokorrentkredit: 30.000,00 €

Buchungstag	Wertstellung	Umsatzart	Details	Betrag (€)	Saldo (€)
02.06.20..	03.06.20..	Überweisung	DE65700100990533078287	+ 81.830,23	94.967,39
			Night&Day GmbH, Rg. 196/20..		

Beleg 2

IV
Die Teilkostenrechnung (Deckungsbeitragsrechnung)

In diesem Kapitel lernen Sie …

… die Vollkostenrechnung und die Teilkostenrechnung zu unterscheiden,

… marktorientierte Entscheidungen aufgrund der variablen Kosten zu treffen,

… das Sortiment Ihres Unternehmens zu optimieren, indem Sie den Deckungsbeitrag eines Produkts und die Gewinnschwelle berechnen,

… die Unternehmensleitung zu beraten, wenn es um die Frage der Eigenfertigung oder des Fremdbezugs von Produkten geht,

… die Wirtschaftlichkeit von Zusatzaufträgen im Hinblick auf kurzfristige und langfristige Preisuntergrenzen zu beurteilen.

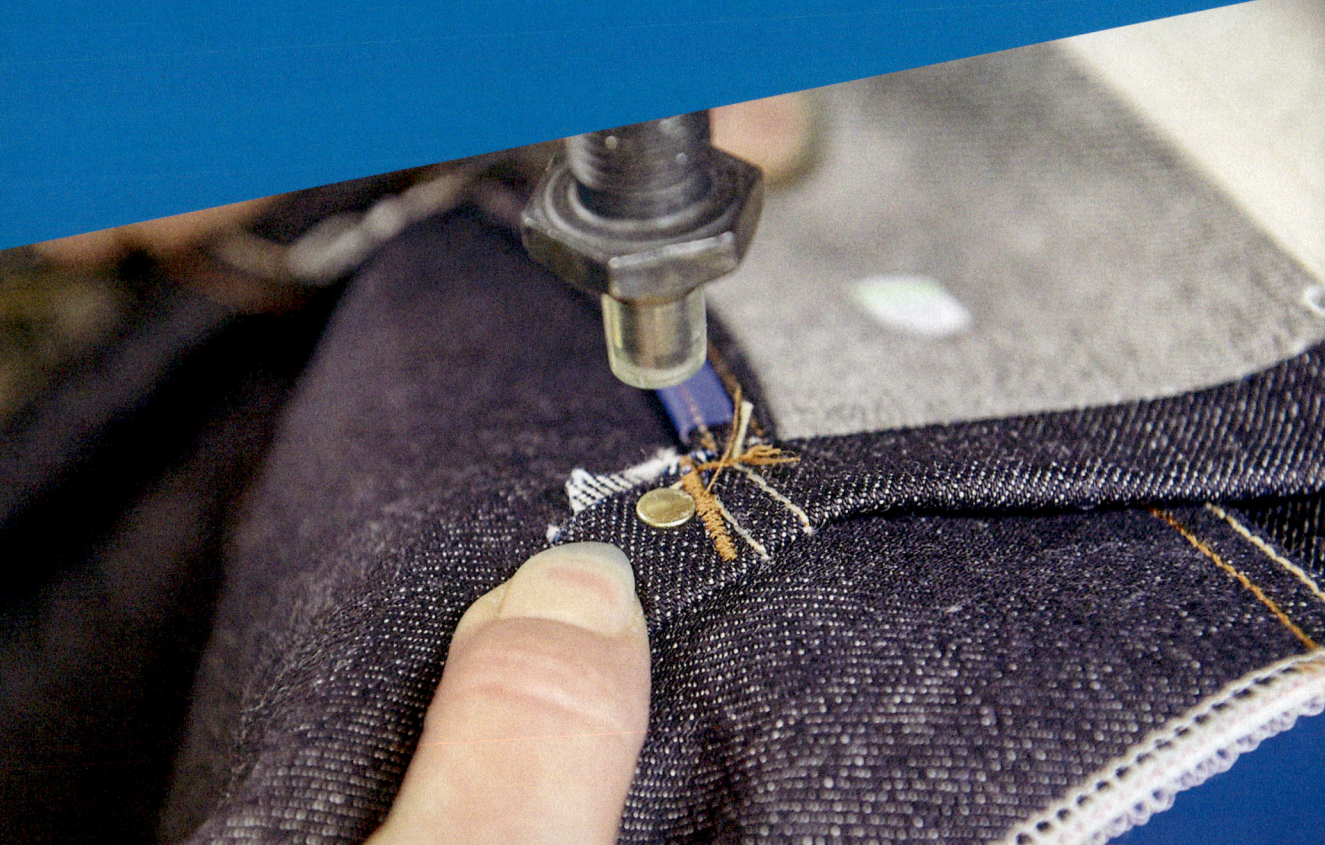

1 Ein anderer Blick auf die Kosten

Julia Blauschneider hat im letzten Jahr ein **Zweigwerk in Ingolstadt**, das Werk 2, mit einer Fertigungsstraße für die Produktion von Jeansprodukten wie Baseballcaps und Taschen aufgebaut. Im zweiten Geschäftsjahr nach der Eröffnung des Zweigwerks gibt es in einer Wirtschaftskrise unerwartete Auftragsrückgänge. Dies spürt auch das Unternehmen Blauschneider. Mithilfe dieser Kalkulation (**Vollkostenrechnung – alle Kosten müssen gedeckt sein**) hat Blauschneider bislang den Preis für die Jeanscaps berechnet:

Julia Blauschneider (J. B.)

Hannes Köhler (H. K.)

Angebotskalkulation Caps, April 20..				
FM		5,70 €	100,00 %	
+ MK	10,00 %	0,57 €	10,00 %	
MK			6,27 €	110,00 %
FL		8,50 €		100,00 %
+ FGK	80,00 %	6,80 €		80,00 %
+ SEKF		0,60 €		
FK			15,90 €	
HK			22,17 €	100,00 %
+ VwGK	6,35 %	1,41 €	6,35 %	
+ VtGK	3,89 %	0,86 €	3,89 %	
SKP		24,44 €	110,24 %	100,00 %
+ GE	10,00 %	2,44 €		10,00 %
BVP		26,88 €	99,00 %	110,00 %
+ KSK	1,00 %	0,27 €	1,00 %	
ZVP		27,16 €	100,00 %	95,00 %
+ KR	5,00 %	1,43 €		5,00 %
LVP		**28,59 €**		100,00 %

Die europäische Baseball Liga EBL fragt an, ob Blauschneider 11.000 hochwertige Jeanscaps BC5 mit Vereinslogos zum Stückpreis von 17,00 € netto herstellen würde. Dieser Preis liegt über 10,00 € unter dem Listenverkaufspreis und sogar 7,44 € unter dem Selbstkostenpreis! Julia Blauschneider geht mit ihrem Marketingleiter Hannes Köhler ihre Kostenrechnung für das Werk 2 durch, um Möglichkeiten zur Kosteneinsparung zu finden.

J. B.: 17,00 €! Können wir unseren Marktpreis so weit senken?

H. K.: Haben Sie schon die festen Kosten ermittelt, die im Werk 2 sowieso anfallen, egal, wie viel wir produzieren?

J. B.: Ja, das sind im Juni insgesamt 38.200,00 € Fixkosten für die Miete, die Abschreibungen usw. Berechnen Sie nun die direkten Kosten für die Produktion einer Jeanscap BC5, also für Material und Fertigungslöhne.

Bei der **Vollkostenrechnung** werden alle Kosten dem einzelnen Kostenträger zugerechnet und ein **Auftrag wird angenommen, wenn alle Kosten (Selbstkosten) gedeckt** sind. Dies ist beim EBL-Auftrag nicht der Fall.

Zwei Aspekte sind dabei für Julia Blauschneider wichtig:
- der Marktpreis – die EBL holt auch Angebote bei der Konkurrenz ein,
- die bisherige Auslastung des Zweigwerks – zurzeit gibt es freie Kapazitäten für den Auftrag der EBL.

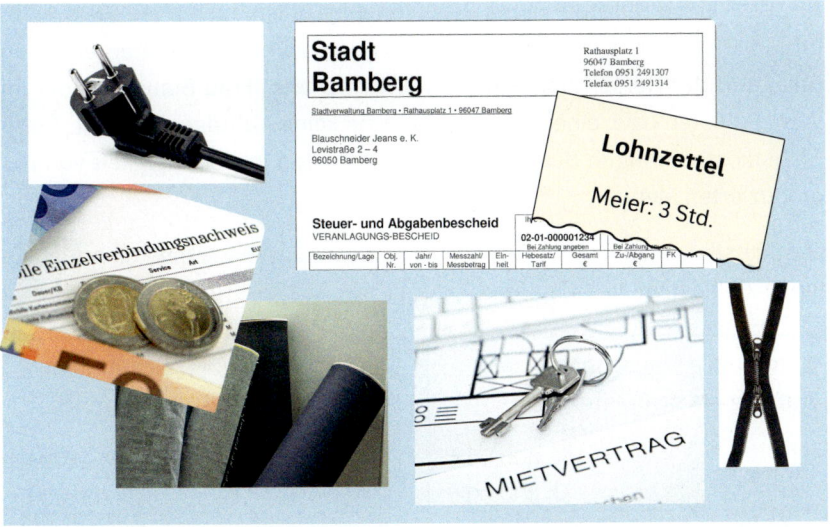

Verschiedene Kosten

2 Julia Blauschneider unterscheidet variable und fixe Kosten

Bei der Überlegung, ob sie den Auftrag der EBL annimmt, unterscheidet Frau Blauschneider nun die variablen und die fixen Kosten im Werk 2. Sie betrachtet die Gesamtkosten und stellt fest:

Im Unternehmen Blauschneider gibt es Kosten,	
... die nur dann anfallen, wenn Blauschneider tatsächlich produziert.	... die unabhängig davon entstehen, ob produziert wird oder nicht.
→ variable Kosten (VK)	→ fixe Kosten (FK)
→ fallen abhängig von der hergestellten Menge an	→ fallen unabhängig von der hergestellten Menge an
	→ Kosten der Betriebsbereitschaft

Hier die Zahlen für den Auftrag im Zweigwerk, die Herr Köhler ermittelt hat:

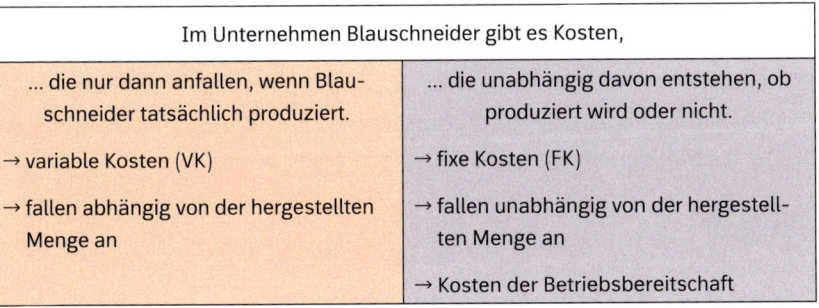

Variable Kosten (VK)		Fixe Kosten (FK)	
Fertigungsmaterial	62.700,00 €	Gehälter (Verwaltung)	2.330,00 €
Fertigungslöhne	93.500,00 €	Soziale Abgaben (Angest.)	480,00 €
SEK (Stofflabel der Vereine)	6.600,00 €	Abschreibungen	14.000,00 €
		Aufwendungen für Mieten	1.300,00 €
		Betriebliche Steuern	200,00 €
		...	...
VK	162.800,00 €	FK	38.200,00 €
Selbstkosten 201.000,00 €			

Im Werk 2 des Unternehmens Blauschneider fallen auch ohne Produktion im Juni 38.200,00 € Kosten fest/fix an, auch bei einem vorübergehenden Stillstand der Herstellung. Deshalb erwirtschaftet Frau Blauschneider im Werk 2 Kosten bzw. einen Verlust, wenn sie keine Aufträge annimmt. Diese Selbstkosten steigen durch die variablen Kosten in Abhängigkeit von der produzierten Menge.

Die Selbstkosten unterteilt Frau Blauschneider nun mit Blick auf die variablen und fixen Kosten:

<table>
<tr><td colspan="2">Nimmt Julia Blauschneider den Auftrag an, so entstehen</td><td colspan="2">Nimmt Julia Blauschneider den Auftrag nicht an, so entstehen</td></tr>
<tr><td>VK</td><td>162.800,00 €</td><td>VK</td><td>0,00 €</td></tr>
<tr><td>+ FK</td><td>38.200,00 €</td><td>+ FK</td><td>38.200,00 €</td></tr>
<tr><td>Selbstkosten</td><td>201.000,00 €</td><td>Selbstkosten</td><td>38.200,00 €</td></tr>
</table>

Wenn Frau Blauschneider die geschätzten Umsatzerlöse des Auftrags einbezieht, bedeutet das:

<table>
<tr><td>Umsatzerlöse</td><td>187.000,00 €</td><td>Umsatzerlöse</td><td>0,00 €</td></tr>
<tr><td>– Selbstkosten</td><td>201.000,00 €</td><td>– Selbstkosten</td><td>38.200,00 €</td></tr>
<tr><td>Verlust</td><td>14.000,00 €</td><td>Verlust</td><td>38.200,00 €</td></tr>
</table>

Julia Blauschneider stellt fest: Werden die 11.000 Baseballcaps BC5 produziert, so entstehen zusätzlich zu den fixen Kosten von 38.200,00 € weitere 162.800,00 € an variablen Kosten und die Selbstkosten steigen auf 201.000,00 €. Nimmt sie den Auftrag an, so entsteht zwar ein Betriebsverlust – er ist aber geringer, als wenn sie ihn ablehnt. Frau Blauschneider prüft nun, ob der Auftrag zumindest seine variablen Kosten deckt.

MERKE

Merkmale der variablen Kosten (VK)
- Die variablen Kosten je Stück bleiben immer gleich – hier liegen sie bei 14,80 € je Baseballcap BC5 mit Logo.
- Sie umfassen das Fertigungsmaterial (vereinfacht: Höhe der AWR) und die Fertigungslöhne sowie ggf. die Sondereinzelkosten der Fertigung.
- Die gesamten variablen Kosten der Herstellung steigen oder fallen im Verhältnis zur hergestellten Menge.
- Werden in Blauschneiders Zweigwerk Baseballcaps produziert, so steigen die VK im Verhältnis zur Produktionsmenge von 0,00 € bis z. B. 162.800,00 € bei 11.000 Stück.
- Der Beschäftigungsgrad bzw. die Auslastung des Betriebs können bis zur maximal möglichen Produktionsmenge (= Kapazität) steigen.

MERKE

Vollkostenrechnung
Sind alle Kosten gedeckt?

Teilkostenrechnung
Sind wenigstens die variablen Kosten gedeckt?

Variable Kosten: Jeanscap BC5

Anzahl	0	50	100	150	200	250	300	350	400	450	500	550	600	650	700	750	800
VK je Stück in €	0,00	14,80	14,80	14,80	14,80	14,80	14,80	14,80	14,80	14,80	14,80	14,80	14,80	14,80	14,80	14,80	14,80
VK gesamt in €	0,00	740,00	1.480,00	2.220,00	2.960,00	3.700,00	4.440,00	5.180,00	5.920,00	6.660,00	7.400,00	8.140,00	8.880,00	9.620,00	10.360,00	11.100,00	11.840,00

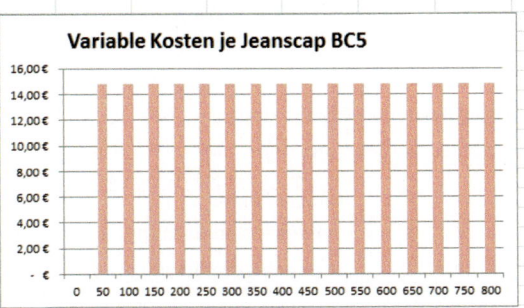

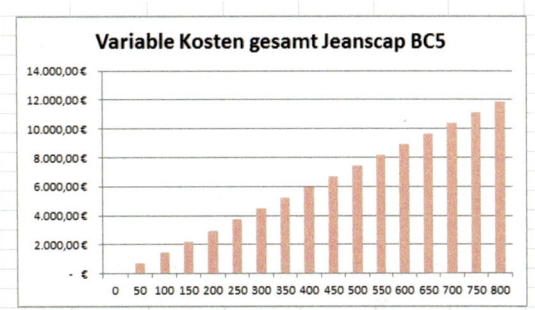

Fixe Kosten: Werk 2 Ingolstadt

Anzahl	0	50	100	150	200	250	300	350	400
FK gesamt in €	38.200,00	38.200,00	38.200,00	38.200,00	38.200,00	38.200,00	38.200,00	38.200,00	38.200,00
Anzahl	450	500	550	600	650	700	750	800	
FK gesamt in €	38.200,00	38.200,00	38.200,00	38.200,00	38.200,00	38.200,00	38.200,00	38.200,00	

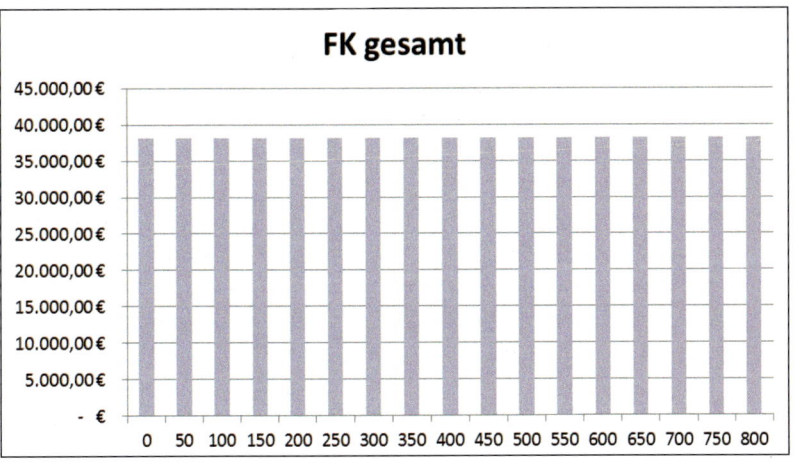

Merkmale der fixen Kosten (FK)

- Sie entstehen auch bei einem Stillstand des Betriebes, z. B. Miete, Versicherungen, Zinsen, Gehälter, Abschreibungen, also vor allem Gemeinkosten. Dies sind **Kosten der Betriebsbereitschaft**.
- Sie fallen also **unabhängig von der Produktionsmenge** an und ändern sich auch bei steigender oder sinkender Produktionsmenge nicht (Ausnahme: komplette Stilllegung des Betriebs).
- Auf je mehr Stück die Fixkosten verteilt werden, umso kostengünstiger kann ein Stück produziert werden und umso preisgünstiger kann der Betrieb es anbieten.

3 Gesamtkosten/Selbstkosten

Die Begriffe Gesamtkosten (bzw. Selbstkosten) tauchen sowohl in der Vollkostenrechnung als auch in der Teilkostenrechnung auf. Man erhält die Gesamtkosten (Selbstkosten), wenn man alle Kosten, die in einem Abrechnungszeitraum angefallen sind, zusammenrechnet. Ein Abrechnungszeitraum umfasst je nach Größe des Unternehmens einen Monat, ein Quartal oder ein Jahr.

Die Gesamtkosten/Selbstkosten setzen sich zusammen aus den …		
Einzelkosten der Vollkostenrechnung: • Fertigungsmaterial • Fertigungslöhne • Sondereinzelkosten	und	Gemeinkosten der Vollkostenrechnung: • Materialgemeinkosten • Fertigungsgemeinkosten • Verwaltungsgemeinkosten • Vertriebsgemeinkosten
In der Teilkostenrechnung (Deckungsbeitragsrechnung) entsprechen sie den …		
variablen Kosten	und	fixen Kosten
Die Höhe der VK ist abhängig von der produzierten Menge. Sie steigt von 0,00 € stetig an.		Die FK fallen immer an, unabhängig von der produzierten Menge (Kosten der Betriebsbereitschaft).
	grafische Darstellung	
Zur Ermittlung der Gesamtkosten (Selbstkosten) eines Abrechnungszeitraums …		
• addiert man die Einzelkosten und die Gemeinkosten oder • die variablen Kosten und die fixen Kosten.		

Julia Blauschneider überlegt: Sollte das Unternehmen Blauschneider den Auftrag nicht bekommen, würde die Gefahr bestehen, dass die Produktion in Werk 2 vorübergehend eingestellt werden muss. Aber die fixen Kosten laufen ja weiter … Und je niedriger die Gesamtkosten sind, desto günstiger kann das Produkt angeboten werden.

4 Julia Blauschneider führt die Deckungsbeitragsrechnung durch

Im Gegensatz zur Vollkostenrechnung ermittelt die Deckungsbeitragsrechnung nicht die Selbstkosten eines Kostenträgers. Es werden vielmehr zunächst **nur die variablen Kosten den Kostenträgern (Produkten) direkt zugerechnet**.

Der Nettoverkaufspreis eines Produkts (NVP) muss zumindest für die entstandenen variablen Kosten des Produkts reichen, sie müssen gedeckt sein. Wenn der NVP höher ist als die variablen Kosten, so ergibt sich ein Betrag, der dazu dient, auch einen Teil der fixen Kosten zu decken (Deckungsbeitrag).

Nettoverkaufspreis je Jeanscap BC5	17,00 €
– variable Kosten je Jeanscap BC5	14,80 €
Deckungsbeitrag je Jeanscap BC5	2,20 €

Jede Jeanscap BC5 trägt dazu bei, 2,20 € der fixen Kosten zu decken. Diesen Wert bezeichnet man als **Deckungsbeitrag pro Stück**. Für Julia Blauschneiders Unternehmen ist die Annahme des Großauftrags also insgesamt günstiger (siehe auch Seite 120), weil durch diese Erlöse im Zweigwerk die variablen Kosten ganz und die fixen Kosten teilweise abgedeckt werden.

Multipliziert man den Deckungsbeitrag pro Stück mit der bestellten Stückzahl, erhält man den gesamten Deckungsbeitrag und kann diesen mit dem Fixkostenblock vergleichen:

	A	B	C	D
1				
2	**Deckungsbeitragsrechnung: Auftrag annehmen?**			
3				
4	Stückzahl	11.000	je Stück	gesamt
5	Nettoverkaufspreis	NVP	17,00 €	
6	variable Kosten	VK	14,80 €	
7	fixe Kosten			38.200,00 €
8				
9	**Jeanscaps BC5**			
10			bei Annahme	bei Ablehnung
11	Nettoverkaufspreis	NVP	17,00 €	- €
12	- variable Kosten	- VK	14,80 €	- €
13	Deckungsbeitrag pro Stück	DB/Stck.	2,20 €	- €
14				
15	Deckungsbeitrag gesamt	DB ges.	24.200,00 €	- €
16	- fixe Kosten	- FK	38.200,00 €	38.200,00 €
17	Betriebsergebnis	BE	- 14.000,00 €	- 38.200,00 €

> **MERKE**
>
> **Nettoverkaufspreis NVP**
> **Nettoverkaufserlöse NVE**
>
> Der Fachbegriff „NVP" wird in der DBR für ein Stück verwendet, „NVE" dagegen für den gesamten Erlös.
>
> **Produktion = Absatz**
>
> In der DBR geht man zur Vereinfachung davon aus, dass alle produzierten Erzeugnisse auch verkauft werden.

Julia Blauschneider entscheidet sich für die Annahme des Großauftrags. Der Betriebsverlust im Werk 2 sinkt dadurch auf 14.000,00 €. Bei einer Ablehnung des Großauftrags würde der Verlust 38.200,00 € betragen!

Der Nettoverkaufspreis eines Produkts muss mindestens die variablen Kosten für seine Herstellung decken. Falls der Nettoverkaufspreis über dem Wert der variablen Kosten liegt, erwirtschaftet das Produkt auch noch einen Deckungsbeitrag zur Deckung der fixen Kosten der Produktion. Sobald auch der Fixkostenblock gedeckt ist, trägt das Produkt dazu bei, dass das Unternehmen einen angemessenen Gewinn erwirtschaftet.

> **MERKE**
>
> Nettoverkaufspreis
> – variable Kosten/Stück
> **Deckungsbeitrag/Stück**
>
> **Deckungsbeitrag gesamt**
> – fixe Kosten
> Betriebsergebnis (Gewinn/Verlust)

Julia Blauschneider hat mit der Einteilung in variable und fixe Kosten eine andersartige Möglichkeit, unternehmerische Entscheidungen zu treffen, nun unter Berücksichtigung der Marktpreise für ihre Produkte (Nettoverkaufspreise). Sie unterscheidet die beiden Kostenrechnungsverfahren:

Betriebsbuchführung / Kosten- und Leistungsrechnung	
Vollkostenrechnung = Zuschlagskalkulation	**Teilkostenrechnung = Deckungsbeitragsrechnung**
Die Berechnung der Selbstkosten erfolgt in drei Stufen: • Kostenartenrechnung • Kostenstellenrechnung • Kostenträgerrechnung Alle Kostenarten werden zu Gesamtkosten addiert und dann mithilfe von Zuschlagsätzen in der Stückkalkulation den einzelnen Kostenträgern zugeordnet. Zudem muss ein angemessener Gewinn erzielt sowie Kundenskonto und Kundenrabatt einkalkuliert werden. Dies ist sinnvoll, wenn am Markt die ermittelten Verkaufspreise akzeptiert werden. **Vorteil:** Sie ist einfach durchführbar und für langfristige Entscheidungen der Unternehmer gut geeignet. **Nachteil:** Die Vollkostenrechnung ist für Einzelfallentscheidungen nicht geeignet.	Die Kostenarten werden unterschieden nach variablen und fixen Kosten. **Vorteil:** Kurzfristige, flexible Überlegungen für besondere Einzelfälle werden ermöglicht. Es wird geprüft, ob die Erlöse eines Produkts seine variablen Kosten decken und noch ein Deckungsbeitrag (DB) verbleibt. Dies macht Sinn, da meist der Markt die Preise bestimmt. DB > FK → Betriebsgewinn DB < FK → Betriebsverlust **Nachteil:** Die Kosten der Betriebsbereitschaft (fixe Kosten) bleiben bei kurzfristigen Einzelfallentscheidungen unberücksichtigt. Die gesamte wirtschaftliche Lage des Unternehmens wird nicht betrachtet.

AUFGABE 74

Berechnen Sie für die Fälle 1 bis 3 jeweils das Betriebsergebnis.

	NVP	VK	FK	Produktion
1.	35,00 €	22,00 €	55.000,00 €	4.500 Stück
2.	142,50 €	100,00 €	310.000,00 €	10.000 Stück
3.	85,70 €	42,50 €	1.100.000,00 €	25.000 Stück

AUFGABE 75

Das **Bauunternehmen CHRIS** stellt Fertighäuser aus hochwertigen Hölzern her. CHRIS erhält einen Auftrag für ein Fertighaus „Donau" – allerdings möchte der Kunde nur 199.000,00 € zahlen.

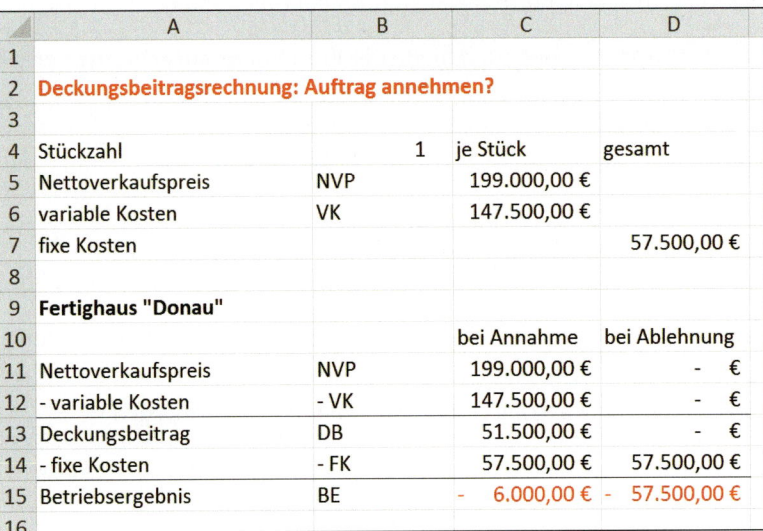

	A	B	C	D
1				
2	**Deckungsbeitragsrechnung: Auftrag annehmen?**			
3				
4	Stückzahl		1	je Stück	gesamt
5	Nettoverkaufspreis	NVP	199.000,00 €	
6	variable Kosten	VK	147.500,00 €	
7	fixe Kosten			57.500,00 €
8				
9	**Fertighaus "Donau"**			
10			bei Annahme	bei Ablehnung
11	Nettoverkaufspreis	NVP	199.000,00 €	- €
12	- variable Kosten	- VK	147.500,00 €	- €
13	Deckungsbeitrag	DB	51.500,00 €	- €
14	- fixe Kosten	- FK	57.500,00 €	57.500,00 €
15	Betriebsergebnis	BE	- 6.000,00 €	- 57.500,00 €
16				

Bearbeiten Sie zum Tabellenblatt folgende Aufgaben:

1. Erklären Sie den Satz „Aufgrund der konjunkturellen Situation sind wir zurzeit nur zu 60 % ausgelastet".
2. Geben Sie eine Begründung dafür, dass der Unternehmer CHRIS den Auftrag für das Fertighaus annehmen sollte.
3. Geben Sie die Formeldarstellungen zur Berechnung oder Übernahme der Werte in den Zellen C13, C14 und C15 an.
4. Das Tabellenblatt soll noch aussagekräftiger werden: In Zelle A15 soll je nach Ergebnis der Begriff „Betriebsgewinn" oder „Betriebsverlust" ausgegeben werden. Geben Sie unter Verwendung einer geeigneten Funktion eine geeignete Formeldarstellung an.

Aufgrund der konjunkturellen Situation sind wir zurzeit nur zu 60 % ausgelastet.

5. Der Azubi Tom behauptet: „Hier liegen die fixen Kosten über dem Deckungsbeitrag." Nehmen Sie Stellung zu dieser Aussage.
6. Erklären Sie dem Azubi Tom, warum in der Zelle D13 kein Betrag angegeben wird.
7. Bestimmen Sie die Zellen, in denen sich Änderungen ergeben würden, wenn der Kunde fünf Fertighäuser „Donau" bestellen möchte. Geben Sie diese Zellbezeichnungen an.

Ein Blick zurück

Kontenklassen der Geschäftsbuchführung (Rechnungskreis I)										
0	1	2	3	4	5	6	7	8	9	

Sowohl die Vollkostenrechnung als auch die Teilkostenrechnung verwenden im RK II die Zahlenwerte aus dem GUV-Konto (Salden der Aufwands- und Ertragskonten).

Geschäftsbuchführung

Im GUV-Konto wird das **Gesamtergebnis** des Unternehmens ermittelt.

Kostenartenrechnung

Die betrieblichen Aufwendungen bzw. Erträge werden als **Kosten*** bzw. **Leistungen*** in die Betriebsbuchführung übernommen.

Die Gemeinkosten werden mithilfe der **Kostenstellenrechnung** verteilt.

Einteilung der Kosten im Betrieb

Kostenstellen / Kostenarten	Material I	Fertigung II	Verwaltung III	Vertrieb IV

Kostenträgerzeitrechnung

Die **Gesamtkosten** bzw. **Selbstkosten** einer Abrechnungsperiode werden durch die Addition der Einzelkosten und der Gemeinkosten ermittelt.

Kostenträgerstückrechnung

Um die Gemeinkosten verursachungsgerecht auf die Produkte (Kostenträger) zu verteilen, ermittelt man **Zuschlagsätze**, indem man sie ins Verhältnis zu Einzelkosten bzw. zu den Herstellkosten des Umsatzes setzt.

Teilkostenrechnung

Um genauer und flexibler zu prüfen, ob Aufträge sich lohnen, werden in der **Deckungsbeitragsrechnung** die Kosten anders aufgeteilt:

variable Kosten (VK)
- fallen abhängig von der hergestellten Menge an
- entsprechen den Einzelkosten aus der Vollkostenrechnung
- die VK pro Stück bleiben gleich, die VK gesamt steigen mit höherer Produktion

fixe Kosten (FK)
- fallen unabhängig von der hergestellten Menge an
- entsprechen den Gemeinkosten aus der Vollkostenrechnung
- Kosten der Betriebsbereitschaft

Deckungsbeitrag

Die Erlöse eines Produkts müssen seine variablen Kosten decken; evtl. bleibt noch ein Deckungsbeitrag (DB) für den Fixkostenblock.
DB > FK → Betriebsgewinn
DB < FK → Betriebsverlust

Nettoverkaufspreis NVP

Nettoerlös für ein Stück/Produkt

Nettoverkaufserlöse NVE

NVP • Stückzahl = gesamter Erlös

5 Ab welcher Stückzahl erwirtschaftet Blauschneider einen Gewinn?

Julia Blauschneider betrachtet die Zahlen aus ihrem Zweigwerk in Ingolstadt genauer. Sie möchte wissen, wie viele Jeanscaps vom Typ BC5 sie im Monat Juni 20.. produzieren und verkaufen müsste, damit sie einen Gewinn erwirtschaften kann. Wie auf S. 123 dargestellt, tragen die Jeanscaps zwar positiv zum Betriebsergebnis bei, aber insgesamt erzielt das Zweigwerk noch einen Verlust in Höhe von 14.000,00 €. Der Marktpreis für solch hochwertige Jeanscaps beträgt gerade 17,00 € netto pro Stück (Preisvorgabe einer Großhandelskette).

5.1 Rechnerische Ermittlung der Gewinnschwellenmenge

Die Jeanscap BC5 erwirtschaftet einen Deckungsbeitrag pro Stück von 2,20 €. Wie viele Jeanscaps müssen abgesetzt werden, damit die fixen Kosten von 38.200,00 € gedeckt sind und evtl. sogar die Gewinnzone erreicht wird?

Gewinnschwellenmenge: $\dfrac{\text{fixe Kosten}}{\text{Deckungsbeitrag je Stück}}$

Gewinnschwellenmenge: $\dfrac{38.200,00\ \text{€}}{2,20\ \text{€}} = 17.363,64$

> **MERKE**
>
> **Gewinnschwellenmenge**
>
> Um in die Gewinnzone zu gelangen, muss die Stückzahl auf ganze Zahlen aufgerundet werden.

Im Zweigwerk müssten mindestens 17.36**4** Jeanscaps produziert und abgesetzt werden, um in die Gewinnzone zu gelangen. Bei 17.36**3** Jeanscaps befindet man sich noch in der Verlustzone.

	A	B	C	D
1				
2	Deckungsbeitragsrechnung: Gewinnschwellenmenge			
3				
4	**Jeanscap BC5**		bislang	künftig
5	Stückzahl		11.000	17.364
6				
7			je Stück	gesamt
8	Nettoverkaufspreis	NVP	17,00 €	
9	variable Kosten	VK	14,80 €	
10	Deckungsbeitrag pro Stück	DB/Stck.	2,20 €	
11	fixe Kosten			38.200,00 €
12				
13	Nettoverkaufserlöse	NVE	187.000,00 €	295.188,00 €
14	- variable Kosten	- VK	162.800,00 €	256.987,20 €
15	Deckungsbeitrag	DB	24.200,00 €	38.200,80 €
16	- fixe Kosten	- FK	38.200,00 €	38.200,00 €
17	Betriebsergebnis	BE	- 14.000,00 €	0,80 €

> **ARBEITSAUFTRAG**
>
> Werten Sie die nebenstehende Berechnung aus und bestimmen Sie, wie sich die Gewinnschwellenmenge verändert, wenn ...
> - der NVP steigt,
> - die VK steigen,
> - die FK steigen.

Bei einer Stückzahl von 17.364 Jeanscaps erreicht Julia Blauschneider also die Gewinnzone mit einem Betriebsgewinn von 0,80 €. Jede weitere verkaufte Cap würde nun ihren Gewinn im Zweigwerk erhöhen, da die fixen Kosten bereits gedeckt sind. Auf lange Sicht muss sie über die Nettoverkaufserlöse alle Kosten decken und zudem einen angemessenen Gewinn erwirtschaften, um die Existenz des Unternehmens Blauschneider zu sichern.

5.2 Grafische Ermittlung der Gewinnschwellenmenge/ Break-even-point

Den Angebotspreis für eine Jeanscap BC5 hat Julia Blauschneider mit 17,00 € kalkuliert. Die variablen Kosten belaufen sich auf 14,80 € je Stück und die Fixkosten betragen 38.200,00 €. Wie viele Jeanscaps muss das Unternehmen Blauschneider im Juni 20.. mindestens produzieren (und absetzen), um einen Gewinn zu erzielen?

Julia Blauschneider gibt diese Werte in ein Tabellenblatt ein:

	A	B	C	D	E	F	G	H	I	J
1										
2	Break-even-point Jeanscap BC5									
3										
4	NVP	17,00 €								
5	VK	14,80 €								
6										
7	Stückzahl	-	1.000	5.000	10.000	15.000	16.000	17.000	18.000	20.000
8	NVE	- €	17.000,00 €	85.000,00 €	170.000,00 €	255.000,00 €	272.000,00 €	289.000,00 €	306.000,00 €	340.000,00 €
9	VK	- €	14.800,00 €	74.000,00 €	148.000,00 €	222.000,00 €	236.800,00 €	251.600,00 €	266.400,00 €	296.000,00 €
10	FK	38.200,00 €	38.200,00 €	38.200,00 €	38.200,00 €	38.200,00 €	38.200,00 €	38.200,00 €	38.200,00 €	38.200,00 €
11	SK	38.200,00 €	53.000,00 €	112.200,00 €	186.200,00 €	260.200,00 €	275.000,00 €	289.800,00 €	304.600,00 €	334.200,00 €
12										

Es ergibt sich daraus folgende Grafik:

> Im Fall einer Preiserhöhung für die Jeanscaps verläuft die Kurve der NVE steiler; die Gewinnschwellenmenge wird also früher erreicht.

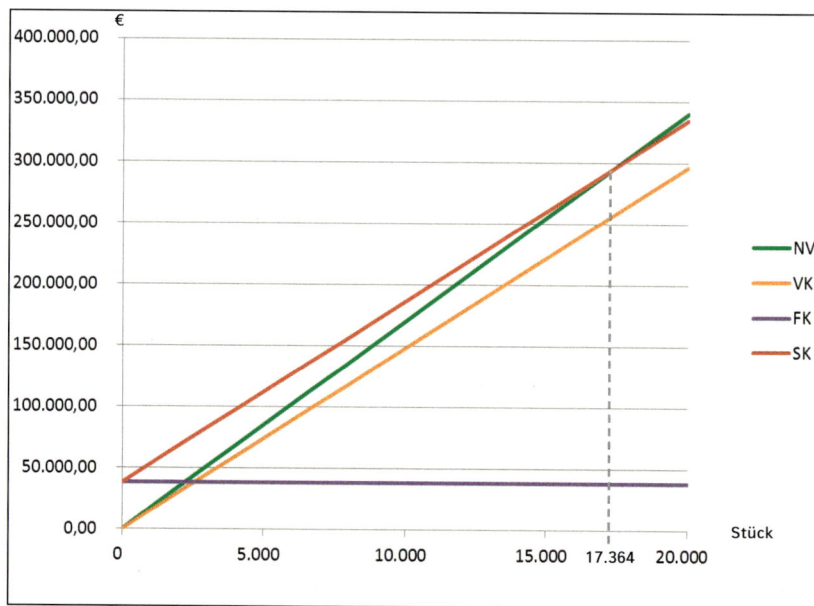

Die **Erlösgerade** zeigt die Gesamterlöse in Abhängigkeit von der produzierten Stückzahl. Wird nicht produziert und verkauft, sind die Erlöse 0,00 €. Bei 17.364 Stück betragen die Nettoverkaufserlöse 295.188,00 €.

Die **Gesamtkosten-/Selbstkostengerade** steigt wegen der variablen Kosten linear zur hergestellten Menge. Bei 17.364 Stück betragen die Gesamtkosten/ Selbstkosten 295.188,00 €.

Bei einer Produktionsmenge von 17.364 Stück überschreitet Julia Blauschneider die **Gewinnschwelle** und erwirtschaftet einen Gewinn. Sie gelangt von der Verlustzone in die Gewinnzone. Diesen Schnittpunkt bezeichnet man als **Break-even-point**.

Die **Gewinnschwellenmenge** ist die Stückzahl, bei der die Gesamtkosten bzw. Selbstkosten und die Nettoverkaufserlöse gleich hoch sind. Hier reicht also der gesamte Deckungsbeitrag gerade aus, um die fixen Kosten zu decken (die variablen Kosten wurden im Deckungsbeitrag bereits berücksichtigt). In der Grafik findet man die Gewinnschwellenmenge, wenn man von der Gewinnschwelle eine senkrechte Linie zur x-Achse zieht.

AUFGABE 76

Das **Unternehmen Tento** aus Augsburg stellt Zelte her. Das Vier-Personen-Zelt wird zu 500,00 € netto verkauft. Die Kunden erhalten 10 % Wiederverkäuferrabatt. Pro Zelt fallen 140,00 € Fertigungslöhne und 160,00 € Fertigungsmaterial an. In diesem Geschäftsjahr konnten 1.800 Stück hergestellt und verkauft und so ein Betriebsgewinn von 80.000,00 € erzielt werden.

1. Berechnen Sie den gesamten Deckungsbeitrag.
2. Berechnen Sie die Kosten der Betriebsbereitschaft.
3. Berechnen Sie die Gewinnschwellenmenge.

AUFGABE 77

In einem **Zweigwerk des Unternehmens Tento** werden 1.500 Luftmatratzen produziert und abgesetzt. Folgende Werte sind bekannt:

Fertigungslöhne pro Stück	20,00 €
Fertigungsmaterial pro Stück	10,00 €
Fixkosten	20.000,00 €
Nettoverkaufspreis	50,00 €

Bearbeiten Sie dazu folgende Aufgaben.

1. Berechnen Sie die variablen Kosten im Abrechnungszeitraum.
2. Berechnen Sie den gesamten Deckungsbeitrag.
3. Ermitteln Sie Art und Höhe des Betriebsergebnisses.
4. Die Produktion wird verdoppelt.
    - 4.1 Begründen Sie, weshalb sich das Betriebsergebnis dadurch verbessert.
    - 4.2 Berechnen Sie, um wie viel Euro sich das Betriebsergebnis erhöht.
5. Der Onlinehändler XTRA bestellt 2 000 Luftmatratzen, besteht aber auf 10 % Mengenrabatt.
    - 5.1 Begründen Sie, wie sich das Betriebsergebnis nun verändert (ohne Berechnung).
    - 5.2 Unternehmer Timo Tento stimmt der Preissenkung zu. Erklären Sie seine Überlegungen hierzu.
    - 5.3 Bilden Sie den Buchungssatz für den Verkauf gegen Rechnung.

Jeanstasche BG1, Jeanscap BC5

6 Die Deckungsbeitragsrechnung bei zwei Produkten

Julia Blauschneider betrachtet die Zahlen aus ihrem Zweigwerk in Ingolstadt genauer. Inzwischen werden dort zwei Produkte hergestellt: Jeanscaps BC5 und Jeanstaschen BG1.

Sie geht bei der Deckungsbeitragsrechnung grundsätzlich von einer guten konjunkturellen Lage und somit guten Absatzchancen für ihre Produkte aus. Insgesamt kann sie im Zweigwerk pro Monat maximal 20.000 Produkte herstellen – egal ob Caps oder Taschen. Dies ist ihre **Kapazitätsgrenze** für das Zweigwerk. Bei einer höheren Produktion müsste sie z. B. weitere Mitarbeiter einstellen und noch mehr teure Maschinen anschaffen.

Hier sind ihre Planungsdaten für den Monat Juli 20..:

> **INFO**
>
> **Fixkosten**
>
> Da die fixen Kosten den gesamten Betrieb im Zweigwerk betreffen, werden sie bei den Berechnungen als Gesamtbetrag angesetzt und nicht auf die beiden Produkte verteilt.

	Jeanscap BC5	Jeanstasche BG1
NVP	17,00 €	19,00 €
VK	14,80 €	12,00 €
Produktion = Absatz	14.000 Stück	4.000 Stück
FK	38.200,00 €	

Frau Blauschneider nutzt ein Tabellenblatt für folgende Fragen:

1. Welchen Deckungsbeitrag liefert jedes Produkt, um den Fixkostenblock zu decken?
2. Wie hoch ist das Betriebsergebnis im Zweigwerk?

	A	B	C	D	E
1					
2	**Deckungsbeitragsrechnung bei zwei Produkten**				
3					
4		**BC5**	**BG1**	**gesamt**	
5	Produktion in Stück	14.000	4.000		
6	NVP	17,00 €	19,00 €		
7	VK	14,80 €	12,00 €		
8	FK			38.200,00 €	
9					
10	Nettoverkaufserlöse	238.000,00 €	76.000,00 €		
11	- variable Kosten	207.200,00 €	48.000,00 €		
12	Deckungsbeitrag	30.800,00 €	28.000,00 €	58.800,00 €	
13	- fixe Kosten			38.200,00 €	
14	Betriebsergebnis			20.600,00 €	Gewinn
15					

Zu 1.: Der gesamte Deckungsbeitrag beläuft sich bei BC5 auf 30.800,00 € und bei BG1 auf 28.000,00 €.

Zu 2.: Das Zweigwerk erwirtschaftet einen Betriebsgewinn von 20.600,00 €.

AUFGABE 78

1. Betrachten Sie das Tabellenblatt auf S. 130 noch mal genauer und geben Sie für folgende Zellen die dort eingegebenen Formeldarstellungen an:

   B10   C11   D12   D14

   Und für IT-Spezialisten: E14 (dort soll entweder „Gewinn" oder „Verlust" stehen).

2. Begründen Sie, ob das Tabellenblatt mehr Eingabezellen oder mehr Ausgabezellen enthält.

3. Bislang haben wir meist mit dem Deckungsbeitrag pro Stück gerechnet. Erklären Sie die Änderungen am Tabellenblatt, wenn dieser genutzt werden soll.

4. Erklären Sie für folgende Szenarien die Auswirkung auf das Betriebsergebnis:

   4.1 Frau Blauschneider überlegt, den Preis der Jeanstaschen zu senken.

   4.2 Sie verhandelt mit einem Lieferer, der den Denimstoff für die beiden Produkte günstiger anbietet.

AUFGABE 79

Im **Unternehmen BIKI** werden im Zweigwerk Damenbademoden hergestellt.

	A	B	C	D
1	Bademode	Bikini	Anzug	gesamt
2	Kapazität (Stück)	3000	4000	
3	Auslastung	100%	60%	
4	Produktion (Stück)			
5	Listenverkaufspreis (Stück)	25,00 €	50,00 €	
6	Nachlass	10%	3%	
7	Nettoverkaufspreis			
8	- variable Kosten (VK)/Stück	11,00 €	30,00 €	
9	Deckungsbeitrag (DB)/Stück			
10				
11	Deckungsbeitrag (DB) gesamt			
12	- Fixkosten (FK)			87.000,00 €
13	Betriebsergebnis (BE)			

1. Berechnen Sie das Betriebsergebnis.

2. Der Listenverkaufspreis der Bikinis soll um 5,00 € erhöht werden. Ermitteln Sie die Auswirkung auf das Betriebsergebnis (ohne Berechnung).

3. Die variablen Kosten der Badeanzüge sinken um 10 %. Ermitteln Sie die Auswirkung auf das Betriebsergebnis (ohne Berechnung).

AUFGABE 80

Im **Unternehmen Krönle** wird die Topfserie HE-TPF5 produziert. Ihnen liegt dazu folgende Tabelle und eine entsprechende Grafik vor.

1. Erklären Sie, was man unter Gewinnschwellenmenge versteht.

2. Beschreiben Sie, wo sich der Break-even-point befindet.

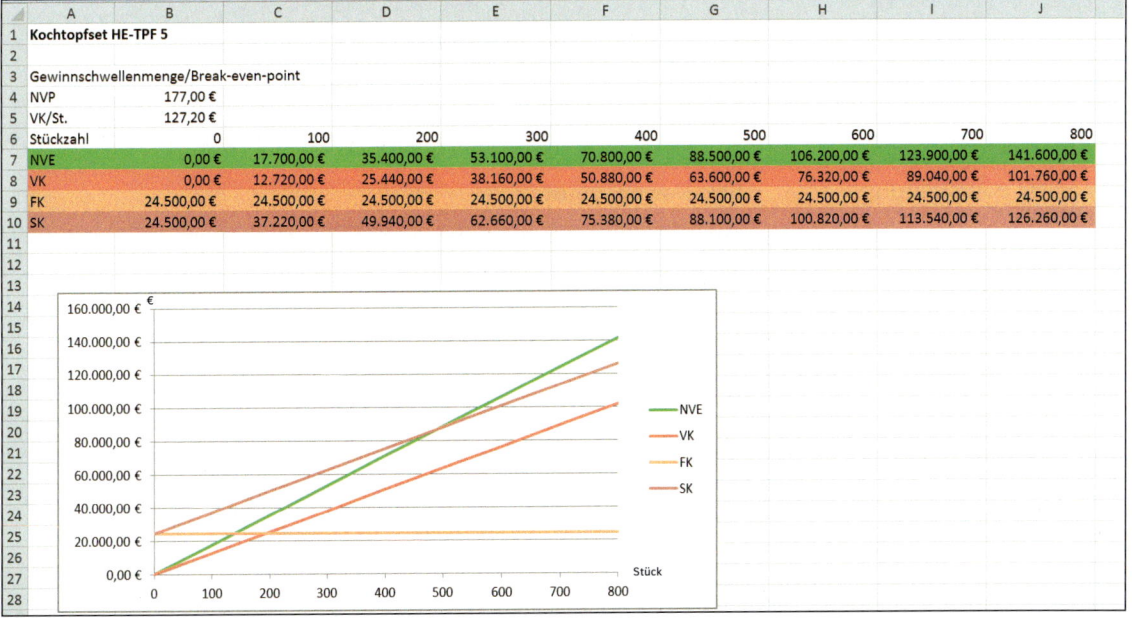

Ein Blick zurück

Kontenklassen der Geschäftsbuchführung (Rechnungskreis I)									
0	1	2	3	4	5	6	7	8	9

Sowohl die Vollkostenrechnung als auch die Teilkostenrechnung verwenden im RK II die Zahlenwerte aus dem GUV-Konto (Salden der Aufwands- und Ertragskonten).

Geschäftsbuchführung

Im GUV-Konto wird das **Gesamtergebnis** des Unternehmens ermittelt.

Kostenartenrechnung

Sie umfasst die **Vollkosten**- und die **Teilkostenrechnung**.

Betriebsbuchführung

Um genauer und flexibler zu prüfen, ob Aufträge sich lohnen, werden in der **Deckungsbeitragsrechnung** die Kosten anders aufgeteilt:

Teilkostenrechnung

variable Kosten (VK)
- fallen abhängig von der hergestellten Menge an
- entsprechen den Einzelkosten aus der Vollkostenrechnung
- die VK pro Stück bleiben gleich, die VK gesamt steigen mit höherer Produktion

fixe Kosten (FK)
- fallen unabhängig von der hergestellten Menge an
- entsprechen den Gemeinkosten aus der Vollkostenrechnung
- Kosten der Betriebsbereitschaft

Die Erlöse eines Produkts müssen mindestens seine variablen Kosten decken; evtl. bleibt noch ein Deckungsbeitrag (DB) für den Fixkostenblock.

Deckungsbeitrag

DB > FK → Betriebsgewinn
DB < FK → Betriebsverlust

NVP • Stückzahl = gesamter Erlös

Nettoverkaufserlöse NVE

Bei voller Auslastung des Betriebs wird die **Kapazitätsgrenze** erreicht. Eine niedrigere Auslastung wird meist in Prozent angegeben.

Kapazität ≠ Auslastung

= **Break-even-point**
Sobald die Nettoverkaufserlöse die Gesamtkosten des Abrechnungszeitraums decken, wird die Gewinnzone erreicht. Die dabei produzierte Stückzahl entspricht der Gewinnschwellenmenge.

Gewinnschwelle

= Fixkostenblock : Deckungsbeitrag pro Stück
Das Ergebnis muss aufgerundet werden!

Gewinnschwellenmenge

Im Fall von Preiserhöhungen bei den variablen oder den fixen Kosten verschiebt sich die **Gewinnschwellenmenge** nach oben – wir müssen mehr Produkte verkaufen, um die Kosten zu decken.

Preiserhöhungen

Wenn wir beim Verkauf der eigenen Produkte die Nettoverkaufspreise erhöhen, verschiebt sich die Gewinnschwellenmenge entsprechend nach unten.

7 Fertigungsprogrammplanung

Im Rahmen dieser Planung wird von Julia Blauschneider festgelegt, welche Produktarten und Produkte in welchen Mengen und in welcher zeitlichen Verteilung hergestellt werden sollen. Sie trifft also Entscheidungen bezüglich des Sortiments. Das wichtigste Ziel der Planung liegt darin, die gegebenen Produktionskapazitäten von Blauschneider optimal auszunutzen. Hierbei sind in der Regel verschiedene Nebenbedingungen zu beachten, wie z. B. Beschränkungen durch die Rohstoffmenge, die Maschinenzeiten oder Personalengpässe. Julia Blauschneider muss dabei auch spezielle Kundenwünsche einplanen, oder entscheiden, ob sie manche Produkte von anderen Unternehmen fremdfertigen lässt und welche Produkte sie im Verkauf besonders fördern will.

> **ARBEITSAUFTRAG**
>
> Ermitteln Sie das Betriebsergebnis, wenn im letzten Quartal vom Sortiment links folgende Stückzahlen gefertigt und verkauft wurden:
>
> | | |
> |---|---|
> | Straight S1 | 6.000 Stück |
> | Boyfriend BF | 3.000 Stück |
> | Slim SL | 4.000 Stück |
> | Straight ST5 | 5.500 Stück |
> | Timmi T1 | 1.500 Stück |
>
> Die Fixkosten betrugen 50.000,00 €.

7.1 Sortimentsbereinigung

Julia Blauschneider kann im Moment ohne Engpässe und frei produzieren. Sie entscheidet, dass sie nur Produkte im Sortiment behalten will, die einen positiven Deckungsbeitrag haben. Sie erstellt eine Übersicht der wichtigsten eigenen Erzeugnisse mit Daten zur Berechnung des Deckungsbeitrages.

	Straight S1	Boyfriend BF	Slim SL	Straight ST5	Timmi T1
NVP	90,00 €	70,00 €	85,00 €	70,00 €	35,00 €
- variable Kosten	75,00 €	80,00 €	80,00 €	60,00 €	40,00 €
Deckungsbeitrag	**15,00 €**	**- 10,00 €**	**5,00 €**	**10,00 €**	**- 5,00 €**

Jede gefertigte und verkaufte Einheit der „Straight S1", der „Slim SL" und der „Straight ST5" tragen mit 15,00 €, 5,00 € und 10,00 € zur Deckung der Fixkosten und zur Erzielung eines Gewinns bei. Demgegenüber sind die Deckungsbeiträge von „Boyfriend BF" und „Timmi T1" negativ. Diese Produkte will Julia Blauschneider daher nicht mehr im Produktionsprogramm haben, da der Erlös nicht einmal die variablen Kosten deckt. Jede produzierte und verkaufte Einheit verschlechtert somit das Betriebsergebnis.

7.2 Verkaufsförderung

Nach der Bereinigung des Sortiments hat Julia Blauschneider noch drei Modelle von Grundtypen im Angebot. Für den letzten Monat gelten folgende Daten:

	Straight S1	Slim SL	Straight ST5
Verkaufspreis je Stück	90,00 €	85,00 €	70,00 €
variable Kosten je Stück	75,00 €	80,00 €	60,00 €
Absatz (Stück)	1 500	1 000	500
Fixe Kosten	16.400,00 €		

ARBEITSAUFTRAG

Ermitteln Sie das Betriebsergebnis des neuen Sorti-
ments.

Julia Blauschneider hat wegen der Sortimentsbereinigung noch freie Kapazitäten für 500 Stück. Welches Modell soll diese Kapazitäten erhalten?

	Straight S1	Slim SL	Straight ST5
Verkaufspreis je Stück	90,00 €	85,00 €	70,00 €
variable Kosten je Stück	75,00 €	80,00 €	60,00 €
Deckungsbeitrag pro Stück	15,00 €	5,00 €	10,00 €
Rangfolge der Absatzförderung	①	③	②

Es wird das Produkt gefördert, welches den höchsten Deckungsbeitrag pro
Stück aufweisen kann. Das ist im Moment das Modell „Straight S1".

Wenn die freien Kapazitäten von 500 Stück gemäß der Rangfolge für das Produkt „Straight S1" bei einem Deckungsbeitrag je Stück von 15,00 € verwendet
werden, dann verbessert sich das Betriebsergebnis um

ARBEITSAUFTRAG

Überprüfen Sie durch Berechnung gemäß Schema, ob sich
das Betriebsergebnis tatsächlich um 7.500,00 € verbessert.

$$15,00 € \cdot 500 = 7.500,00 €$$

Verfügt Blauschneider über freie Kapazitäten, ist es nur dann von Vorteil, ein
neues Produkt in das Produktionsprogramm aufzunehmen (Produktförde-
rung), wenn dessen Deckungsbeitrag positiv ist.

7.3 Produkteliminierung

Um einen speziellen Kundenauftrag ausführen zu können, muss aus Kapazitätsgründen ein bisheriges Modell langfristig aus dem Grundsortiment genommen werden. Julia Blauschneider überlegt, welches der drei Grundmodelle eliminiert werden soll:

Sonderauftrag des Kunden

	Straight S1	Slim SL	Straight ST5
Verkaufspreis je Stück	90,00 €	85,00 €	70,00 €
variable Kosten je Stück	75,00 €	80,00 €	60,00 €
Absatz (Stück)	1 500	1 000	500
Fixe Kosten	16.400,00 €		

Es wird das Produkt aus dem Sortiment gestrichen, welches den niedrigsten Gesamtdeckungsbeitrag aufweisen kann.

	Straight S1	Slim SL	Straight ST5
Verkaufspreis je Stück	90,00 €	85,00 €	70,00 €
variable Kosten je Stück	75,00 €	80,00 €	60,00 €
Absatz (Stück)	1 500	1 000	1 000
Deckungsbeitrag pro Stück	15,00 €	5,00 €	10,00 €
Gesamtdeckungsbeitrag	22.500,00 €	5.000,00 €	10.000,00 €
Rangfolge	①	③	②

Den geringsten Gesamtdeckungsbeitrag weist im Moment das Produkt „Slim SL" auf, so dass dieses aus dem Sortiment gestrichen wird, um die Kapazitäten für den Auftrag des Kunden zu gewinnen.

Geringster Gesamtdeckungsbeitrag: Slim SL

AUFGABE 81

Ermitteln Sie das Betriebsergebnis nach der Eliminierung von „Slim SL", wenn der Auftrag des Kunden einen Deckungsbeitrag von 12.000,00 € erbringt.

Küchengeräte und Hotelleriebedarf e. K.

AUFGABE 82

Das **Unternehmen Krönle** stellt vier verschiedene Arten von Kochtöpfen her. Hier die Daten:

	Produkt 1	Produkt 2	Produkt 3	Produkt 4
NVP	40,00 €	70,00 €	85,00 €	70,00 €
Fertigungsmaterial	15,00 €	30,00 €	30,00 €	25,00 €
Fertigungslöhne	30,00 €	50,00 €	40,00 €	35,00 €
Absatz (Stück)	2 000	3 000	4 000	3 000

Da sich im vergangenen Jahr das Unternehmensergebnis verschlechtert hat, soll untersucht werden, ob eine Produktelimination das Ergebnis verbessern könnte. Untersuchen Sie, welches Produkt aus der Produktion genommen werden sollte und wie sich dadurch das Betriebsergebnis verändern würde.

AUFGABE 83

Das **Unternehmen Moser** stellt vier verschiedene Modelle von Motorradhelmen her. Hier die Daten:

Motorradhelme Moser

	Produkt 1	Produkt 2	Produkt 3	Produkt 4

Verkaufspreis	100,00 €	225,00 €	300,00 €	350,00 €
Variable Kosten	75,00 €	150,00 €	325,00 €	200,00 €
Absatz (Stück)	600	800	400	200
Fixe Kosten	80.000,00 €			

1. Ermitteln Sie das Betriebsergebnis.
2. Die Unternehmensleitung möchte das Programm straffen. Auf welches Modell sollte Ihrer Meinung nach in Zukunft verzichtet werden?
3. Die Unternehmensleitung nimmt Ihren Vorschlag der Elimination an. Die dadurch frei werdende Kapazität soll auf zwei Modelle verteilt werden. Machen Sie einen begründeten Vorschlag.
4. Vergleichen Sie das durch die Elimination und Verkaufsförderung neue Betriebsergebnis mit dem aus Nummer 1 und begründen Sie den Unterschied.
5. Legen Sie dar, welche Bedeutung ein positiver Deckungsbeitrag für ein Unternehmen hat.

7.4 Annahme von Zusatzaufträgen

Julia Blauschneider hat im nächsten Monat noch freie Kapazitäten für 500 Jeans. Zur bisherigen Produktion hat sie ein Rechenblatt einer Tabellenkalkulation entworfen:

	A	B	C	D	E
1		Straight S1	Slim SL	Straight ST5	Summe
2		1500	1000	1000	
3	Verkaufspreis je Stück	90,00 €	85,00 €	70,00 €	
4	variable Kosten pro Stück	75,00 €	80,00 €	60,00 €	
5	Deckungsbeitrag pro Stück	15,00 €	5,00 €	10,00 €	
6	Gesamtdeckungsbeitrag pro Stück	22.500,00 €	5.000,00 €	10.000,00 €	37.500,00 €
7	fixe Kosten				16.400,00 €
8	**Betriebsergebnis**				**21.100,00 €**

Kunden im Jeansmarkt

Julia Blauschneider liegt zusätzlich zu diesen geplanten Aufträgen eine Anfrage eines Jeansmarktes vor über die Abnahme von 400 Jeans des Modells „Straight S1". Allerdings möchte der Kunde 12 % Rabatt. Kann und soll Julia Blauschneider diesen Zusatzauftrag zu den gegebenen Bedingungen annehmen?

Es ist genügend freie Kapazität für zusätzliche 400 Jeans vorhanden. Sie muss nun prüfen, ob bei dem Zusatzauftrag der Deckungsbeitrag größer als 0 ist. Deshalb erweitert Julia Blauschneider ihr Tabellenblatt:

	A	B	C	D	E	F
1		Straight S1	Slim SL	Straight ST5	Zusatzauftrag	Summe
2		1500	1000	1000	400	
3	Verkaufspreis je Stück	90,00 €	85,00 €	70,00 €	79,20 €	
4	variable Kosten pro Stück	75,00 €	80,00 €	60,00 €	75,00 €	
5	Deckungsbeitrag pro Stück	15,00 €	5,00 €	10,00 €	4,20 €	
6	Gesamtdeckungsbeitrag pro Stück	22.500,00 €	5.000,00 €	10.000,00 €	1.680,00 €	39.180,00 €
7	fixe Kosten					16.400,00 €
8	**Betriebsergebnis**					**22.780,00 €**

> **MERKE**
>
> **Zusatzauftrag**
> - Ein Zusatzauftrag kann nur dann angenommen werden, wenn freie Kapazitäten vorhanden sind.
> - Ein Unternehmer kann den Betriebsgewinn durch die Annahme von Zusatzaufträgen erhöhen, wenn die Erlöse aus dem Zusatzauftrag höher sind als die variablen Kosten des Zusatzauftrages. Der DB ist also **größer als 0**.

Julia Blauschneider wird den Zusatzauftrag annehmen, da die laufende Produktion alle Fixkosten trägt. Die zusätzlichen 400 Jeans müssen nur ihre variablen Kosten tragen. Jeder darüber hinaus erzielte Deckungsbeitrag verbessert in voller Höhe das Betriebsergebnis:

NVP	79,20 €
- VK	75,00 €
DB/Stück	4,20 €
DB/gesamt	1.680,00 €
BE neu	22.780,00 € (Gewinn)

Durch den Zusatzauftrag erhöht sich das Betriebsergebnis um 1.680,00 €.

Die Annahme und Durchführung des Zusatzauftrages zu einem niedrigeren Verkaufspreis darf anderen Kund/-innen nicht bekannt werden. Bekommen andere Kund/-innen mit, dass Julia Blauschneider ihre Erzeugnisse auch zu günstigeren Preisen verkauft, werden sie diesen Preis in Zukunft auch verlangen.

Julia Blauschneider berechnet den Zusatzauftrag.

Reißverschlüsse

Fertigungsmaschine für
Reißverschlüsse

7.5 Eigenfertigung oder Fremdbezug („make or buy")

Julia Blauschneider kaufte bisher die für die Produktion notwendigen Reißverschlüsse von einem Lieferanten zu einem Preis von 3,00 €. Nachdem der Lieferer eine Preiserhöhung auf 4,00 € ankündigt, muss Julia Blauschneider entscheiden, ob die Reißverschlüsse kurzfristig selbst hergestellt werden, bis ein neuer preisgünstigerer Lieferant gefunden ist. Es ist eine eigene Produktionsmaschine und auch freie Kapazitäten bei Material und Personal vorhanden. Die laufende Produktion würde einen Verbrauch beim Fertigungsmaterial von 2,00 €, variable Materialgemeinkosten von 20 %, Fertigungslöhne von 1,20 € und variable Fertigungsgemeinkosten von 10 % bedeuten.

Da die fixen Kosten unabhängig davon anfallen, ob die Reißverschlüsse selbst hergestellt oder fremd bezogen werden, spielen diese Kosten im Fall einer kurzfristigen Entscheidung keine Rolle. Deshalb sind bei der Entscheidung ausschließlich die **variablen Stückkosten** und nicht die Vollkosten von Bedeutung.

Julia Blauschneider rechnet kurz nach, was die Eigenfertigung kosten würde:

Verbrauch Fertigungsmaterial	2,00 €
variable Materialgemeinkosten	0,40 €
Fertigungslöhne	1,20 €
variable Fertigungsgemeinkosten	0,12 €
Kosten bei Eigenfertigung	3,72 €

Bei der Eigenfertigung entsteht ein Kostenvorteil von 0,28 € je Reißverschluss (4,00 € – 3,72 €).

Bei der Entscheidung, ob man ein Erzeugnis selbst fertigt oder herstellen lässt, ist nicht der Preis das alleinige Kriterium. Es müssen auch noch andere Kriterien beachtet werden, wie z. B. die Qualität der Erzeugnisse oder die Zuverlässigkeit des Lieferers.

Für den Fremdbezug sprechen die Verminderung der Lagerkosten und das Know-How des Spezialisten.

Für die Eigenfertigung sprechen die Unabhängigkeit von Dritten oder die Auslastung der eigenen Kapazitäten, was den Mitarbeitern Beschäftigung garantiert (soziale Gründe).

Wenn man die Fertigung von Erzeugnissen outsourct (Fremdbezug), muss man darauf achten, dass strenge Qualitätsvorgaben bis hin zur Überwachung des fremden Betriebes vereinbart werden. Auch die Termintreue und Zuverlässigkeit sind ausschlaggebend.

Im Gegensatz zu einer Make-or-Buy-Entscheidung, die sich auf den Herstellungsprozess bezieht, dreht sich eine **Outsourcing**-Entscheidung eher um Leistungen wie das Schreiben von Rechnungen, die bisher vom Unternehmen selbst durchgeführt wurden.

AUFGABE 84

Das **Unternehmen Sauer** stellt zwei Sorten Weinessig her.

Weinessig	Bianco	Rosso
Erzeugung/Flaschen	20.000	12.000
Nettoverkaufspreis	1,50 €	1,20 €
Variable Kosten/Flasche	0,95 €	0,70 €
Fixkosten	12.600,00 €	

1. Erklären Sie den Begriff Deckungsbeitrag.
2. Berechnen Sie den Deckungsbeitrag je Flasche bei den Sorten Bianco und Rosso.
3. Ermitteln Sie Art und Höhe des Betriebsergebnisses.
4. Eine Großhandelskette bestellt von jeder Sorte weitere 5.000 Flaschen, wenn bei Sorte Bianco 6 % und bei Sorte Rosso 10 % Rabatt gewährt werden. Im Unternehmen Sauer reicht die Kapazität für den Zusatzauftrag aus. Geben Sie der Unternehmensleitung eine begründete Empfehlung ab, ob der Zusatzauftrag angenommen werden soll.

AUFGABE 85

Das **Unternehmen Kalker** stellt Taschenrechner in zwei Ausfertigungen her.

Taschenrechner	Tip 1.0	Kalk 2.0
Auslastung/Stück	3 000	1 500
Nettoverkaufspreis	19,80 €	22,00 €
Variable Kosten/Rechner	11,00 €	13,00 €
Fixkosten	31.500,00 €	

1. Berechnen Sie das Betriebsergebnis.
2. Erklären Sie die Begriffe Kapazität, variable Kosten und Fixkosten.

3. Wie wirkt sich ein Zusatzauftrag allgemein auf das Betriebsergebnis aus (ohne Berechnung)?
4. Ein Kunde ist bereit, weitere 500 Stück von Tip 1.0 abzunehmen, wenn er auf den Listenverkaufspreis 10 % Rabatt erhält. Da der Betrieb noch freie Kapazitäten hat, nimmt der Inhaber den Auftrag an. Wie wirkt sich der Zusatzauftrag auf das Betriebsergebnis aus (mit rechnerischer Begründung)?

AUFGABE 86

Ein **Maschinenbauunternehmen** hat bisher Messingventile, die in eigene Erzeugnisse eingebaut werden, zu folgenden Bedingungen fremdbezogen:

- Listeneinkaufspreis je Stück 52,00 €; bei Abnahme ab 5.000 Stück werden 15 % Mengenrabatt gewährt.
- Zahlungsbedingungen: Bei Zahlung innerhalb von 20 Tagen 2 % Skonto, innerhalb von 30 Tagen ohne Abzug.
- Die Bezugskosten (Fracht, Verpackung) werden mit 0,70 € je Stück kalkuliert.

Das Unternehmen hat freie Kapazitäten zur Verfügung, die es ihm gestatten, die Ventile unter folgenden Bedingungen selbst zu fertigen:
- Rohstoffaufwand je Stück 9,50 €;
- Löhne für Schneiden, Drehen, Fräsen, Bohren und Gewindeschneiden je Stück 35,50 € (die Arbeiter sind bei vollem Lohnausgleich unterbeschäftigt).
- An Gemeinkosten werden 4 % Materialgemeinkosten und 10 % Fertigungsgemeinkosten verrechnet.

1. Entscheiden Sie, ob die Eigenfertigung für 5.000 Stück günstiger ist als der Fremdbezug.
2. Zeigen Sie auf, welche Veränderung es gäbe, wenn nur 3.000 Stück benötigt werden.

7.6 Langfristige Preisuntergrenze pro Stück

In wirtschaftlich schlechten Zeiten, die durch Absatzeinbußen gekennzeichnet sind, wird Julia Blauschneider gezwungen sein, die Verkaufspreise zu senken, um den Absatzrückgang aufzuhalten. Damit stellt sich die Frage nach der Preisuntergrenze. Um auch künftig rasch und verantwortungsbewusst entscheiden zu können, rechnet Julia Blauschneider wesentliche marktwirtschaftliche Situationen anhand folgender Frage durch.

Bis zu welchem Preis kann sie den Nettoverkaufspreis beim Jeansmodell „Straight 1S" senken, wenn Produktion und Absatz unverändert bleiben und vorübergehend auf einen Gewinn verzichtet werden kann?

Die Berechnung kann sie mit folgendem Tabellenblatt darstellen:

Langfristige Preisuntergrenze

NVE	50.000,00 €
– VK	20.000,00 €
= DB	30.000,00 €
– FK	30.000,00 €
= BE	0,00 €

Grundgedanke: Ein Unternehmen kann nur so lange bestehen, wie alle Kosten gedeckt sind.
- NVP = Selbstkosten (VK + FK)
- DB = fixe Kosten
- Ausgangspunkt: BE = 0,00 €
  → kein Gewinn und kein Verlust

	A	B	C	D
1	**Langfristige Preisuntergrenze pro Stück**			
2				
3		**Straight S1**	**Slim SL**	**gesamt**
4	Produktion/Stück	④ 1500	1000	
5	Nettoverkaufspreis/Stück	82,60 €	85,00 €	
6	- variable Kosten (VK)/Stück	75,00 €	80,00 €	
7	Deckungsbeitrag (DB)/Stück	③ 7,60 €	5,00 €	
8				
9	Deckungsbeitrag (DB) gesamt	11.400,00 €	5.000,00 €	16.400,00 €
10	- Fixkosten (FK)			② 16.400,00 €
11	Betriebsergebnis (BE)			① 0,00 €

① Bei der langfristigen Preisuntergrenze geht Julia Blauschneider von einem Betriebsergebnis von 0,00 € aus.

② Der Gesamtdeckungsbeitrag beider Produkte muss zumindest die fixen Kosten von 16.400,00 € decken.

③ Während Produkt „Slim SL" unverändert bleibt, reduziert sich der Deckungsbeitrag gesamt bei „Straight S1" auf 11.400,00 €. Somit liegt der Deckungsbeitrag pro Stück bei 7,60 €.

④ Rechnet Julia Blauschneider die variablen Kosten noch mit ein, liegt der Nettoverkaufspreis bei der Jeans „Straight S1" bei 82,60 € (= langfristige Preisuntergrenze).

Grundsätzlich muss ein Unternehmen Gewinn erwirtschaften. Nur so kann es auf Dauer existenzfähig sein. In Krisensituationen, z. B. bei konjunkturellem Tiefststand (Rezession bis Depression), kann ein Unternehmen für bestimmte Zeit auf die Gewinnerzielung verzichten. Insofern ist die Überlegung, eine Preiskalkulation ausgehend von der langfristigen Preisuntergrenze durchzuführen (Gewinn = 0 €), betriebswirtschaftlich wie sozialpolitisch begründet.

7.7 Kurzfristige Preisuntergrenze pro Stück

Bei der Jeans „Slim SL" muss Julia Blauschneider aufgrund der Konkurrenz-situation am Markt deutliche Preisnachlässe einplanen, um wettbewerbsfähig zu bleiben. Bis zu welchem Preis kann sie den Verkaufspreis bei der Jeans „Slim SL" kurzfristig senken?

Die Berechnung kann sie mit folgendem Tabellenblatt darstellen:

Slim SL

	A	B	C
1	**Kurzfristige Preisuntergrenze pro Stück**		
2			
3		**Slim SL**	**gesamt**
4	Produktion/Stück	1000	
5	Nettoverkaufspreis/Stück	80,00 €	
6	- variable Kosten (VK)/Stück	80,00 €	
7	Deckungsbeitrag (DB)/Stück	0,00 €	
8			
9	Deckungsbeitrag (DB) gesamt	0,00 €	0,00 €
10	- Fixkosten		16.400,00 €
11	Betriebsergebnis (BE)		-16.400,00 €

Die kurzfristige Preisuntergrenze ergibt sich aus der Höhe der variablen Kosten. Da kurzfristig auf einen Deckungsbeitrag verzichtet werden kann, müssen Nettoverkaufspreis und variable Kosten je Stück gleich hoch sein. Ein Verlust in Höhe der fixen Kosten wird in Kauf genommen, weil er auch bei Stillstand der Produktion im Zweigwerk anfiele.

Vor allem unter dem Gesichtspunkt der Beschäftigung der Arbeitnehmer/-innen kann es für eine Übergangszeit sinnvoll sein, die Produktion trotz eines solchen Verlustes weiterlaufen zu lassen. Damit kommt das Unternehmen einerseits seiner sozialen Verantwortung nach, es entlässt aus Kostengründen nicht sofort Mitarbeiter/-innen. Andererseits ist jedes Unternehmen daran interessiert, die guten Facharbeiter/-innen als Stammbelegschaft zu halten, weil davon die Qualität der Produkte abhängt.

Kurzfristige Preisuntergrenze	
NVE	50.000,00 €
– VK	50.000,00 €
= DB	0,00 €
– FK	30.000,00 €
= BE	- 30.000,00 €

Grundgedanke: Kurzfristige Aufrechterhaltung der Produktion, wenn variable Kosten (Material, Löhne) gedeckt sind.
• NVP = variable Kosten
• Ausgangspunkt: DB = 0,00 €
→ Verlust in Höhe der Fixkosten

Langfristig kann ein Unternehmen bestehen, wenn es keinen Verlust macht, also **alle Kosten gedeckt** sind.	Vorübergehend (**kurzfristig**) kann die Produktion auch aufrecht erhalten werden, wenn **nur die variablen Kosten gedeckt** sind.
langfristige Preisuntergrenze	**kurzfristige Preisuntergrenze**
Deckung aller Kosten Deckungsbeitrag gesamt = Fixkosten ↓ **Betriebsergebnis = 0,00 €**	Deckung nur der variablen Kosten **Deckungsbeitrag = 0,00 €** ↓ Betriebsergebnis = Verlust in Höhe der Fixkosten

Mitarbeiterinnen bei Blauschneider Jeans e. K.

AUFGABE 87

Das **Unternehmen König** stellt Kopfhörer her.

Verkaufspreis	80,00 €/Stück netto
variable Kosten	49,90 €
jährliche Fixkosten	105.000,00 €
Kapazität	10 000 Stück
Auslastung (Absatz)	63 %

1. Berechnen Sie das Betriebsergebnis (Gewinn oder Verlust), wenn den Kund/-innen auf den Verkaufspreis 20 % Treuerabatt gewährt werden.
2. Der Betrieb kann den Gesamtabsatz auf 80 % der Kapazität steigern. Wie hoch ist jetzt die langfristige Preisuntergrenze, wenn den Kund/-innen weiterhin 20 % Rabatt auf den Verkaufspreis eingeräumt werden sollen?

AUFGABE 88

Ein **Autoteilezulieferer** stellt bei voller Kapazitätsauslastung 7 000 Kfz-Lenkräder her. Die Fixkosten belaufen sich auf 300.000,00 €, die

variablen Kosten auf 540.000,00 €. Der Nettoverkaufspreis je Lenkrad beträgt 150,00 €.
1. Ermitteln Sie die kurzfristige Preisuntergrenze, den Stückgewinn und den Gesamtgewinn.
2. Prüfen Sie, welcher Verkaufspreis langfristig möglich wäre.
3. Zeigen Sie die Veränderung der variablen Kosten, des Stückgewinns und des Gesamtgewinns auf, wenn die Auslastung auf 40 % reduziert wird.

AUFGABE 89

Die Kostenrechnung eines **Industrieunternehmens**, das einen Spezialmaßkrug herstellt, weist für den Monat Oktober folgende Daten aus:

– variable Gesamtkosten   420.000,00 €
– fixe Gesamtkosten   140.000,00 €
– Produktionsmenge   8 000 Stück

1. Berechnen Sie die kurzfristige und die langfristige Preisuntergrenze.
2. Berechnen Sie das Betriebsergebnis, wenn der Verkaufspreis 80,00 € beträgt.
3. Begründen Sie, ob das Unternehmen die Produktion einstellen sollte, wenn der am Markt erzielbare Verkaufspreis den variablen Kosten gerade noch entspricht.

AUFGABE 90

Der **Industriebetrieb Körner**, Traunstein, stellt Rucksäcke her. Die Kapazität liegt bei 140 000 Stück. Es werden 120 000 Stück produziert und

zu 29,50 €/Stück verkauft. Die variablen Stückkosten betragen 19,00 €, die Fixkosten liegen bei 1,1 Mio. €. Das Betriebsergebnis beträgt 160.000,00 € (Gewinn). Berechnen Sie, auf welche Preisuntergrenze das Produkt kurzfristig zurückgenommen werden kann.

AUFGABE 91

In einem Industriebetrieb wird ein Erzeugnis zu variablen Stückkosten in Höhe von 45,00 € und fixen Kosten in Höhe von 120.000,00 €/Monat produziert. Die monatliche Produktionsmenge beträgt 5 000 Stück. Geben Sie die langfristige und die kurzfristige Preisuntergrenze an.

Tandem-Quiz

Ein Partner testet den anderen mit diesen Aufgaben, der andere Partner nimmt die Fragen von Seite 144.

	Frage	Antwort
1	Nenne zwei Beispiele für Einzelkosten bei Blauschneider	Denimstoff, Fertigungslöhne
2		
3	Wie heißt die Grundlage zur Berechnung der Verwaltungs- und Vertriebsgemeinkosten?	Herstellkosten des Umsatzes
4		
5	Sie fallen nur an, wenn tatsächlich produziert wird.	variable Kosten
6		
7	Diese Art der Rechnung erlaubt eine flexible Reaktion auf unterschiedliche Marktsituationen.	Teilkostenrechnung
8		
9	Die Selbstkosten steigen durch die variablen Kosten in Abhängigkeit von der ...	Stückzahl/Menge
10		
11	Erkläre den Begriff „Auslastung".	Die Auslastung ist die tatsächliche Produktionsmenge.
12		
13	Das langfristige Ziel der Unternehmensleitung ist es ...	alle Kosten zu decken und einen angemessenen Gewinn zu erzielen.
14		
15	Erkläre den Begriff „Deckungsbeitrag".	Dieser Betrag soll zur Deckung der fixen Kosten beitragen.
16		
17	Wie lautet die Formel zur Berechnung der Gewinn-schwellenmenge?	$\dfrac{\text{fixe Kosten}}{\text{Deckungsbeitrag je Stück}}$
18		
19	Wie lautet das Schema zur Berechnung der kurzfristigen Preisuntergrenze?	$\dfrac{\begin{array}{l}\text{NVP}\\ -\text{VK}\end{array}}{\text{DB/Stück}}$
20		
21	Nenne die beiden Voraussetzungen, unter denen man einen Zusatzauftrag annehmen kann.	• freie Kapazitäten • DB/Stück > 0,00 €
22		
23	Begründe, wie sich die Gewinnschwellenmenge verändert, wenn die variablen Kosten steigen.	Sie steigt ebenfalls, da wir mehr Produkte verkaufen müssen, um die Kosten zu decken.
24		
25	Nenne drei Aspekte, die für eine Fremdfertigung sprechen könnten.	Geringere Kosten für Werkstoffe und für die Lagerhaltung, höhere Qualität.
26		

Tandem-Quiz

Ein Partner testet den anderen mit diesen Aufgaben, der andere Partner nimmt die Fragen von Seite 143.

	Frage	Antwort
1		
2	Nenne die Berechnungsgrundlage für Materialgemeinkosten.	Fertigungsmaterial
3		
4	Nenne ein konkretes Beispiel für Sondereinzelkosten bei Blauschneider.	z. B. Lizenzgebühren, Spezialwerkzeug, Entwicklungskosten
5		
6	Bei dieser Art der Rechnung werden alle Kostenarten erfasst.	Vollkostenrechnung
7		
8	Sie fallen unabhängig von der Produktionsmenge an.	fixe Kosten
9		
10	Der Anteil der variablen Kosten an den ... ist je Stück immer gleich hoch.	Gesamtkosten/Selbstkosten
11		
12	Sie ist ein Hilfsmittel für kurzfristige Entscheidungen, wenn die Produktion nicht voll ausgelastet ist.	Deckungsbeitragsrechnung
13		
14	Erkläre den Begriff „Kapazität".	maximal mögliche Produktionsmenge
15		
16	Wie nennt man die Menge, bei der Blauschneider in die Gewinnzone gelangt?	Gewinnschwellenmenge
17		
18	Den Schnittpunkt der Geraden von NVE und Selbstkosten nennt man ...	Break-even-point
19		
20	Wovon geht man bei der Berechnung der langfristigen Preisuntergrenze aus?	BE = 0,00 €
21		
22	Weshalb trägt der DB des Zusatzauftrags in voller Höhe zum Betriebsergebnis bei?	Die Fixkosten werden durch die laufende Produktion abgedeckt.
23		
24	Begründe, wie sie sich verändert, wenn wir unsere Verkaufspreise erhöhen.	Sie sinkt, da wir zur Kostendeckung weniger Produkte verkaufen müssen.
25		
26	Erkläre, warum wir auch einen Zusatzauftrag mit DB = 0 annehmen würden.	Die Beschäftigung unserer Mitarbeiterinnen und Mitarbeiter wäre gesichert.

Kapazitätsauslastung

der Mitarbeiter/-innen und Produktionsanlagen

- **Unterbeschäftigung**: Das Unternehmen hat freie Kapazitäten, ihm fehlen Aufträge.
- **Überbeschäftigung**: Das Unternehmen kann nicht alle Aufträge ohne größere Wartezeiten erfüllen.

Aufteilung der Gesamtkosten in variable und fixe Kosten

Merkmale der variablen Kosten (VK)

- Die variablen Kosten je Stück bleiben immer gleich.
- Sie umfassen das Fertigungsmaterial (vereinfacht: Höhe der AWR) und die Fertigungslöhne sowie ggf. die Einzelkosten der Fertigung.
- Die gesamten variablen Kosten der Herstellung steigen oder fallen im Verhältnis zur hergestellten Menge.
- Werden im Zweigwerk Baseballcaps produziert, so steigen die VK im Verhältnis zur Produktionsmenge an.
- Der Beschäftigungsgrad bzw. die Auslastung des Betriebs können bis zur maximal möglichen Produktionsmenge (= Kapazität) steigen.

Merkmale der fixen Kosten (FK)

- Sie entstehen auch bei einem Stillstand des Betriebes, z. B. Miete, Versicherungen, Zinsen, Gehälter, Abschreibungen, also vor allem Gemeinkosten. Dies sind Kosten der Betriebsbereitschaft.
- Sie fallen also unabhängig von der Produktionsmenge an und ändern sich auch bei steigender oder sinkender Produktionsmenge nicht (Ausnahme: komplette Stilllegung des Betriebs).
- Auf je mehr Stück die Fixkosten verteilt werden, umso kostengünstiger kann ein Stück produziert werden und umso preisgünstiger kann der Betrieb es anbieten.

Die Gesamtkosten/Selbstkosten setzen sich zusammen aus den ...		
den **variablen Kosten**	und	den **fixen Kosten**
Sie entsprechen den ...		
Einzelkosten der Vollkostenrechnung: • Fertigungsmaterial • Fertigungslöhne • Sondereinzelkosten	und	**Gemeinkosten** der Vollkostenrechnung: • Materialgemeinkosten • Fertigungsgemeinkosten • Verwaltungsgemeinkosten • Vertriebsgemeinkosten
Die Höhe ist abhängig von der produzierten Menge.		Fallen immer an, unabhängig von der produzierten Menge.
Je niedriger die Gesamtkosten sind, desto günstiger kann ein Produkt angeboten werden.		

Betriebsbuchführung / Kosten- und Leistungsrechnung	
Vollkostenrechnung = Zuschlagskalkulation	**Teilkostenrechnung = Deckungsbeitragsrechnung**
Alle Kostenarten werden zu Gesamtkosten addiert und dann mithilfe von Zuschlagsätzen in der Stückkalkulation den einzelnen Kostenträgern zugeordnet. Zudem muss ein angemessener Gewinn erzielt werden. Dies ist sinnvoll, wenn am Markt die ermittelten Verkaufspreise akzeptiert werden. **Nachteil:** Die Vollkostenrechnung ist für Einzelfallentscheidungen nicht geeignet.	Die Kostenarten werden unterschieden nach variablen und fixen Kosten. Dies macht Sinn, da meist der Markt die Preise bestimmt. **Vorteil:** Kurzfristige, flexible Überlegungen für besondere Einzelfälle werden ermöglicht. Es wird geprüft, ob die Erlöse eines Produkts seine variablen Kosten decken und noch ein Deckungsbeitrag (DB) verbleibt. DB > FK → Betriebsgewinn DB < FK → Betriebsverlust

Nettoverkaufspreis: Nettoerlös für ein Stück / Produkt
Nettoverkaufserlöse: NVP · Stückzahl = gesamter Erlös

Berechnung des Deckungsbeitrags und des Betriebsergebnisses:

> **FORMEL**
>
> Nettoverkaufserlöse
> - variable Kosten
> **Deckungsbeitrag**
> - fixe Kosten
> **Betriebsergebnis** (Betriebsgewinn oder Betriebsverlust)

Idee der Deckungsbeitragsrechnung

Die Erlöse eines Produkts müssen seine variablen Kosten decken; evtl. bleibt noch ein Deckungsbeitrag (DB) für den Fixkostenblock.

DB > FK → Betriebsgewinn
DB < FK → Betriebsverlust

> **FORMEL**
>
> Gewinnschwellenmenge: $\dfrac{\text{fixe Kosten}}{\text{Deckungsbeitrag je Stück}}$

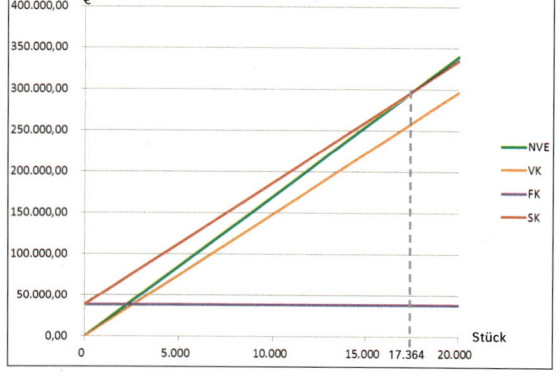

Um in die **Gewinnzone** zu gelangen, muss die Stückzahl auf ganze Zahlen aufgerundet werden.

Der Schnittpunkt der beiden Kurven für die Gesamtkosten bzw. Selbstkosten und die Nettoverkaufserlöse heißt **Gewinnschwelle** bzw. **Break-even-point**. Hier wechselt man von der **Verlustzone** in die **Gewinnzone**. Die **Gewinnschwellenmenge** findet man in der Grafik, wenn man von der Gewinnschwelle eine senkrechte Linie zur x-Achse zieht.

Deckungsbeitragsrechnung bei zwei Produkten

Wenn man die Zahlen der Produktion in einem Zweigwerk prüft,

- vergleicht man meist zwei Produkte daraufhin, welches Produkt den höheren Deckungsbeitrag zur Deckung der fixen Kosten liefert, sodass man schneller in der Gewinnzone landet und
- ermittelt, welches Betriebsergebnis im Zweigwerk erzielt wird.

Man geht bei der Deckungsbeitragsrechnung grundsätzlich von einer guten konjunkturellen Lage und somit guten Absatzchancen für die Produkte aus.

Zur Bearbeitung dieser Fragen nutzt Frau Blauschneider folgendes Tabellenblatt:

	A	B	C	D	E
1					
2	Deckungsbeitragsrechnung bei zwei Produkten				
3					
4		BC5	BG1	gesamt	
5	Produktion in Stück	14.000	4.000		
6	NVP	17,00 €	19,00 €		
7	VK	14,80 €	12,00 €		
8	FK			38.200,00 €	
9					
10	Nettoverkaufserlöse	238.000,00 €	76.000,00 €		
11	- variable Kosten	207.200,00 €	48.000,00 €		
12	Deckungsbeitrag	30.800,00 €	28.000,00 €	58.800,00 €	
13	- fixe Kosten			38.200,00 €	
14	Betriebsergebnis			20.600,00 €	Gewinn

Deckungsbeitragsrechnung als Grundlage für betriebliche Entscheidungen

Sortimentsbereinigung

Manchmal möchte man wissen, welche Produkte am wenigsten zum Unternehmenserfolg beitragen. Hierzu vergleicht man die Deckungsbeiträge je Stück. Das Produkt mit dem kleinsten Deckungsbeitrag wird dann aus dem Sortiment genommen.

> **FORMEL**
>
> Verkaufserlöse pro Stück
> – variable Stückkosten
> ――――――――――――――――
> Deckungsbeitrag pro Stück
>
> \> 0 = positiver Deckungsbeitrag
> < 0 = negativer Deckungsbeitrag

Verkaufsförderung

Sollten in einem Unternehmen noch frei Kapazitäten vorhanden sein, so möchte der Unternehmer oder die Unternehmerin wissen, welches Produkt besonders gefördert werden sollte. Auch hierzu wird der Deckungsbeitrag je Stück berechnet. Das Produkt mit dem größten Deckungsbeitrag sollte die freien Kapazitäten erhalten.

Produkteliminierung

Um neue Produkte produzieren zu können, müssen ab und zu Kapazitäten geschaffen werden. Hierzu muss festgestellt werden, welches Produkt aus dem Grundsortiment genommen werden kann. Um diese Entscheidung treffen zu können, werden die Gesamtdeckungsbeiträge der eigenen Erzeugnisse berechnet. Das Produkt mit dem geringsten Gesamtdeckungsbeitrag wird dann aus dem Sortiment gestrichen.

Annahme von Zusatzaufträgen

Relativ oft möchten Kunden Zusatzaufträge fertigen lassen, wenn sie günstigere Konditionen (z. B. höhere Rabatte) erhalten. Zur Entscheidung über die Annahme oder Ablehnung eines Zusatzauftrages müssen zwei Bedingungen erfüllt sein. Zunächst müssen freie Kapazitäten vorhanden sein und der Deckungsbeitrag muss größer Null sein, damit ein Gewinn erzielt werden kann. Ausnahmsweise werden aber auch Zusatzaufträge angenommen, wenn der Deckungsbeitrag gleich Null ist. Dann wird zwar kein Gewinn erzielt, aber die Aufträge ermöglichen es, die Beschäftigung der Mitarbeiterinnen und Mitarbeiter aufrecht zu erhalten.

Eigenfertigung oder Fremdbezug („make or buy")

Julia Blauschneider denkt daran, die variablen Kosten zu senken. So hat sie einige Lieferanten, die Fremdbauteile liefern. Für die Entscheidung, ob man manche variable Stückkosten durch Eigenfertigung senken kann, müssen diese zunächst berechnet werden. Aber auch die Qualität oder die geringeren Lagerkosten müssen bei der Entscheidung berücksichtigt werden

DB = Fixkosten

Langfristige Preisuntergrenze

Als langfristige Preisuntergrenze wird der Preis bezeichnet, bei dem sowohl die variablen wie auch die fixen Stückkosten gedeckt sind. Zur Berechnung dieses Preises werden die Selbstkosten in der Deckungsbeitragsrechnung auf Null gesetzt und anschließend rückwärts zu den Nettoverkaufserlösen gerechnet. Abschließend wird der Nettoverkaufspreis je Stück ermittelt, welcher die langfristige Preisuntergrenze darstellt.

DB = 0

Kurzfristige Preisuntergrenze

Die kurzfristige Preisuntergrenze liegt dort, wo der Marktpreis gerade noch die variablen Stückkosten deckt, d.h. der Nettoverkaufspreis entspricht den variablen Kosten. Kurzfristig wird ein Unternehmen bereit sein, einen Marktpreis zu akzeptieren, der gerade noch die variablen Stückkosten deckt, da die fixen Kosten auch anfallen, wenn nicht produziert wird. Demzufolge ist kurzfristig betrachtet der Verlust bei Fortführung der Produktion genauso hoch wie bei Einstellung der Produktion. Im Sinne der Weiterbeschäftigung der eigenen Mitarbeiterinnen und Mitarbeiter ist dies auch eine höchst ethisch und moralische Entscheidung des Untermehmers bzw. der Unternehmerin.

Erkenntnisse aus der Deckungsbeitragsrechnung

Preisbeurteilung kurzfristige Preisuntergrenze und Mindestdeckungsbeitrag	**Verfahrenswahl** optimales Produktionsverfahren
Programmoptimierung gewinnmaximales Produktionsprogramm	**Eigenfertigung** oder **Fremdbezug**

Sehr geehrte Auszubildende, sehr geehrter Auszubildender,

Sie haben sich in den letzten beiden Monaten in der Abteilung Kostenrechnung mit den Themen Deckungsbeitrag und Betriebsergebnis befasst. Bearbeiten Sie als Training für Ihre Abschlussprüfung **diese Zwischenprüfung in maximal 45 Minuten.**

Hilfsmittel: Taschenrechner und Kontenplan

Viel Erfolg!

Julia Blauschneider   Luca Rossi

Unternehmensleitung   Leitung innerbetriebliche Ausbildung

AUFGABE A

Sie sind Mitarbeiter/-in des **Oberbekleidungsherstellers Hugo Huber e. K.** aus Nürnberg. Ihr Unternehmen stellt hochwertige Strickwaren (vor allem Shirts und Sweatshirts) für den europäischen Markt her. Hugo Huber spielt mit dem Gedanken, ein Zweigwerk zu eröffnen.

Das Unternehmen Huber kann maximal 14.000 T-Shirts produzieren. Die Fixkosten liegen bei 109.200,00 €. Je Stück fallen 14,20 € variable Kosten an. Bearbeiten Sie folgende Aufgaben.

1. Erklären Sie die Begriffe „Kapazität" und „Auslastung".
2. Berechnen Sie die Selbstkosten je Stück bei 100 % Auslastung.
3. Berechnen Sie die Selbstkosten je Stück bei einer Auslastung von 75 %.
4. Berechnen Sie Deckungsbeitrag und Betriebsergebnis bei 75 % Kapazitätsauslastung, wenn alle produzierten Einheiten zu einem Stückpreis von 28,50 € abgesetzt werden.

AUFGABE B

Hubers Planung für die Zukunft des Zweigwerks umfasst die Produktion von 150.000 T-Shirts, die zu 19,50 € pro Stück abgesetzt werden sollen. Die variablen Kosten betragen je Stück 10,00 €, die Fixkosten 1,2 Mio. €. Bearbeiten Sie folgende Aufgaben.

1. Berechnen Sie den Deckungsbeitrag je Stück.
2. Berechnen Sie das Betriebsergebnis.
3. Berechnen Sie die Selbstkosten.

AUFGABE C

Sind folgende Aussagen richtig oder falsch? Stellen Sie falsche Aussagen richtig:

1. Der DB ist die Differenz zwischen dem Verkaufspreis und den Selbstkosten.
2. Der DB je Stück wird größer, wenn bei gleichbleibendem Nettoverkaufspreis/Stück die variablen Kosten/Stück steigen.
3. Der DB sinkt, wenn bei unveränderten Erlösen die variablen Kosten steigen.
4. Der DB ist die Differenz zwischen den variablen Kosten und den Selbstkosten.
5. Der DB je Stück wird geringer, wenn die variablen Kosten je Stück steigen und gleichzeitig der Nettoverkaufspreis unverändert bleibt.

AUFGABE D

Das **Unternehmen Möbio-Möbel** fertigt zwei Modelle von Schreibtischen im Zweigwerk in Grainau.

	Modell „Junior"	Modell „Profi"
Nettoverkaufspreis/Stück	45,00 €	60,00 €
variable Kosten/Stück	20,00 €	25,00 €
Deckungsbeitrag (gesamt)	93.750,00 €	140.000,00 €
Fixkosten	205.855,00 €	
Produktion ≙ Absatz	3 750 Stück	4 000 Stück
Kapazität	4 500 Stück	5 000 Stück

1. Berechnen Sie die Kapazitätsauslastung vom Modell „Junior" in Prozenten.
2. Möbio Möbel möchte im nächsten Quartal den bisherigen Betriebsgewinn im Zweigwerk in Höhe von 27.895,00 € auf 30.000,00 € steigern. Wie viel Stück müssten vom Modell „Junior" produziert und abgesetzt werden, um bei unveränderten Nettoverkaufspreisen dieses Ziel zu erreichen? (Produktion und Absatz von Modell „Profi" bleiben unverändert.)
3. Der Großhändler „Markt" möchte 200 Schreibtische vom Modell „Junior" abnehmen. Aufgrund der Vorgaben von „Markt" darf der Nettoverkaufspreis je Schreibtisch für diesen Zusatzauftrag bei höchstens 33,75 € liegen.
   3.1 Ermitteln Sie, wie viel Prozent Rabatt das Unternehmen „Möbio-Möbel" dem Großhändler „Markt" gewähren muss, wenn zum geforderten Nettopreis verkauft werden soll.
   3.2 Berechnen Sie den gesamten Zusatzgewinn, den das Unternehmen „Möbio-Möbel" erzielen kann, wenn es den Auftrag des Großhändlers annimmt.
   3.3 Der Zusatzauftrag wird zu den Bedingungen des Großhändlers ausgeführt. Bilden Sie den Buchungssatz für die Ausgangsrechnung.
   3.4 Zehn Schreibtische des Zusatzauftrages haben leichte Farbabweichungen. Deshalb gewährt Möbio-Möbel eine Gutschrift über 95,20 €. Bilden Sie den Buchungssatz.
   3.5 Der Großhändler „Markt" begleicht den noch offenen Betrag und zieht 2% Skonto ab, die nicht vereinbart waren.
      3.5.1 Erläutern Sie, warum dieser Skontoabzug von Möbio-Möbel dennoch akzeptiert wird.
      3.5.2 Bilden Sie den Buchungssatz für die Begleichung des noch offenen Betrages durch den Großhändler per Online-Überweisung.

AUFGABE E

Für das 3. Quartal liegen beim **Unternehmen Schleicher** folgende Daten
in Form einer unvollständigen Grafik vor:

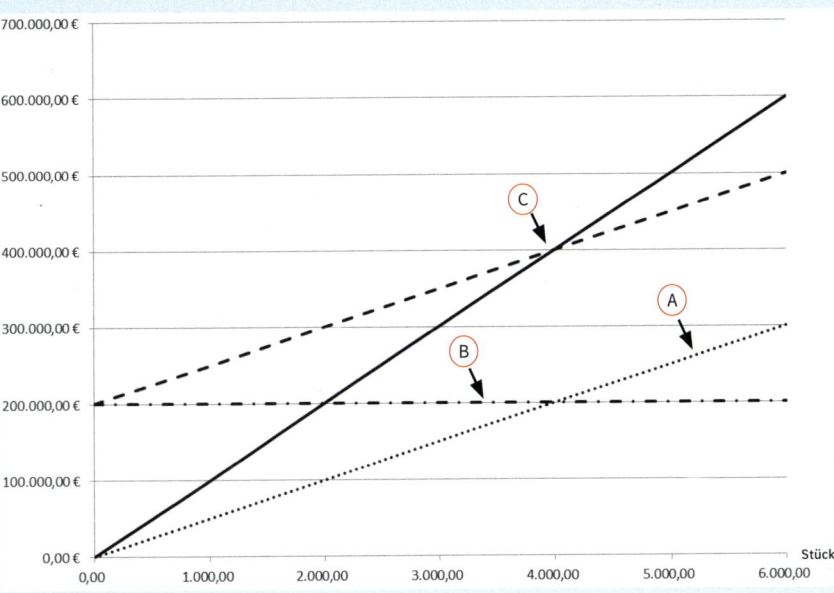

1. Geben Sie unter Angabe der Kennbuchstaben A bis C jeweils den entsprechenden Fachbegriff aus der
    Deckungsbeitragsrechnung an.
2. SCHLEICHER konnte 3 000 Paar des Modells „Sporty" produzieren und absetzen. Berechnen Sie mithilfe
    der Werte aus der unten stehenden Tabelle Art und Höhe des Betriebsergebnisses.
3. Um das Betriebsergebnis zu verbessern, sollen die variablen Kosten gesenkt werden. Nennen Sie hierfür
    eine konkrete Maßnahme.
4. Die variablen Kosten wurden erfolgreich gesenkt. Ab dem 4. Quartal wird die Produktion um das neue
    Modell „Comfort" erweitert. Ihnen liegen folgende Daten vor:

	Modell „Sporty"	Modell „Comfort"
Produktion/Absatz	3 000 Paar	2 000 Paar
Nettoverkaufspreis/Paar	100,00 €	?
Variable Kosten/Paar	48,00 €	35,00 €
Deckungsbeitrag gesamt	156.000,00 €	?
Fixkosten	200.000,00 €	

4.1 Berechnen Sie für das neue Modell „Comfort" die langfristige Preisuntergrenze.

4.2 Das Schuhgeschäft SCHUH-SL wäre bereit, 200 Paar des Modells „Comfort" für 33,00 € netto je Paar abzunehmen. Begründen Sie, ob dieser Auftrag angenommen werden soll.

4.3 Ihnen liegen folgende Belege vor. Bilden Sie die Buchungssätze zu Beleg 1 und Beleg 2.

Schleicher

Erwin Schleicher Sneaker e. K., Schmittchenstr 39, 81230 München

Schuhgeschäft Erhart Style
Kaufringer Str. 113
86899 Landsberg

Inhaber: Erwin Schleicher
Registergericht München: HRA 86
Steuernr. 232/143/29837
USt-IdNr.: DE 827226074
Tel.: 089 02837
Fax: 089 028300

Rechnung Nr. 230312/20..

München, 13.08.20..

Ihr Auftrag vom: 12.08.20.. Auftrags-Nr.: 321/20.. Kundennr.: 12389991

Am 13.08.20.. lieferten wir Ihnen frei Haus:

Pos.	Menge	Artikel	Einzel-preis (€)	Gesamt-preis (€)
1	80 Paar	Sneaker „Sporty"	100,00	8.000,00
2	20 Stück	Sneaker „Schleichi"	80,00	1.600,00
Warenwert		**USt 19 %**	**Rechnungsbetrag**	
9.600,00 €		**1.824,00 €**	**11.424,00 €**	

Zahlung fällig rein netto am 13.09.20..
Die Ware bleibt bis zur vollständigen Bezahlung unser Eigentum.
Vielen Dank für Ihren Auftrag.

Bankverbindung: Sparbank München
IBAN DE71 7906 9000 0001 2612 15 – BIC: SPAVDEXXMU2

Beleg 1

Spedition Schweiger e. K.
Postfach 17722
87600 Kaufbeuren

Erwin Schleicher Sneaker e. K.
Schmittchenstr. 39
81230 München

Kaufbeuren, 14.08.20..

Rechnung Nr. 336/20..
für die Belieferung Ihres Kunden
Schuhgeschäft Erhart Style
am 13.08.20..

Rechnungsnummer. 20.-3124
Kundennummer: 16685

Spedition Schweiger e. K.
Spezialtransporte
Lagerung, Klein- u. Eiltransporte
Postfach 17722
Goethestr. 17
87600 Kaufbeuren
Telefon: 08341-456668
Telefax: 08341 - 576668
Amtsgericht Kaufbeuren HRA 1399
USt-IdNr.: DE145559790
Steuernummer: 343/56722

Ausgangsort	Zielort	Gegenstand	Gesamt-preis €
München	Landsberg	10 Kartons anliefern zuzüglich Abladen	60,00 20,00
		Wert netto + 19 % Umsatzsteuer	80,00 15,20
		Rechnungsbetrag	**95,20**

Bankverbindung: Handelsbank Kaufbeuren
IBAN DE95 7055 6700 0099 6678 68 – BIC: HABKDEKF

Betrag fällig am 12. Juni 20.. ohne Abzug

Beleg 2

4.4 Das Unternehmen stellt auch vier verschiedene Arten von Businessschuhen her. Da sich im vergangenen Jahr das Unternehmensergebnis verschlechtert hat, soll untersucht werden, ob eine Produktelimination das Ergebnis verbessern könnte. Untersuchen Sie, welches Produkt aus der Produktion genommen und welches besonders gefördert werden sollte.

	Produkt 1	Produkt 2	Produkt 3	Produkt 4
NVP	270,00 €	260,00 €	190,00 €	240,00 €
Fertigungsmaterial	140,00 €	130,00 €	130,00 €	150,00 €
Fertigungslöhne	90,00 €	100,00 €	70,00 €	70,00 €
Absatz	2 000 Stück	3 000 Stück	4 000 Stück	3 000 Stück

V

Countdown zum großen Finale – der Abschlussprüfung in BwR

1 Countdown zum großen Finale

Hier startet Ihr letztes Projekt im Fach Betriebswirtschaftslehre/Rechnungswesen: der Countdown zum großen Finale, der Abschlussprüfung! Nun zahlt sich jede einzelne Stunde aus, in der Sie unsere fachlichen Inhalte schon intensiv gelernt und geübt haben. Auf geht's zum Endspurt!

Tipps zur Vorbereitung

Niemand schafft es, sich den BwR-Stoff in der Woche vor der Prüfung ins Hirn zu pauken – glauben Sie den lässigen Typen unter den ehemaligen Schülerinnen und Schülern lieber nicht, die behaupten: „Hab' nur eine Woche gelernt und eine Drei geschafft!" Folgende Tipps können Ihnen wirklich helfen:

1. Keine Panik entstehen lassen: rechtzeitiges Vorbereiten lässt Sie möglichst entspannt Richtung Prüfung blicken.

2. Gestalten Sie sich einen Lernplan (ggf. auch für Deutsch, Mathe, Englisch), den Sie immer im Blick haben: Was ist wann zu tun? Es tut gut, erledigte Aufgaben abzuhaken.

3. Bilden Sie Lerngruppen, möglichst mit Mitschülerinnen und Mitschülern, die besser und schlechter sind als Sie. Die Fragen der Schwächeren können Sie weiterbringen und das Erklären des Stoffs bzw. der Lösungen strukturiert Ihr Wissen.

4. Besorgen Sie alle Materialien, die Sie zur Vorbereitung brauchen, und legen Sie sie an einem bestimmten Platz in Ihrem Zimmer zurecht: Schulbücher, Arbeitshefte, Schulhefte, Vorbereitungsbücher, Taschenrechner …

5. Fragen Sie Ihre BwR-Lehrkraft, ob sie die von Ihnen zusätzlich bearbeiteten Aufgaben korrigieren und mit Ihnen besprechen würde.

6. Gehen Sie den Stoff Kapitel für Kapitel durch: auch Themen aus der 7. Jahrgangsstufe sind noch für die Prüfung relevant. Lesen Sie zunächst die theoretischen Inhalte konzentriert durch und notieren Sie alle Fragen, die sich Ihnen stellen.

7. Bearbeiten Sie erst einfache, dann schwierigere Aufgaben zum jeweiligen Thema. Decken Sie ggf. die Lösung ab! Das Durchlesen der fertigen Lösungen bringt Sie nicht weiter, da Sie nicht merken, wo Sie nicht weitergekommen wären! Markieren Sie unklare Stellen mit Fragezeichen.

8. Sagen Sie sich jeden einzelnen Tag: „Ich schaffe das, denn ich bin gut vorbereitet!" Mut tut gut!

Wir möchten, dass Sie zu den Schülern gehören, die sich in der Abschlussprüfung sogar verbessern. Deshalb startet jetzt der …

Countdown zum großen Finale rund um das Unternehmen Blauschneider

Der Buchungskreislauf

> • Frischen Sie Ihre Kenntnisse gründlich auf: Merken Sie sich die Schritte beim Buchungskreislauf und wie die vier Kontenarten funktionieren.
> • Üben Sie anschließend Buchungssätze zu jeder Phase: laufende Buchungen, Vorabschluss, Abschluss übers GuV-Konto und das Schlussbilanzkonto.
> • Notieren und klären Sie alle Fragen, die beim Bearbeiten des Themas aufkommen.

Zehn ...

AUFGABE ZEHN ZUM BUCHUNGSKREISLAUF

1. Überprüfen Sie die folgenden Aussagen auf ihre Richtigkeit und stellen Sie falsche Aussagen richtig:
   1.1 Die vier Kontenarten heißen aktive und passive Bestandskonten, Aufwands- und Erfolgskonten.
   1.2 Der Anfangsbestand des Kontos 5000 UEFE steht im Haben.
   1.3 Beim Verkauf von eigenen Produkten gegen Rechnung werden beim Konto 2400 FO folgende Gegenkonten im Haben eingetragen: UEFE, VORST.
   1.4 Die Hauptkonten werden beim Vorabschluss über die Unterkonten abgeschlossen.
   1.5 Alle Erfolgskonten werden über das Konto 8020 GUV abgeschlossen.
   1.6 Das Synonym für Saldo lautet Schlussbestand.
   1.7 Die Bestandskonten werden mithilfe der Schlussbilanz abgeschlossen.
   1.8 Zum Abschluss eines aktiven Bestandskontos benötigt man bei drei Eintragungen die Buchhalternase und 12 einzelne Abschlussstriche.

60 Minuten

2. Erklären Sie dem Azubi Tim, wie das Eintragen der Anfangsbestände bei den vier Kontenarten funktioniert.
3. Nennen Sie drei „laufende Buchungen", die während des Geschäftsjahres vorkommen können – freie Wahl für Ihre Buchungssätze!
4. Schließen Sie folgende Konten in der richtigen Reihenfolge mit dem ent-sprechenden Buchungssatz ab: 2400 FO, 5000 UEFE, 0500 GR, 6002 NR, 4800 UST, 3000 EK, 4250 LBKV, 6030 AWB, 3001 P (die Entnahmen überwiegen), 6000 AWR.
5. Übernehmen Sie das T-Konto 2880 KA in Ihr Heft (Anfangsbestand 20.700,00 €), bilden Sie die Buchungssätze für die drei Geschäftsfälle, tragen Sie sie mit Gegenkonten ein und schließen Sie das Konto korrekt ab (Buchungssatz!):
   5.1 Barkauf eines Tablets für 800,00 € netto.
   5.2 Jeans im Warenwert von 400,00 € werden gegen bar verkauft.
   5.3 Der Jeansladen TREND21 zahlt unsere Rechnung bar: 714,00 € brutto.

S	2880 KA	H

Neun ...

60 Minuten

Einkauf und Verkauf

> • Wiederholen Sie die Themenbereiche Einkauf von Werkstoffen sowie den Verkauf eigener Erzeugnisse gründlich: Belege, Fachbegriffe rund um die Zahlungs- und Lieferbedingungen, Marketingziele, Portfolioanalyse, Skontoschema, Buchungssätze ...
>
> • Notieren und klären Sie alle Fragen, die beim Bearbeiten des Themas aufkommen.

AUFGABE NEUN ZUM EINKAUF UND VERKAUF

Bearbeiten Sie den Beleg 1:

1. Bilden Sie die Buchungssätze (mit Nebenrechnungen) für...

    1.1   die vorliegende Eingangsrechnung,

    1.2   die Barzahlung der Frachtkosten in Höhe von 800,00 € netto an die Spedition Huckepack,

    1.3   die Gutschrift aufgrund unserer Mängelrüge (kleine Farbfehler) in Höhe von 500,00 € netto,

    1.4   den Rechnungsausgleich per Überweisung am 10.07.20..

2. Wie lautet der Fachbegriff für den Vermerk „Die Ware bleibt bis zur ..."?

Blue4u AG
Am Isarufer 10
80999 München
Tel. 0889 61 35 88
Fax 089 61 35 99

Blauschneider Jeans e. K.
Levistraße 2 – 4
96050 Bamberg

München, 28. November 20..

Rechnung
Rechnungsnummer: 8600-20..
Kundennummer: 24665
Wir lieferten Ihnen am 27.11.20..

Pos.	Ballen	Einzelpreis €	Gegenstand	Gesamt-preis €
1	6	1.400,00	101 Japan Denim Jeansstoff abzüglich Rabatt	8.400,00 0,00
			Warenwert Frachtkosten u. abladen + 19 % Umsatzsteuer	8.400,00 0,00 1.596,00
			Rechnungsbetrag	**9.996,00**

Vorstand: Prof. Dr. Thorsten Menisch, Dr. Eugen Löffler
Aufsichtsratsvorsitzender: Dr. Karsten Albrecht
USt-IdNr. DE 879234567   Steuernr. 123/4579/2316

Zahlungsbedingungen: 3. Januar 20.. rein netto / bis 15. Dezember 20.. 3 % Skonto.
Die Ware bleibt bis zur vollständigen Bezahlung Eigentum der Blue4u AG.
Bankverbindung: Spar-Bank München
BIC: SKLALDEFX, IBAN DE14 7005 8000 0007 2233 56

Beleg 1

3. Blauschneider verkauft eine Reihe von Jeans an den Denim Store in Nürnberg. Bearbeiten Sie nachstehende Aufgaben:

    3.1 Nennen Sie drei ökonomische Marketingziele und beschreiben Sie drei Aktivitäten, mit denen wir das Interesse des Denim Store an unseren Produkten geweckt haben könnten.

    3.2 Bilden Sie die Buchungssätze für

        3.2.1 die vorliegende Rechnung (Beleg 2):

Blauschneider Jeans e. K.
Levistraße 2 – 4
96050 Bamberg

Blauschneider Jeans e. K., Levistraße 2 – 4, 96050 Bamberg

Denim Store Nürnberg
Breite Gasse 123
90402 Nürnberg

Amtsgericht Bamberg HRA 3345
Tel.: 0951 497244
Fax: 0951 497255

Bamberg, 23. Juni 20..

Rechnung Nr. 475/20..

Für die Lieferung vom 22. Juni 20.. erlauben wir uns, Ihnen zu berechnen:

Artikel	Artikel-Nr.	Einzel-preis €	Stück	Gesamt-preis €
Straight Jeans, je 60 Stück in Gr. M, L	ST4	95,00	120	11.400,00
Slim Jeans, je 50 Stück in Gr. S, m	SL3	75,00	100	7.500,00
– 8 % Treuerabatt				1.512,00
Warenwert				17.388,00
+ Leihverpackung (Gitterbox)				100,00
Nettowert				17.488,00
+ 19 % Umsatzsteuer				3.322,72
Rechnungsbetrag				**20.810,72**

Zahlung fällig am 23. Juli 20.. rein netto
Bei Bezahlung bis zum 3. Juli 20.. gewähren wir 2 % Skonto.
Die Ware bleibt bis zur vollständigen Bezahlung unser Eigentum.

Beleg 2

        3.2.2 die Barzahlung des Rollgelds an die Spedition Schlepp, 320,00 € netto.

        3.2.3 die Überweisung des fälligen Betrags durch Herrn Franke, Geschäftsführer des Denim Store, Ende Juni.

    3.3 Trotz mehrfacher Mahnungen zahlt die Jeans-Fritz GmbH aus Kulmbach unsere Rechnung über 535,50 € brutto nicht.

        3.3.1 Bilden Sie den Buchungssatz.

        3.3.2 Frau Blauschneider liest im Wirtschaftsteil der Tageszeitung die nebenstehende Information – erklären Sie den Begriff „mangels Masse".

        3.3.3 Bilden Sie den Buchungssatz zu dieser Bekanntmachung.

        3.3.4 Mitte Oktober gehen unerwartet 160,65 € für die Rechnung an Jeans-Fritz auf dem Geschäftsbankkonto ein. Bilden Sie den Buchungssatz.

Bekanntmachung in gerichtlichen Verfahren
Insolvenzverfahren
Bezirk des OLG Bamberg
5 IN 432/20.. Über das Vermögen der Firma Jeans-Fritz GmbH, Melkendorfer Str. 4, 95326 Kulmbach, vertreten durch Geschäftsführer Karl Berold, wird das Insolvenzverfahren mangels Masse nicht eröffnet.

Acht ...

Kalkulationen

- Lernen Sie die Schemata zur Gesamtkalkulation und zur Stückkalkulation auswendig, bis Sie sie vorwärts und rückwärts aufsagen können.
- Üben Sie das Berechnen der Zuschlagsätze sowie das richtige Ansetzen der Grundwerte im Rahmen der Stückkalkulation und der Differenzkalkulation.
- Notieren Sie alle Fragen, die beim Bearbeiten des Themas aufkommen.

AUFGABE ACHT ZU KALKULATIONEN

50 Minuten

1. Aus der Kalkulation des Unternehmens Blauschneider liegen diese Angaben vor:

Materialkosten		94.500,00 €
Materialgemeinkosten-Zuschlagsatz		5 %
Fertigungsgemeinkosten-Zuschlagsatz		160 %
Herstellkosten der Erzeugung		272.600,00 €
Selbstkosten		329.280,00 €
Unfertige Erzeugnisse	Anfangsbestand	236.500,00 €
	Schlussbestand	233.000,00 €
Fertige Erzeugnisse	Anfangsbestand	452.600,00 €
	Schlussbestand	454.300,00 €

   1.1 Berechnen Sie den Rohstoffverbrauch.
   1.2 Berechnen Sie die Höhe der Fertigungslöhne.
   1.3 Ermitteln Sie jeweils Art und Höhe der Bestandsveränderungen bei den unfertigen Erzeugnissen und fertigen Erzeugnissen.
   1.4 Berechnen Sie den gemeinsamen Zuschlagsatz für die Verwaltungs- und Vertriebsgemeinkosten.

2. Der Kalkulation für eine Jogg Pants aus eigener Herstellung liegen unter anderem diese Werte zugrunde:

Materialkosten	17,80 €
Herstellkosten	49,00 €
Fertigungsgemeinkosten-Zuschlagsatz	160 %
Verwaltungs-/Vertriebsgemeinkosten-Zuschlagsatz	20 %

   2.1 Berechnen Sie die Höhe der Fertigungslöhne in €.
   2.2 Ermitteln Sie den Selbstkostenpreis je Jogg Pants Jeans.
   2.3 Erklären Sie dem Azubi Tim, welche Zuschläge Sie noch auf den Selbstkostenpreis aufschlagen werden und warum.
   2.4 Berechnen Sie den Listenverkaufspreis, wenn den Kunden 2 % Skonto und 5 % Rabatt gewährt werden sollen und 25 % Gewinn herausspringen sollen.
   2.5 Blauschneider bietet die Jogg Pants zum berechneten Listenverkaufspreis an. Kurz darauf erhält Frau Blauschneider folgende Mail:

<table>
<tr><td>

Von: Boutique PFAFF
An: Blauschneider Jeans e. K., Bamberg
Kopie: Rechnungswesen

Sehr geehrte Damen und Herren,

mit Interesse haben wir folgendes neues Produkt auf Ihrer Website entdeckt: **JP1**

Jogg-Pants, Gr. S bis XL, 93,95 € brutto

Laut Ihren AGBs sind 5 % Rabatt und 2 % Skonto eingeplant. Da wir eine große

Menge dieser Jogg-Pants bestellen würden, nämlich 250 Stück, bei Erfolg auch mehr,

würden wir gern mit einem erhöhten Rabatt von 20 % kalkulieren.

Bitte teilen Sie uns mit, ob dieses Entgegenkommen möglich ist.

Mit freundlichen Grüßen

Manfred Pfaff

Boutique Pfaff, Pfaffenhofen

</td></tr>
</table>

Joggpants JP1

2.5.1 Berechnen Sie den Stückgewinn in € und in %, wenn die Bedingungen der Boutique angenommen werden.

2.5.2 Frau Blauschneider gewährt der Boutique den höheren Rabatt. Erklären Sie, welches P des Marketingmix sie somit anwendet.

2.5.3 Ein fleißiger Praktikant hat in diesem Zusammenhang bereits einen Buchungssatz gebildet: Überprüfen Sie diesen Buchungssatz auf Richtigkeit (z. B., ob der gewünschte Rabatt gewährt wurde) und erklären Sie dem Praktikanten gegebenenfalls, wo er einen Fehler gemacht hat.

2400 FO	15.032,08 €	an	5000 UEFE	12.632,00 €
			4800 UST	2.400,08 €

2.5.4 Im Zusammenhang mit diesem Verkauf liegt der Buchhaltung von Blauschneider folgender Beleg vor – bilden Sie den Buchungssatz.

Netto	*70*	Cent	*00*	**Quittung**
+ 19 % USt.	*13*	Cent	*30*	
Gesamt	*83*	Cent	*30*	

Gesamtbetrag in Worten

Dreiundachtzig ------------------------------- Cent wie oben

(im Gesamtbetrag sind 19 % Umsatzsteuer enthalten)

von *Blauschneider Jeans*

für *Kartons, Größen L und XL*

richtig erhalten zu haben, bestätigt

Ort *Bamberg*   Datum *20. Juni 20..*

Buchungsvermerke   Stempel/Unterschrift des Empfängers

P. Pappe

Papierbedarf Pappe

Sieben ...

45 Minuten

Kredite und Zinsen

- Frischen Sie Ihre Kenntnisse zu den Themen Zinsen und Kredite gründlich auf: Kreditarten, Formeln, Buchungssätze...
- Erstellen Sie eine Übersicht über die verschiedenen Arten von Zinsen und deren Aufgabengebiete.
- Üben Sie anschließend die Buchungssätze zur Auszahlung und Tilgung, Zinszahlung usw.
- Notieren Sie alle Fragen, die beim Bearbeiten des Themas aufkommen.

AUFGABE SIEBEN ZU DEN KREDITEN

1. Überprüfen Sie die folgenden Aussagen auf ihre Richtigkeit und stellen Sie falsche Aussagen richtig:

    1.1   Ein Zinsjahr hat 365 Tage.

    1.2   Der effektive Zinssatz setzt die Kreditkosten ins Verhältnis zur Kreditsumme.

    1.3   Beim Lieferantenkredit ist der Rechnungsbetrag mit dem Kreditbetrag der Bank gleichzusetzen.

    1.4   Ein Kredit mit einer Laufzeit von 120 Tagen läuft z. B. vom 04.05.20.. bis zum 04.09.20..

2. Blauschneider möchte aus Gründen der Nachhaltigkeit eine neue Lüftungsanlage mit modernster Umwelttechnologie installieren. Der Finanzierungsbedarf liegt, nach Abzug staatlicher Zuschüsse, bei 24.500,00 €. Dazu soll ein kurzfristiger Kredit aufgenommen werden. Die Unternehmensleitung hat bereits zwei Kreditangebote eingeholt:

Regnitz Bank Bamberg	Sparkasse Franken
Zinssatz 2,2 % p. a.	Auszahlung 100 %
Auszahlung 98 %	Laufzeit 300 Tage
Laufzeit 300 Tage	Zinssatz 2,4 % p. a.
Zinsen 458,33 €	Effektivverzinsung 2,4 %

    2.1   Die Angaben zum Angebot der Regnitz Bank Bamberg sind unvollständig. Berechnen Sie

        2.1.1 die Höhe des tatsächlich benötigten Kredits,

        2.1.2 die effektive Verzinsung für das Kreditangebot der Regnitz Bank.

    2.2   Die Unternehmensleitung entscheidet sich für das Angebot der Sparkasse Franken. Begründen Sie diese Entscheidung.

    2.3   Bilden Sie den Buchungssatz für die Kreditbereitstellung auf dem Geschäftsbankkonto.

    2.4   Blauschneider kauft die neue Lüftungsanlage für 21.990,00 € netto. Auf der Rechnung stehen auch 2.160,00 € netto für die Montage und 350,00 € netto für die Fracht. Bilden Sie den Buchungssatz.

3. Vom Lieferer Thomas Kirchmaier geht das unten stehende Mahnschreiben für eine noch offene Heizölrechnung ein. Sie stellen fest, dass diese Rechnung nicht auffindbar ist und bisher auch noch nicht gebucht wurde.

3.1 Erläutern Sie, was die Angabe „p. a.", die im Mahnschreiben bei der Formulierung „... 8,12 % Verzugszinsen p. a. ..." angegeben ist, bedeutet.

3.2 Überprüfen Sie die Höhe der Verzugszinsen rechnerisch.

3.3 Bilden Sie die Buchungssätze für

    3.3.1 die Belastung mit Verzugszinsen und Bearbeitungsgebühr laut Mahnschreiben,

    3.3.2 den angeforderten und nun eingegangenen Ersatzbeleg für die offene Heizölrechnung,

    3.3.3 die Banküberweisung des Gesamtbetrags.

3.4 Formulieren Sie eine kurze Mail, die Frau Blauschneider in diesem Zusammenhang an Thomas Kirchmaier schicken könnte.

Thomas Kirchmaier GmbH
Brennstoffhandel

Münchner Straße 22, 96231 Bad Staffelstein

Blauschneider Jeans e. K.
Levistraße 2 – 4
96050 Bamberg

Thomas Kirchmaier GmbH,
Brennstoffe aller Art
Geschäftsführer: Thomas Kirchmaier
Registergericht Bamberg HRB 5599
Tel.: 09573 5678 – Fax: 09573 5688
Bankverbindung: Allgäukasse
IBAN: DE 55 6788 8800 5677 7866 66
BIC: ALLBKRHWXX5

Mahnung   Bad Staffelstein, 23. Juni 20..

Sehr geehrte Frau Blauschneider,

am 2. März 20.. lieferten wir Ihnen 4.500 Liter leichtes Heizöl für 1.810,00 € netto. Wir mussten leider feststellen, dass die am 2. April 20.. fällige Rechnung Nr. 312/20.. bis heute noch nicht beglichen wurde. Gemäß unseren AGB belasten wir Sie daher ab Fälligkeit der Rechnung mit 8,12 % Verzugszinsen p. a. und 20,00 € Bearbeitungsgebühr.

Bitte begleichen Sie umgehend die Gesamtschuld von nun 2.198,68 €.

Mit freundlichen Grüßen

Thomas Kirchmaier

Sechs ...

35 Minuten

Anlagevermögen

> • Wiederholen Sie die Kapitel Anlagevermögen und Abschreibungen gründlich.
> • Notieren Sie alle Fragen, die beim Bearbeiten des Themas aufkommen.

AUFGABE SECHS ZUM ANLAGEVERMÖGEN

1. Wegen eines technischen Schadens fällt ein Nähroboter 2i aus. Für diese Maschine liegt Ihnen die Rechnung für die Anschaffung sowie die Anlagekarte vor, die für die gesamte vorgesehene Nutzungsdauer erstellt worden ist:

   1.1 Ermitteln Sie die Anschaffungskosten und die Anschaffungsnebenkosten dieses Roboters 2i.

   1.2 Bestimmen Sie das gewählte Abschreibungsverfahren und beschreiben Sie zwei Merkmale davon.

   1.3 Schreiben Sie die Abkürzung AfA aus.

   1.4 Ermitteln Sie die geschätzte Nutzungsdauer des ROBO 2i.

   1.5 Überprüfen Sie den AfA-Betrag fürs erste Nutzungsjahr rechnerisch.

   1.6 Bilden Sie den Buchungssatz für die Abschreibung im ersten Jahr.

   1.7 Erklären Sie, warum es drei unterschiedlich hohe AfA-Beträge im Laufe der Nutzungsdauer gibt.

Malka KG
Fertigungsmaschinen und
Industrieroboter
Würzburg

Malka KG, Bahnhofsstraße 14, 97070 Würzburg

Blauschneider Jeans e. K.
Levistraße 2 – 4
96050 Bamberg

Bahnhofsstraße 14
97070 Würzburg
Telefon: 0931 3445589
Amtgericht Würzburg HRA 4236
Kontoverbindung:
Hausbank Würzburg
IBAN DE92 7036 5500 0099 1557 66
BIC GENODEF1WU1

Rechnung

Rechnungsnummer: 45/2022
Kundennummer: 552
Datum: 13. April 2022
geliefert am 13. April 2022

Art-Nr.	Artikel	Menge	Preis in € je Einheit	Betrag in €
2-07	ROBO 2i Nähroboter	1	90.000,00	90.000,00
	Fundament			4.500,00
	Fracht			1.500,00
	Erstausstattung mit Schmiermitteln			300,00
	Einweisung der Mitarbeiter/-innen			700,00
	Nettopreis			97.000,00
	+ 19 % Umsatzsteuer			18.430,00
	Rechnungsbetrag			**115.430,00**

Anlagenkarte		
Bezeichnung: ROBO 2i		
Konto: 0700 MA		
Inventar-Nr.: 0700/15/20..		
Abschreibungssatz: 20 %		
Anschaffungskosten: ########		
Datum	AfA-Betrag	Restbuchwert
31.12.2022	14.550,00 €	82.450,00 €
31.12.2023	19.400,00 €	63.050,00 €
31.12.2024	19.400,00 €	43.650,00 €
31.12.2025	19.400,00 €	24.250,00 €
31.12.2026	19.400,00 €	4.850,00 €
31.12.2027	4.849,00 €	1,00 €

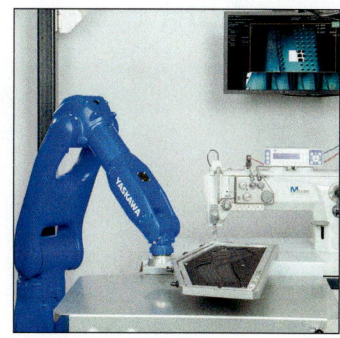

2. Frau Blauschneider hat das Sekretariat modernisiert. Bearbeiten Sie folgende Aufgaben:

2.1 Begründen Sie mithilfe der exakten Wertgrenzen, auf welchen Konten diese Anschaffungen jeweils erfasst werden.

2.2 Bilden Sie den Buchungssatz zum nebenstehenden Beleg.

2.3 Erklären Sie den Hinweis auf der Rechnung „Lieferung frei Haus".

2.4 Erklären Sie die Zahlungsbedingung „Fällig am 4. Juli rein netto".

2.5 Azubi Yasin versteht den Sinn der Erfassung auf 0890 GWG nicht. Sie erklären es ihm gerne.

Toni Schreiber
Büroeinrichtungen und Büromaterial
Würzburg

Toni Schreiber, Bahnhofstraße 14, 97070 Würzburg

Blauschneider Jeans e. K.
Levistraße 2 – 4
96050 Bamberg

Bahnhofstr. 14
97070 Würzburg
Telefon: 0931 2345567
Amtsgericht Würzburg HRA 2388
USt-IdNr. DE 564323911
Steuernr. 121/6433/6799
Kontoverbindung:
Hausbank Würzburg BIC DENODEF2P17
IBAN DE83 7609 0900 0099 1557 42

Rechnung   Würzburg, den 4. Juni 20..

Art-Nr.	Gegenstand	Menge	Preis in € je Einheit	Betrag in €
BSt	Büroregal „Sekretariat"	1	1.498,00	1.498,00
PC	PC Dual-Core-Prozessor	10	1.100,00	11.000,00
Fax	Faxgerät „Funspeed"	5	398,00	1.990,00
Kp	Aktenvernichter	2	39,00	78,00
	Warenwert			14.566,00
	+ 19 % Umsatzsteuer			2.767,54
	Rechnungsbetrag			**17.333,54**

Lieferung frei Haus. Vielen Dank für Ihren Auftrag. Fällig am 4. Juli 20.. rein netto
Bitte bei Zahlungen und Schriftwechsel stets die Rechnungsnummer mit angeben.

Fünf ...

Kapitalanlage

> • Frischen Sie Ihre Kenntnisse zum Thema Kapitalanlage gründlich auf: Wertpapiere, Immobilien,...
>
> • Notieren Sie alle Fragen, die beim Bearbeiten des Themas aufkommen.

AUFGABE FÜNF ZUR KAPITALANLAGE

1. Erklären Sie folgende Begriffe in jeweils zwei Sätzen: Diversifikation, Anleihe, Edelmetall, Immobilien, DAX, Bär, Kurswert, Valuta, ETF.

2. Erklären Sie die Ziele einer Kapitalanlage in Immobilien und in Aktien anhand der Kriterien des magischen Dreiecks.

3. Das Unternehmen Blauschneider hat im Mai letzten Jahres liquide Mittel, die erst im Juli dieses Jahres zur Finanzierung einer neuen EDV-Anlage benötigt werden, in 500 Chemie-AG-Aktien angelegt (Buchwert 17.675,00 €).

40 Minuten

   3.1 Nehmen Sie zu der Entscheidung von Frau Blauschneider Stellung, liquide Mittel in Aktien anzulegen (mit Begründung).

   3.2 Frau Blauschneider hat sich kurzfristig entschlossen, einen Teil der Aktien früher als geplant abzustoßen, und beauftragt Sie, dieses Aktienpaket „bestens" zu verkaufen. Nennen Sie einen möglichen Grund für den vorzeitigen Verkauf der Aktien.

   3.3 Für den Verkauf der Chemie-Aktien liegt Ihnen nebenstehender Beleg vor. Werten Sie zunächst diesen Beleg aus:

      3.3.1 Bestimmen Sie, an welcher Börse die Aktien verkauft wurden.

      3.3.2 Nennen Sie drei weitere deutsche Börsenplätze.

      3.3.3 Ermitteln Sie die Anzahl der verkauften Aktien.

      3.3.4 Bilden Sie den Buchungssatz für den Verkauf.

   3.4 Am 2. Juli 20.. erfolgt die Dividendengutschrift durch die Bank mit 0,30 € je Aktie. Bilden Sie den Buchungssatz.

4. Bei einer Kapitalanlage in Aktien hofft man auf einen Kursgewinn und auf eine Dividende. Erklären Sie, worauf man bei der Anlage in Immobilien hofft.

Regnitzbank Bamberg

Regnitzbank Bamberg   96050 Bamberg

Blauschneider Jeans e. K.
Levistraße 2 – 4
96050 Bamberg

Abrechnung Wertpapierverkauf
Kommissionsgeschäft
Auftragsnummer: 061402377
Schlusstag: 23.06.20..
Börse: München
Verwahrungsort: Girosammel
Lagerort

Kapitalerträge sind einkommensteuerpflichtig

Sehr geehrter Kunde,
für Ihr Depot 484346 haben wir Stück   300
CHEMIE-AG NAMENS-AKTIEN O. N.
ISIN DE0005003404 zu 55,00 € pro Stück verkauft.

Die angeführten Werte haben wir Ihrem Depot entnommen:

Verkaufsabrechnung
Kurswert   16.500,00 €
Spesen 1 %   165,00 €

Mit Valuta 24.06.20.. wurde 16.335,00 €
Ihrem Konto 1270008374 gutgeschrieben.

Informationen über das von Ihnen verkaufte Wertpapier:
Datum letzte Dividende: 01.07.20..

Irrtum vorbehalten! Grundlage sind unsere Geschäftsbedingungen. Diese Abrechnung wird nicht unterschrieben. Angefallene Kapitalertragsteuer wurde an das Finanzamt für Körperschaften, München, abgeführt.

Personalbereich

Vier ...

> • Lernen Sie die Begriffe rund um die Themen Unternehmens- und Personalführung,
>   Leitungssysteme, Privatkonto sowie Lohnabrechnung nochmals.
> • Üben Sie die Buchungssätze rund um den Personalaufwand.
> • Notieren Sie alle Fragen, die beim Bearbeiten des Themas aufkommen.

AUFGABE VIER ZUM PERSONALBEREICH

1. Blauschneiders Abteilungsleiter sind unterschiedliche Persönlichkeiten – ordnen Sie ihre Aussagen dem jeweiligen Führungsstil und der Führungstechnik zu:

   1.1 Herr Lamparter: „Keine Diskussion mehr, das wird nun so gemacht. Frau Huber, Sie übernehmen die Auswertung der Zahlen vom Mai."

   1.2 Frau Blauschneider: „Ich möchte mit Ihnen die Strategie fürs Onlineshoppen besprechen."

   1.3 Frau Baumann: „Wir möchten noch im Juni diese Verkaufszahlen erreichen. Der Onlineshop wird heute noch umgestaltet, basta."

   1.4 Herr Rossi: „Okay, Sie können die Präsentation dieses Mal umgestalten, auch wenn das nicht ganz meinen Vorgaben entspricht. Ist aber auch gut."

   1.5 Herr Wagner: „Was redet die Schmidt denn schon wieder über fehlende Kommunikation?! Die soll ihre Arbeit machen und das reicht!"

40 Minuten

2. Für den Monat Juni liegt Ihnen folgendes, noch unvollständiges Lohnjournal (alle Beträge in €) vor. Bilden Sie aufgrund der Angaben im Lohnjournal die Buchungssätze für

   2.1 die Erfassung des Personalaufwands für den Monat Juni (Banküberweisung),

   2.2 die Banküberweisung der Steuern an das Finanzamt und

   2.3 der Sozialversicherungsbeiträge an die Krankenkasse.

Name	Brutto	Lohnsteuer	Kirchen-steuer	Solidaritäts-zuschlag	Sozialvers. AN	Sozialvers. AG	Auszahlung
Anderle	2.560,00	563,20	45,06	–	494,85	494,85	?
Bastlhuber	3.800,00	950,00	–	–	734,54	734,54	?
Czerwanski	7.287,50	1.603,25	128,26	16,59	1.408,68	1.408,68	?
Davidov	890,00	0,00	0,00	–	172,04	172,04	?
Gesamt	**14.537,50**	**3.166,45**	**173,32**	**16,59**	**2.810,11**	**2.810,11**	**?**

3. Geben Sie an, zu welchen Daten die Überweisungen von 2.2 und 2.3 erledigt sein müssen.

4. Erklären Sie den Azubis

    4.1 wofür der Solidaritätszuschlag erhoben wird bzw. wurde und

    4.2 welche gesetzlichen Sozialversicherungen in der Lohnabrechnung auftauchen.

5. Nennen Sie je zwei konkrete Beispiele für die so genannten gesetzlichen und freiwilligen Lohnzusatzkosten, die eine Arbeitgeberin wie Julia Blauschneider neben dem Lohn/Gehalt für ihre Mitarbeiter/-innen zahlt.

6. Im Rahmen einer innerbetrieblichen Weiterbildung legen Sie den Auszubildenden eine Infografik zur Bearbeitung vor. Ermitteln Sie...

    6.1 wie viel ein Unternehmer im Schnitt für einen Arbeitnehmer mit 3.000,00 € Bruttogehalt pro Monat an Sozialversicherungsbeiträgen zahlt,

    6.2 wie hoch der Beitragssatz für die Rentenversicherung ist,

    6.3 warum 3.000,00 € - 596,25 € nicht das Nettogehalt des dargestellten Arbeitnehmers ergibt und

    6.4 von wem die Daten für die Infografik stammen.

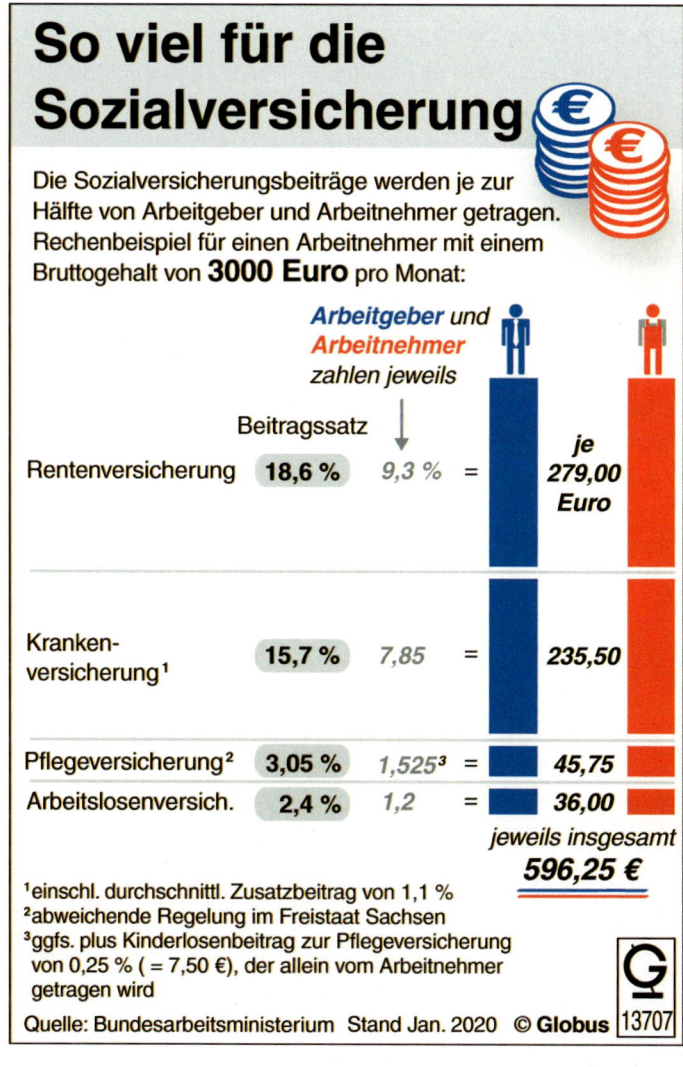

Vorbereitende Abschlussbuchungen und Analysen

Drei ...

> • Frischen Sie Ihre Kenntnisse zum Thema vorbereitende Abschlussbuchungen gründlich auf. Dieses Themengebiet umfasst u. a. die Abschreibungen auf Sachanlagen und Forderungen, die zeitliche Abgrenzung und den Abschluss von Unterkonten.
> • Erstellen Sie sich einen Überblick zu den Kapiteln beim Thema Abschreibung auf Forderungen und zur zeitlichen Jahresabgrenzung.
> • Notieren Sie alle Fragen, die beim Bearbeiten des Themas aufkommen.

AUFGABE DREI ZU DEN VABS UND DER UNTERNEHMENSANALYSE

1. Zum 31. Dezember 20.. sind bei Blauschneider unter anderem die Buchungssätze für einige vorbereitende Abschlussbuchungen zu bilden.

   1.1 Im Laufe des Geschäftsjahres wurden geringwertige Wirtschaftsgüter im Gesamtwert von 5.500,00 € netto angeschafft. Diese werden nun abgeschrieben.

   1.2 Bei den Fremdbauteilen meldet die Lagerverwaltung einen Mehrbestand in Höhe von 2.600,00 €.

   1.3 Die Summe der im Konto 3001 P erfassten Privateinlagen beträgt 48.000,00 €, die der Privatentnahmen 74.000,00 €.

   1.4 Die Miete für eine Lagerhalle in Höhe von 2.940,00 € netto für das Vierteljahr vom 1. November bis 31. Januar 20.. wurde vom Baumarkt BOB vereinbarungsgemäß im Voraus überwiesen.

   1.5 Die Reparatur des Firmen-Lkw konnte im Dezember nicht mehr durchgeführt werden und muss deshalb bis Mitte Januar 20.. verschoben werden. Hierzu liegt Ihnen der Kostenvoranschlag des Autohauses Moser vor:

40 Minuten

Dieselstraße 10	**Autoreparatur**
86154 Augsburg	**Moser**
Telefon: 0821 912556	
Telefax: 0821 912566	**e. Kfm.**
	Inspektionen
	TÜV

Blauschneider Jeans e. K.
Levistraße 2 – 4
96050 Bamberg

Kostenvoranschlag 4458
Datum: 20. Dezember 20..
Kundennummer: 124-94-B4

Fabrikat:	Transporter
Fahrgestell-Nr.:	JMBG13D200058675432999
Modellbezeichnung:	40635L
Kfz-Brief:	AB5647998
Pol-Kennzeichen:	BA-BS 18
Kilometerstand:	75.686 km

Reparatur Kotflügel:	250,00 €
Reparatur Scheinwerfer:	167,00 €
Reparatur Innenbeleuchtung:	42,00 €
Kleinteile	53,00 €
Nettobetrag:	512,00 €

Bei Auftragserteilung: Ausführung der Reparatur im neuen Jahr.

1.6   Die Abschreibung auf die neuen Laser-Schneidemaschinen (Anschaffungskosten gesamt 19.800,00 €) beträgt 20 %.

1.7   Eine Pauschalwertberichtigung von 0,8 % wird gebildet; folgende Bestände liegen in diesem Bereich vor:

2400 FO	75.803,00 €
2470 ZWFO	45.815,00 €

1.8   Die Zinsen für einen kurzfristigen Kredit in Höhe von insgesamt 540,00 € (für die Monate Dezember, Januar, Februar) wurden vereinbarungsgemäß im Voraus überwiesen.

1.9   Für einen schwebenden Prozess rechnet das Unternehmen Blauschneider mit Kosten von etwa 4.500,00 €.

2.   Ihnen liegt die aufbereitete, vereinfachte Bilanz des Unternehmens Müller e. K. zur Auswertung vor:

Aktiva	Aufbereitete Bilanz		Passiva
Anlagevermögen (AV)		Eigenkapital (EK)	820.000,00 €
Sachanlagen	1.055.200,00 €	Fremdkapital (FK)	
Umlaufvermögen (UV)		Langfristiges Fremdkapital	285.400,00 €
Vorräte	48.500,00 €	Kurzfristiges Fremdkapital	280.000,00 €
Forderungen	184.000,00 €		
flüssige Mittel	97.700,00 €		
Gesamtvermögen	1.385.400,00 €	Gesamtkapital	1.385.400,00 €

Außerdem sind folgende Werte bekannt:

Jahresüberschuss	320.000,00 €
Umsatzerlöse	5.150.000,00 €
Privatentnahmen	97.315,00 €
Privateinlagen	1.315,00 €

2.1   Berechnen Sie die Kennzahl der Finanzierung (Eigenkapitalanteil) und beurteilen Sie diese.

2.2   Ermitteln und beurteilen Sie die Einzugsliquidität. Nennen Sie zwei Maßnahmen, um diese zu verbessern.

2.3   Stellen Sie dar, welche sechs Bilanzposten zum Posten „Forderungen" zusammengefasst wurden.

2.4   Berechnen Sie die Kennzahl der Eigenkapitalrentabilität und beurteilen Sie diese.

2.5   Berechnen und beurteilen Sie die Kennzahl der Anlagendeckung II.

Okay, Kollegen …
im Rahmen der Initiative der
Unternehmensleitung sollen wir einen
Kollegen wählen, der die Kennzahlen
wöchentlich ermittelt und präsentiert.
Freiwillige vor!

Deckungsbeitragsrechnung

Zwei ...

- Wiederholen und lernen Sie die Fachbegriffe und Zusammenhänge in der Teilkostenrechnung.
- Gehen Sie mehrere Schemata zur Teilkostenrechnung (Deckungsbeitragsrechnung) durch und vollziehen Sie die Gedankengänge und Rechenschritte nach.
- Notieren Sie alle Fragen, die beim Bearbeiten des Themas aufkommen.

AUFGABE ZWEI ZUR DECKUNGSBEITRAGSRECHNUNG

1. Das **Unternehmen RELAX** produziert in seinem Zweigwerk in Hof Sitzsäcke (Typ A) und Sessel (Typ B). Sie haben dieses Tabellenblatt mit der Betriebsergebnisrechnung für das 2. Quartal 20.. erstellt.

	A	B	C	D
1	Betriebsergebnisrechnung 3. Quartal 20..			
2		Typ A	Typ B	gesamt
3	NVP/Stück (€)	165,00	145,00	
4	variable Kosten/Stück (€)	157,00	132,00	
5	Produktion - Absatz (Stück)	1 500	1 800	
6	Kapazität (Stück)	2 500	3 000	
7	Nettoverkaufserlöse (€)	247.500,00	261.000,00	
8	- variable Kosten (€)	235.500,00	237.600,00	
9	Deckungsbeitrag gesamt (€)	12.000,00	23.400,00	#########
10	- Fixkosten (€)			#########
11	Betriebsergebnis (Gewinn/Verlust) (€)			#########
12				

45 Minuten

1.1 Aufgrund eines Formatierungsfehlers sind die Werte in Spalte D nicht lesbar. Die Summe der Fixkosten ist Ihnen mit 44.400,00 € bekannt. Berechnen Sie den Betrag, der bei richtiger Formatierung in Zelle D11 stehen müsste.

1.2 Nennen Sie die Formeldarstellung, die im Tabellenblatt zur Ermittlung der variablen Kosten in Zelle C8 eingegeben wurde.

1.3 Nennen Sie zwei Beispiele für fixe Kosten.

1.4 Zu dieser Betriebsergebnisrechnung liegen Ihnen die Aussagen A bis F vor. Von diesen Aussagen sind nur drei richtig. Geben Sie auf Ihrem Lösungsblatt die Kennbuchstaben der richtigen Aussagen an.

Ⓐ Das Produkt „Typ A" erbringt den niedrigeren Deckungsbeitrag.

Ⓑ Der Gesamtdeckungsbeitrag wird größer, wenn bei gleich bleibenden Erlösen die variablen Kosten steigen.

Ⓒ Die Nettoverkaufserlöse sind umso höher, je höher die variablen Kosten sind.

Ⓓ Mit der Formel =B3*B5 wird der Betrag der Nettoverkaufserlöse für Typ A berechnet.

Ⓔ Die Fixkosten in Höhe von 44.000,00 € können den beiden Produkten im Verhältnis zur hergestellten und abgesetzten Stückzahl zugeordnet werden.

Ⓕ Die kurzfristige Preisuntergrenze für Typ A entspricht dem Wert in Zelle B4.

1.5 Blauschneider möchte das bisherige Betriebsergebnis verbessern, damit künftig zumindest die Kosten gedeckt werden können. Zu diesem Zweck entscheidet sich die Unternehmensleitung, den Nettoverkaufspreis von Typ B auf die langfristige Preisuntergrenze anzuheben.

    1.5.1 Begründen Sie, warum die Entscheidung zugunsten von Typ B gefallen ist.

    1.5.2 Ermitteln Sie die langfristige Preisuntergrenze für die Sessel, wenn Produktion und Absatz der Sitzsäcke unverändert bleiben sollen.

1.6 Da der Absatz der Sitzsäcke stark zurückgeht, überlegt die Unternehmensleitung, deren Produktion einzustellen. Produktion und Absatz der Sessel bleiben unverändert. Welche Auswirkung hätte diese Produktionseinstellung auf das Betriebsergebnis (mit Begründung)?

2. Das Unternehmen **Krönle Küchengeräte und Hotelleriebedarf e. K.** stellt in einem Zweigwerk zwei Ausführungen von Topf-Sortimenten her. Für das zweite Quartal 20.. liegen Ihnen diese Angaben vor:

2.1 Im zweiten Quartal 20.. ergibt sich ein Betriebsverlust von 25.000,00 €. Dies ist darauf zurückzuführen, dass das geplante Absatzziel des Typs „Hotel" nicht erreicht werden konnte. Berechnen Sie die tatsächlich abgesetzte Stückzahl des Typs „Hotel".

2.2 Aufgrund des starken Konkurrenzdrucks, vor allem durch Niedrigpreisprodukte aus Fernost, wird die Produktion des Typs „Hotel" eingestellt. Die Fixkosten sinken dadurch um 36.000,00 €. Wie viel Stück müssen jetzt von Typ „Classic" mehr hergestellt und abgesetzt werden, wenn der geplante Gewinn von 20.000,00 € erreicht werden soll?

3. Viele Unternehmen verlagern einen Teil ihrer Produktion ins Ausland. Nennen Sie je einen Grund, der

3.1 für und

3.2 gegen eine solche Produktionsverlagerung spricht.

4. Für die innerbetriebliche Schulung der Auszubildenden haben Sie eine Grafik zur Teilkostenrechnung vorliegen. Geben Sie zu den Buchstaben A bis C in der Grafik die entsprechenden Fachbegriffe an.

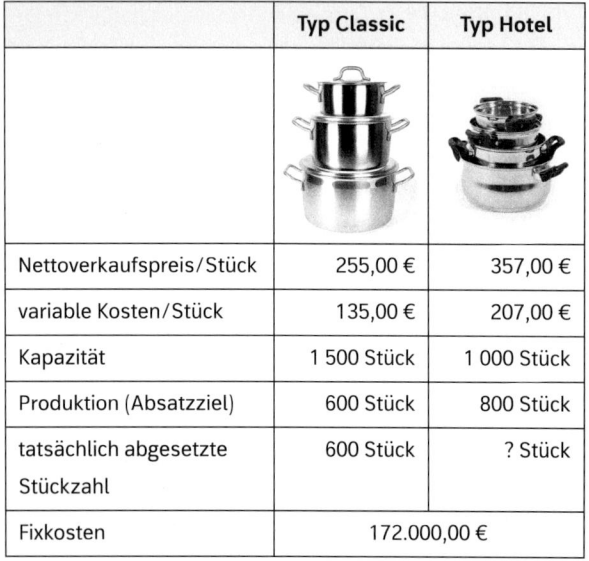

	Typ Classic	Typ Hotel
Nettoverkaufspreis/Stück	255,00 €	357,00 €
variable Kosten/Stück	135,00 €	207,00 €
Kapazität	1 500 Stück	1 000 Stück
Produktion (Absatzziel)	600 Stück	800 Stück
tatsächlich abgesetzte Stückzahl	600 Stück	? Stück
Fixkosten	172.000,00 €	

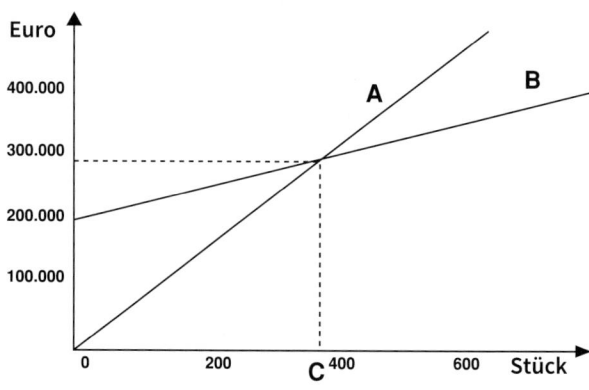

Vollkostenrechnung

- Wiederholen und lernen Sie nochmals die Fachbegriffe und Zusammenhänge in der Vollkostenrechnung.
- Gehen Sie mehrere Schemata zur Vollkostenrechnung gründlich durch und vollziehen Sie die Gedankengänge und Rechenschritte nach.
- Notieren Sie alle Fragen, die beim Bearbeiten des Themas aufkommen.

Eins ...

AUFGABE EINS ZUR VOLLKOSTENRECHNUNG

1. Es liegt Ihnen dieser vereinfachte Betriebsabrechnungsbogen (BAB) fürs zweite Quartal 20.., aufbereitet mithilfe der Tabellenkalkulation, vor.

50 Minuten

	A	B	C	D	E	F
1	Betriebsabrechnungsbogen (BAB) für die Zeit vom 01.04. bis 30.06.					
2	**Kostenarten**		**Kostenstellen**			
3		Summen	Material	Fertigung	Verwaltung	Vertrieb
4	Hilfsstoffe	2.500,00 €	250,00 €	2.150,00 €	- €	100,00 €
5	Betriebsstoffe	4.880,00 €	300,00 €	3.300,00 €	480,00 €	800,00 €
6	Gehälter	64.000,00 €	3.500,00 €	39.000,00 €	19.000,00 €	2.500,00 €
7	Sozialabgaben	14.080,00 €	770,00 €	8.580,00 €	4.180,00 €	550,00 €
8	sonstige Kosten	6.500,00 €	600,00 €	4.800,00 €	900,00 €	200,00 €
9	kalk. Abschreibungen	4.500,00 €	150,00 €	2.100,00 €	2.000,00 €	250,00 €
10	Summen	96.460,00 €	5.570,00 €	59.930,00 €	26.560,00 €	4.400,00 €
11						
12	Zuschlagsgrundlage		44.560,00 €	37.456,25 €	206.400,00 €	
13	Zuschlagsatz		12,50%	160,00%	15,00%	
14						

1.1 Bestimmen Sie die Kostenart, die mithilfe des BAB verteilt wird.

1.2 Nennen Sie ein weiteres Beispiel für kalkulatorische Kosten.

1.3 Erklären Sie, warum Verluste aus Aktienverkäufen hier nicht enthalten sind.

1.4 Geben Sie an, welche Formeldarstellung
- 1.4.1 in Zelle B10 zur Berechnung der Summe der einzelnen Kostenarten,
- 1.4.2 in Zelle C13 zur Berechnung des Zuschlagsatzes für die Materialgemeinkosten eingegeben werden musste.

1.5 Nennen Sie die Fachbegriffe für die angegebenen Kosten in Zelle F10 und in Zelle D12.

1.6 Für die Herstellung der Männerjeans TYP1 ergeben sich Materialkosten in Höhe von 36,00 €. Die Fertigungslöhne je Jeans liegen bei 16,00 €, außerdem fallen 2,75 € Sondereinzelkosten der Fertigung je Set an. Berechnen Sie den Selbstkostenpreis für eine Jeans TYP1 anhand der Daten aus dem BAB.

1.7 Blauschneider bietet eine Jeans TYP1 zum Listenverkaufspreis von 110,00 € an. Ermitteln Sie den einkalkulierten Kundenrabatt in € und in %, wenn zur Markteinführung mit einem Gewinn von 5 % und mit 2 % Kundenskonto gerechnet wird.

1.8 Ordnen Sie der Jeans TYP1 den Fachbegriff aus der Portfolioanalyse (z. B. Boston Matrix) zu.

2. Nach der Durchführung von Rationalisierungsmaßnahmen arbeitet Frau Blauschneider mit einem neuen Betriebsabrechnungsbogen, siehe Auszug:

Kostenarten	Material-bereich	Fertigungs-bereich	Verwaltungs-bereich	Vertriebs-bereich
Summe der Gemeinkosten	168.000,00 €	249.000,00 €	49.000,00 €	21.000,00 €
Zuschlagsätze	28,00 %	83,00 %	3,50 %	1,50 %

2.1 Bestimmen Sie den gemeinsamen Zuschlagsatz für die Verwaltungs- und Vertriebsgemeinkosten.

2.2 Weshalb ist die Zusammenfassung der beiden Zuschlagsätze möglich?

2.3 Für das Angebot über Sessel SL2 aus dem Zweigwerk an den Möbelmarkt Biomöbel kalkuliert Julia Blauschneider mit folgenden Kosten: Materialkosten 76,80 € / Fertigungslöhne 147,00 € / Sondereinzelkosten der Fertigung 20,00 €
Berechnen Sie den Selbstkostenpreis, wenn Julia Blauschneider die Zuschlagsätze aus dem neuen BAB zugrunde legt.

2.4 Ermitteln Sie den Listenverkaufspreis für das Angebot an den Möbelmarkt, wenn 15 % Gewinn und 3 % Kundenskonto einzurechnen sind.

2.5 Der Möbelmarkt will den Auftrag nur dann erteilen, wenn der Nettopreis für 100 Stück höchstens 42.000,00 € beträgt. Der Auftrag wird zu dieser Bedingung ausgeführt. Bilden Sie die Buchungssätze für

    2.5.1 den Verkauf der Jeanssessel SL2 an den Kunden frei Haus gegen Rechnung,

    2.5.2 den unten stehenden Kontoauszug.

2.6 Ermitteln Sie Art und Höhe des Erfolges, den das Unternehmen Blauschneider bei diesem Geschäft erzielt, wenn die tatsächlichen Selbstkosten 38.600,00 € betragen.

Null ...

Start!!!

Viel Erfolg und auch das nötige Quäntchen Glück in der Abschlussprüfung! Sie schaffen das! Zur Generalprobe folgt nun eine Aufgabe im Umfang der Abschlussprüfung. Nehmen Sie sich 120 Minuten Zeit und testen Sie sich.

SF **Sparkasse Franken** **Wir kümmern uns um Ihr Geld**	Blauschneider Jeans e. K. IBAN DE21 7703 0000 0083 7412 70 Sitzungsende in 07:35	Banking beenden

Kontenübersicht   Auftragslisten   SF-Service   Depots   Mailbox

Umsätze anzeigen für: Kontokorrentkonto   aktueller Kontostand 86.425,22 €

Kontokorrentkredit: 50.000,00 €

Buchungstag	Wertstellung	Umsatzart	Details	Betrag (€)	Saldo (€)
18.06.20..	18.06.20..	Gutschrift	DE65 7001 4088 0452 3458 32 Möbelmarkt Biomöbel, Re. 532/20.. Skontoabzug, Vorgang 20../456.76	+ 48.480,60	86.425,22

Abschlussprüfungstest

Miriam Schönhaus ist Inhaberin eines mittelständischen Unternehmens mit dem Firmennamen **Schulsportgeräte Schönhaus e. Kfr.**, abgekürzt **SGS**. Das Unternehmen SGS hat sich in seinem Stammwerk in Gauting auf die Herstellung von Turngeräten für den Schulsport spezialisiert.

120 Minuten

Als Mitarbeiterin bzw. Mitarbeiter im Unternehmen **SGS** sind Sie mit verschiedenen Aufgaben des betrieblichen Rechnungswesens betraut. Im Rahmen Ihrer Tätigkeit erhalten Sie eine Reihe von Aufgaben zur Bearbeitung. Hierbei müssen Sie folgende Vorgaben beachten:

- Bei Buchungssätzen sind stets Kontennummern, Kontennamen (abgekürzt möglich) und Beträge anzugeben.
- Bei Berechnungen sind jeweils alle notwendigen Lösungsschritte und Nebenrechnungen anzugeben.
- Soweit nicht anders vermerkt, gilt ein Umsatzsteuersatz von 19 %.
- Alle Ergebnisse sind in der Regel auf zwei Nachkommastellen genau anzugeben.

Informationen zum Unternehmen SGS	
Inhaberin	Miriam Schönhaus, e. Kfr.
Rechtsform	Einzelunternehmen
Handelsregister	Registergericht Starnberg HRA 207603
Anschrift (Firmensitz)	Realschulweg 10, 82131 Gauting
	Telefon: 089 8932650
	Fax: 089 89326550
Steuernummer	228/177/89635
Umsatzsteuer-Identifikationsnummer	DE 958467563
Zweck des Unternehmens	Fertigung und Verkauf von Turngeräten für den Schulsport, z. B. Sprungkästen, Sprossenwände, Turnbänke, Barren sowie von Trampolinen (Zweigwerk)
Geschäftsjahr	1. Januar bis 31. Dezember 20..
Werkstoffe	
Rohstoffe	Heimische Hölzer, Leder, Stahlbleche
Fremdbauteile	Rundholzstäbe, Schwenkrollen, Spezialscharniere
Hilfsstoffe	Lacke, Nähgarne, Nägel, Schrauben, ...
Betriebsstoffe	Strom, Gas, Wasser, Schmierstoffe, Heizöl, ...

AUFGABE 1

Das Unternehmen SGS stellt unter anderem Sprossenwände in verschiedenen Größen und Ausführungen her. In diesem Zusammenhang liegt Ihnen unten stehender Beleg 1 vor.

1. Bilden Sie den Buchungssatz für den Eingang der Rechnung Nr. 852/20.. (siehe Beleg 1).

2. Zu der unten stehenden Rechnung (Beleg 1) liegen Ihnen sechs Aussagen mit den Kennbuchstaben A bis F vor. Geben Sie auf Ihrem Lösungsblatt die Kennbuchstaben der drei Aussagen an, die für diesen Beleg zutreffen.

Ⓐ Der Beleg wird bei SGS im Ordner „Ausgangsrechnungen" abgeheftet.

Ⓑ Das Zahlungsziel beträgt zehn Tage.

Ⓒ Die Lieferung erfolgt „ab Werk".

Ⓓ Der Beleg muss fünf Jahre lang aufbewahrt werden.

Ⓔ Für Rundholzstäbe gilt der allgemeine Umsatzsteuersatz von 19 %.

Ⓕ Die Abkürzung „GmbH" bedeutet „Gesellschaft mit beschränkter Haftung".

---

3. Laut Beleg wird neben einem Mengenrabatt auch Skonto gewährt. Weshalb können diese beiden Preisnachlässe nicht zu einem gemeinsamen Satz von 12 % zusammengefasst werden?

4. Für die Lieferung durch die Spedition Schnell liegt Ihnen der unten stehende Beleg 2 vor. Bilden Sie den Buchungssatz.

5. Da kein Guthaben auf dem Geschäftsbankkonto von SGS vorhanden ist, muss zur Begleichung von Beleg 1 innerhalb der Skontofrist ein Kontokorrentkredit für 20 Tage in Anspruch genommen werden. Begründen Sie rechnerisch, dass es sich für „SGS" lohnt innerhalb der Skontofrist zu bezahlen, wenn die Bank Zinsen in Höhe von 8 % p. a. verlangt.

6. Bilden Sie den Buchungssatz zu Beleg 3.

Holzhandel Buchendorfer
GmbH
82131 Stockdorf

Holzhandel Buchendorfer GmbH · 82131 Stockdorf

Miriam Schönhaus Schulsportgeräte
Realschulstr. 10
82131 Gauting

Geschäftsführer: Johannes Hackmüller
Registergericht München HRB 558943
Steuernr. 243/155/384956
USt-IdNr. DE 034485762
Tel.: 089 99933560
Fax: 089 999335630

Rechnung

Datum 07.02.20..
Rechnungsnummer: 852/20..
(bei Zahlung bitte angeben)

Ihr Auftrag vom: 20.01.20..			Auftrags-Nr. 952/1		Kunden-Nr. 1234
Pos.	Menge	Art.-Nr.	Artikel	Einzelpreis €	Gesamtpreis €
1	2 000	51236	Rundholzstäbe Buche Premium Länge 2 m, Stärke 3,2 cm	9,50	19.000,00
			Mengenrabatt		1.900,00

Warenwert	USt. 7 %	USt. 19 %	Rechnungsbetrag
17.100,00 €		3.249,00 €	20.349,00 €

Die Rechnung ist fällig am 07.03.20..
Bei Zahlung bis zum 17.02.20.. gewähren wir 2 % Skonto.
Bei Zahlung innerhalb der Skontofrist überweisen Sie bitte 19.942,02 €.

Die Lieferung erfolgt unfrei durch die Spedition Schnell.
Die Ware bleibt bis zur vollständigen Bezahlung unser Eigentum.
Vielen Dank für Ihren Auftrag.

Bankverbindung: Bankhaus Isartal
IBAN: DE44 7025 4405 4400 5825 56 – BIC: BHISDEGAXXX

Beleg 1

Netto	170	Cent	00	
+ 19 % USt.	32	Cent	30	**Quittung**
Gesamt	202	Cent	30	

Gesamtbetrag in Worten

Zweihunderzwei ---------------------------- Cent wie oben

(im Gesamtbetrag sind 19 % Umsatzsteuer enthalten)

von *Miriam Schönhaus Schulsportgeräte*

für *Anlieferung von Rundholzstäben*

richtig erhalten zu haben, bestätigt

Ort *Gauting*   Datum *7. Februar 20..*

Buchungsvermerke   Stempel/Unterschrift des Empfängers
                                           Josef Schnell
                                           Spedition Schnell

Beleg 2

SF Sparkasse Franken
Wir kümmern uns um Ihr Geld

Miriam Schönhaus Schulsportgeräte
IBAN DE55 1245 0000 0033 1512 70
Sitzungsende in 07:35

Banking beenden

Kontenübersicht   Auftragslisten   SF-Service   Depots   Mailbox

Umsätze anzeigen für: Kontokorrentkonto   aktueller Kontostand 86.425,22 €

Kontokorrentkredit: 50.000,00 €

Buchungstag	Wertstellung	Umsatzart	Details	Betrag (€)	Saldo (€)
16.02.20..	17.06.20..	Überweisung	DE44 7025 4405 4400 5825 56 Holzhandel Buchendorfer Rg. 855/20.., abzgl. 2 % Skonto	– 19.942,02	86.425,22

Beleg 3

AUFGABE 2

Im Rahmen einer innerbetrieblichen Weiterbildung legen Sie den Auszubildenden die nachfolgende Infografik mit Text und eine Reihe betriebswirtschaftlicher Aufgaben zur Bearbeitung vor:

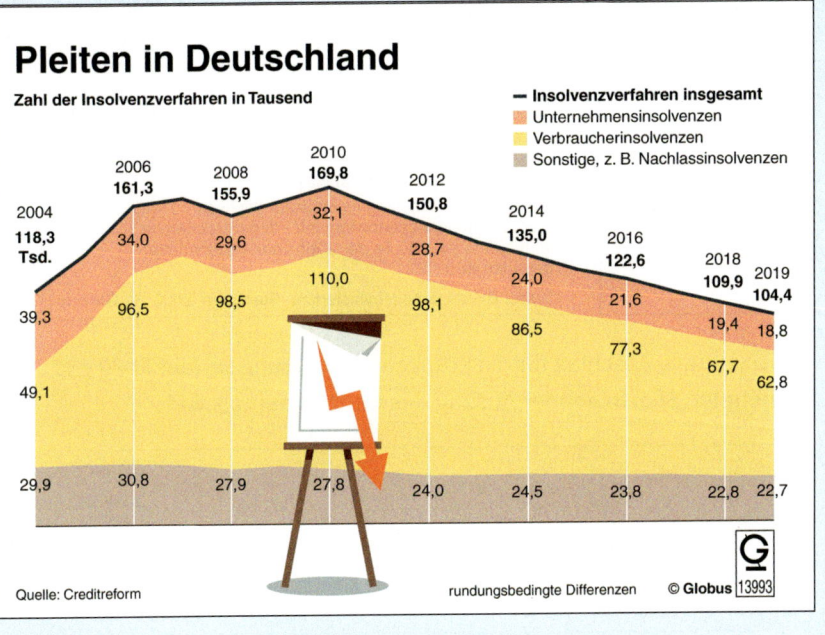

1. Erklären Sie, was man unter dem Begriff Insolvenz versteht.
2. Berechnen Sie den prozentualen Rückgang der Unternehmensinsolvenzen von 2018 auf 2019.
3. Wie viele Insolvenzen wurden 2019 in Deutschland insgesamt verzeichnet?
4. Geben Sie auf Ihrem Lösungsblatt an, ob die Aussagen A bis C zur oben dargestellten Infografik jeweils richtig oder falsch sind.
5. Durch eine Zeitungsmitteilung erfährt das Unternehmen SGS, dass gegenüber dem Sporthaus Garmisch ein Insolvenzverfahren eingeleitet worden ist. Die ausstehenden Forderungen gegen das Sporthaus betragen insgesamt 14.970,20 €. Bilden Sie den Buchungssatz.
6. Nach Abschluss des Verfahrens erhält SGS für die ausstehenden Forderungen gegenüber dem Kunden Sporthaus Garmisch noch 2.245,53 € per Bank überwiesen; der Rest ist verloren. Bilden Sie den Buchungssatz.

AUFGABE 3

1. In der Personalabteilung von SGS sind monatlich
Löhne und Gehälter zu berechnen und auszu-
zahlen. Miriam Schönhaus informiert sich über
aktuelle gesetzliche Änderungen bei der Sozialversicherung. Hierzu betrachtet sie unter anderem eine Infografik:

    1.1 Notieren Sie auf Ihrem Lösungsblatt jeweils
unter Angabe des Kennbuchstabens die
zutreffenden Begriffe bzw. Werte für die
Textlücken A bis D.

Die Sozialversicherungsbeiträge sind ein Teil der
Abzüge vom Bruttogehalt. Seit Januar 2019 zahlen
Arbeitgeber und Arbeitnehmer bei vier Sozialver-
sicherungen einen gleich hohen Anteil an Beiträgen.
Für einen Arbeitnehmer, der beispielsweise 3.000
Euro brutto pro Monat verdient, zahlen Arbeitgeber
und Arbeitnehmer jeweils insgesamt ...Ⓐ... Euro.
Die Sozialversicherung mit dem höchsten Bei-
tragssatz ist die ...Ⓑ... . Darüber hinaus wird vom
Bruttogehalt die Lohnsteuer, eventuell der ...Ⓒ...
sowie die Kirchensteuer abgezogen. Der Arbeitgeber überweist an die Arbeitnehmer nach entspre-
chendem Abzug das ...Ⓓ... .

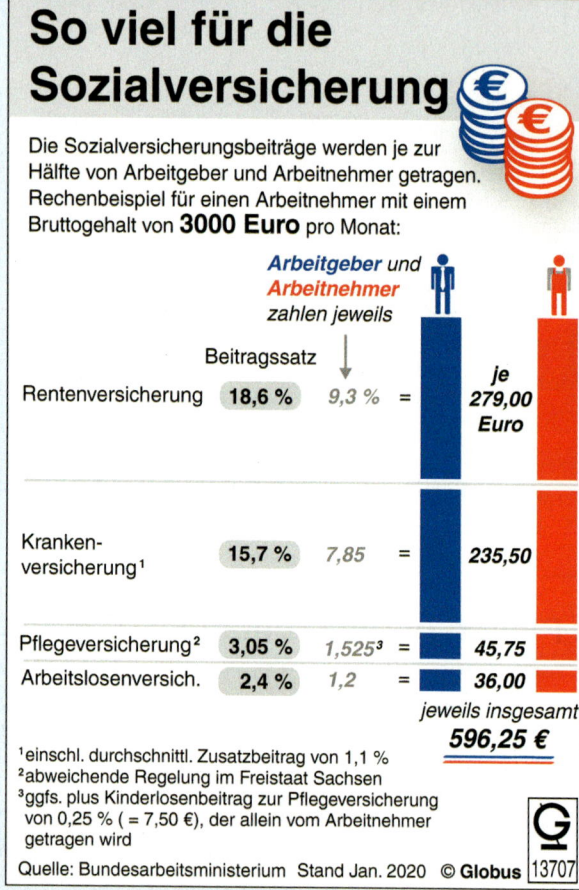

So viel für die Sozialversicherung 💶

Die Sozialversicherungsbeiträge werden je zur
Hälfte von Arbeitgeber und Arbeitnehmer getragen.
Rechenbeispiel für einen Arbeitnehmer mit einem
Bruttogehalt von **3000 Euro** pro Monat:

Arbeitgeber und *Arbeitnehmer* zahlen jeweils

	Beitragssatz			
Rentenversicherung	18,6 %	9,3 %	=	je 279,00 Euro
Kranken-versicherung[1]	15,7 %	7,85	=	235,50
Pflegeversicherung[2]	3,05 %	1,525[3]	=	45,75
Arbeitslosenversich.	2,4 %	1,2	=	36,00

jeweils insgesamt
596,25 €

[1] einschl. durchschnittl. Zusatzbeitrag von 1,1 %
[2] abweichende Regelung im Freistaat Sachsen
[3] ggfs. plus Kinderlosenbeitrag zur Pflegeversicherung
von 0,25 % (= 7,50 €), der allein vom Arbeitnehmer
getragen wird

Quelle: Bundesarbeitsministerium Stand Jan. 2020 © Globus 13707

    1.2 Geben Sie an, wie hoch der prozentuale Zuschlag für die Krankenversicherung im Jahr 2020 war.

2. Für den Monat März liegt im Unternehmen SGS folgender Auszug des Gehaltsjournals vor:

Gehaltsjournal Monat März 20..	SGS Schulsportgeräte Schönhaus e. K.				
Name	**Brutto**	**Steuern**	**Soz. Vers. AN**	**Soz. Vers. AG**	**Netto**
...	...	...	...	...	...
Summe	42.500,00 €	6.375,00 €	8.925,00 €	8.925,00 €	27.200,00 €

    2.1 Bilden Sie die Buchungssätze für die Erfassung des Personalaufwands laut vorliegender Summen-
zeile, wenn die Auszahlung per Banküberweisung erfolgt.

    2.2 Bilden Sie den Buchungssatz für die Banküberweisung der einbehaltene Beträge.

AUFGABE 4

Das Unternehmen **SGS** möchte in eine neue leistungsfähigere Holzfräsmachine investieren. Hierzu liegt nebenstehende Telefon-Gesprächsnotiz vor:

Telefon-Gesprächsnotiz	
Datum: 5.6.20..	Uhrzeit: 9:15
Firma: Zirngibl GmbH	
Gesprächspartner: Herr Zirngibl	
Telefon: 0923/0786663	Telefax:
E-Mail: info@zirngibl.maschine.wy	

Betreff: Spritzgießmaschine SX301, Listenpreis 32.400,000 €,
Sofortrabatt 15 %, Transport der Maschine 1.300,00 € netto
Installation der aktuellen Software netto 950,00 €
Service und Instandhaltung durch Firma
Schnellspanner — Vertragsabschluss für Kundendienst erforderlich

1. Der Kauf der Holzfräsmaschine „SX301" bei der „Zirngibl GmbH" erfolgt zu den Konditionen in der Gesprächsnotiz.

   1.1 Berechnen Sie die Anschaffungskosten.

   1.2 Begründen Sie, warum die Kosten für die Finanzierung der Holzfräsmaschine wie z. B. Zinsen oder Disagio nicht zu den Anschaffungsnebenkosten zählen.

2. Die Rechnung der „Zirngibl GmbH" geht ein. Bilden Sie den Buchungssatz.

3. Für die Finanzierung der neuen Maschine hat SGS einen Kredit aufgenommen. In diesem Zusammenhang liegt folgender Tilgungsplan auszugsweise vor:

Tilgungsplan für Darlehen Nr. 348/..				
Kreditbetrag	30.000,00 €		Zinssatz p. a.	2,80 %
Disagio	390,00 €		Laufzeit	12 Jahre
Auszahlung	29.610,00 €			
Jahr	**Tilgung**	**Zinsen**	**jährliche Rate**	**Restschuld**
2021	2.160,00 €	840,00 €	3.000,00 €	27.840,00 €
2022	2.220,48 €	779,52 €	3.000,00 €	25.619,52 €
2023	2.282,65 €	717,35 €	3.000,00 €	23.336,87 €
2024				

   3.1 Aus dem Tilgungsplan ist ersichtlich, dass im Kreditvertrag ein Disagio vereinbart wurde. Erklären Sie, was man unter einem Disagio versteht.

   3.2 Berechnen Sie die Höhe des vereinbarten Disagios in Prozent.

   3.3 Bilden Sie den Buchungssatz für die Gutschrift des Kredites auf dem Geschäftsbankkonto.

   3.4 Begründen Sie, um welche Art von Darlehen es sich handelt.

   3.5 Berechnen Sie Tilgung und Zinsen für das Jahr 2024.

   3.6 Bilden Sie den Buchungssatz für die Zahlungsrate Ende 2024.

4. **SGS** schließt mit der Zirngibl GmbH einen Vertrag für den jährlichen Kundendienst und die Instandhaltung der Holzfräsmaschine ab. Das Geschäftsbankkonto wird mit der ersten fälligen Zahlung in Höhe von 749,70 € brutto belastet. Bilden Sie den Buchungssatz.

5. SGS kauft einen elektrischen Hochhubwagen für 4.938,50 € brutto gegen Rechnung ein.

   5.1 Bilden Sie den Buchungssatz für den Eingang der Rechnung.

   5.2 Da SGS gerade nicht flüssig ist, wird der Kontokorrentkredit über 6,99 % in Anspruch genommen.

   5.2.1 Berechnen Sie die Zinsen, wenn das Konto für 4 Tage überzogen war.

   5.2.2 Bilden Sie den Buchungssatz für die Belastung des Bankkontos mit diesen Zinsen.

AUFGABE 5

Das Unternehmen SGS möchte liquide Mittel gewinnbringend anlegen.

1. Bearbeiten Sie die Aufgaben zur Infografik:

    1.1 Geben Sie an, mit welcher Diagrammart die zahlenmäßige Entwicklung der Aktienbesitzer dargestellt wird.

    1.2 Berechnen Sie den Rückgang der Anzahl der Aktienbesitzer vom Jahr 2001 bis 2019 in Prozent.

    1.3 Berechnen Sie den prozentualen Anteil der Anleger, die im Jahr 2020 ausschließlich in Aktien investiert haben.

    1.4 Nennen Sie die beiden Anlagekriterien des magischen Dreiecks der Geldanlage, die bei einem Aktienkauf vorrangig erfüllt werden können.

2. Im Februar 2019 kauft SGS 500 Aktien des Unternehmens Holz AG zum Stückkurs von 24,90 € per Banküberweisung. Die Spesen betragen 1 % vom Kurswert. Bilden Sie den Buchungssatz.

3. Zur teilweisen Finanzierung eines Geschäftswagens verkauft SGS die Aktien. Bilden Sie den Buchungssatz zu vorliegendem Beleg.

4. Nennen Sie eine andere Möglichkeit zur Finanzierung eines Geschäftswagens.

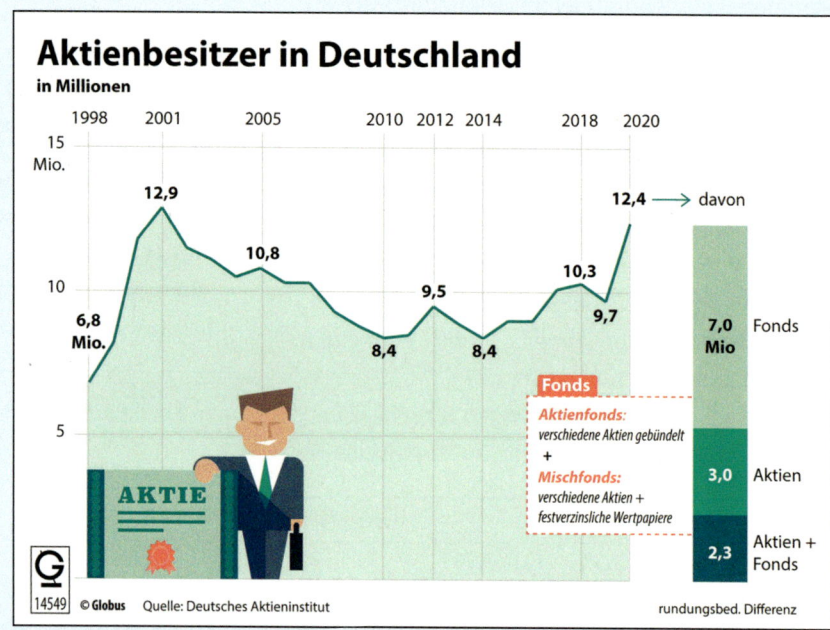

Aktienbesitzer in Deutschland
in Millionen

| 1998 | 2001 | 2005 | 2010 | 2012 | 2014 | 2018 | 2020 |

6,8 Mio. · 12,9 · 10,8 · 8,4 · 9,5 · 8,4 · 9,7 · 10,3 · 12,4 → davon

Fonds
Aktienfonds: verschiedene Aktien gebündelt
+
Mischfonds: verschiedene Aktien + festverzinsliche Wertpapiere

7,0 Mio — Fonds
3,0 — Aktien
2,3 — Aktien + Fonds

14549 © Globus Quelle: Deutsches Aktieninstitut rundungsbed. Differenz

---

Frankenbank

Frankenbank   96050 Bamberg

Miriam Schönhaus e. Kfr.
Realschulweg 10
82131 Gauting

Abrechnung Wertpapierverkauf
Kommissionsgeschäft
Auftragsnummer: 061402377
Handelsdatum: 16.10..20..
Wert: 16.10.20..
Börse: München
Verwahrungsort: Girosammel
Kapitalerträge sind einkommensteuerprlichtig

Sehr geehrter Kunde,
für Ihr Depot 8/98754 haben wir Stück   500
HOLZ AG
ISIN DE000A3EDD0 zu 28,00 € pro Stück verkauft.

Die angeführten Werte haben wir Ihrem Depot entnommen:

Verkaufsabrechnung
Kurswert   14.000,00
Spesen 1 %   140,00

Mit Valuta 16.10.20.. wurde EUR 13.860,00
Ihrem Konto 1664488 gutgeschrieben.

Irrtum vorbehalten! Grundlage sind unsere Geschäftsbedingungen. Diese Abrechnung wird nicht unterschrieben. Angefallene Kapitalertragsteuer wurde an das Finanzamt für Körperschaften, München, abgeführt.

AUFGABE 6

SGS kalkuliert die Selbstkosten für das zweite Quartal mithilfe eines Tabellenblatts:

	A	B	C
1	**Kostenträgerzeitrechnung für das 2. Quartal**		
2			
3	Fertigungsmaterial	156.700,00 €	
4	Materialgemeinkosten	28.206,00 €	18 %
5	Fertigungslöhne	224.800,00 €	
6	Fertigungsgemeinkosten	281.000,00 €	125 %
7	Sondereinzelkosten der Fertigung	23.450,00 €	
8	Herstellkosten der Erzeugung	714.156,00 €	
9	Bestandsminderung	13.400,00 €	
10	Bestandsmehrung	28.200,00 €	
11	Herstellkosten des Umsatzes	699.356,00 €	
12	Verwaltungs- und Vertriebsgemeinkosten	139.871,20 €	20 %
13	Selbstkosten des Umsatzes	839.227,20 €	
14			

1. Geben Sie die Formeldarstellung zur Berechnung der Fertigungsgemeinkosten in Zelle B6 an.

2. Geben Sie die Formeldarstellung zur Berechnung der Herstellkosten des Umsatzes in Zelle B11 an.

3. Vor Erstellung der Kalkulation müssen anfallende Kosten der jeweiligen Kostenart zugeordnet werden. Geben Sie für folgende Beispiele an, ob es sich um Einzelkosten, Gemeinkosten oder Sondereinzelkosten der Fertigung handelt.

   3.1 Kosten für ein Spezialwerkzeug zur Bearbeitung der Hochkästen.

   3.2 Kosten für ein Werbebanner für die Didacta.

4. Für die Herstellung eines Sortiments vom Typ „Springkästen" wurden folgende Werte ermittelt: Herstellkosten 11.437,00 €, Fertigungslöhne 3.200,00 €, Sondereinzelkosten der Fertigung 225,00 € Berechnen Sie auf der Grundlage obiger Zuschlagssätze die Materialkosten für ein Sortiment vom Typ „Springkästen".

5. Der Listenverkaufspreis für ein Sortiment vom Typ „Springkästen" wird aus Konkurrenzgründen auf 17.700,00 € festgelegt.

   5.1 Berechnen Sie den Gewinn in Euro und Prozent, wenn der Selbstkostenpreis bei 13.724,40 € liegt.

   5.2 Der Sachaufwandsträger einer Realschule kauft für seine Dreifachturnhalle drei Sortimente gegen Rechnung. Bilden Sie den Buchungssatz.

   5.3 Der Sachaufwandsträger begleicht die Rechnung über die drei Sortimente unter Abzug von 3 % Skonto.

      5.3.1 Erklären Sie, warum SGS diesen Abzug toleriert, obwohl er nicht kalkuliert worden war.

      5.3.2 Bilden Sie den Buchungssatz für die Begleichung der Rechnung mit Skontoabzug.

6. Im Mai wurden einige Kästen mit einem Lack behandelt, der eine schlechte Qualität aufwies. Deshalb kauft SGS hochwertigen Lack und behandelt die Kästen nach.

   6.1 Bilden Sie den Buchungssatz für den Kauf des Lacks im Wert von netto 8.200,00 € gegen Rechnung.

   6.2 Geben Sie an, welche Auswirkungen diese zusätzlichen Lackierarbeiten auf die ursprüngliche Kalkulation des Gewinnes hat und begründen Sie diese.

AUFGABE 7

Für das 4. Quartal liegen SGS folgende Daten in Form einer unvollständigen Grafik vor:

1. Geben Sie unter Angabe der Kennbuchstaben A bis C jeweils den entsprechenden Fachbegriff aus der Deckungsbeitragsrechnung an.
2. SGS konnte 3 000 Stück des Modells „Sporty" produzieren und absetzen. Ermitteln Sie mithilfe der Werte aus der unten stehenden Tabelle Art und Höhe des Betriebsergebnisses.
3. Um das Betriebsergebnis zu verbessern, sollen die variablen Kosten gesenkt werden. Nennen Sie hierfür eine konkrete Maßnahme.

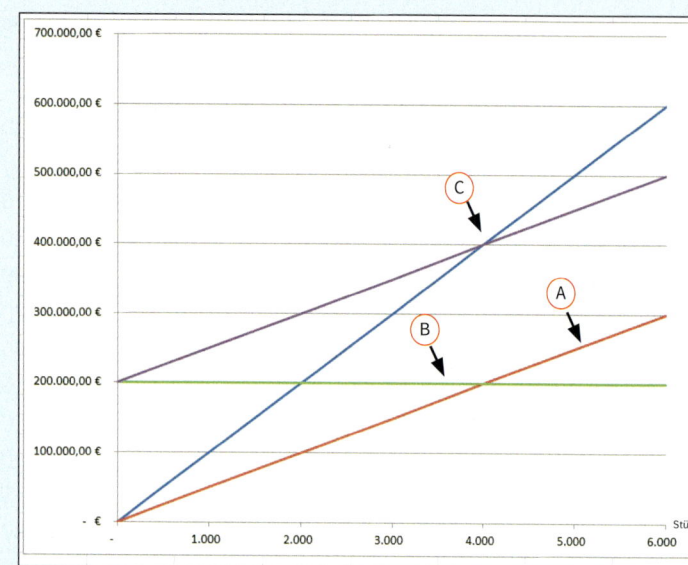

4. Die variablen Kosten wurden erfolgreich gesenkt. Die Produktion wird um das neue Modell „Speed" erweitert. Es liegen folgende Daten vor:

	Modell „Sporty"	Modell „Speed"
Produktion/Absatz	3 000 Stück	2 000 Stück
Nettoverkaufspreis/Stück	500,00 €	?
Variable Kosten/Stück	480,00 €	350,00 €
Deckungsbeitrag	60.000,00 €	?
Fixkosten	200.000,00 €	

4.1 Berechnen Sie für das neue Modell „Speed" die langfristige Preisuntergrenze.

4.2 Das Sporthaus Lauf wäre bereit, 200 Paar des Modells „Speed" für 330,00 € netto je Stück abzunehmen. Begründen Sie, ob dieser Auftrag angenommen werden soll.

4.3 SGS möchte im nächsten Geschäftsjahr ein neues Produkt ins Sortiment aufnehmen. Begründen Sie Ihre Entscheidung rechnerisch, welches der beiden Produkte hierfür aufgegeben werden muss.

5. SGS möchte in der kommenden Saison das Sortiment neu zusammenstellen. Erläutern Sie kurz, wie SGS dabei vorgehen sollte.

AUFGABE 8

Zum 31.12.20.. sind im Unternehmen „SGS" noch einige Arbeiten zu erledigen.

1. Bilden Sie jeweils den Buchungssatz für die folgenden vorbereitenden Abschlussbuchungen.

   1.1 Die Prämie für die Feuerversicherung in Höhe von 450,00 € für den Zeitraum November bis Januar wird bereits am 31.10.20.. vom Geschäftsbankkonto abgebucht.

   1.2 Im Konto 5001 EBFE ergibt sich ein Saldo in Höhe von 6.800,00 €.

   1.3 Das Konto 0890 GWG weist Anschaffungen aus dem aktuellen Geschäftsjahr in Höhe von 6.500,00 € aus.

2. Zur Analyse des Jahresabschlusses liegen folgende Daten vor:

Bilanzdaten zum 31.12.20..	
Sachanlagen	4.800.000,00 €
Vorräte	1.500.000,00 €
Forderungen	630.000,00 €
Flüssige Mittel	220.000,00 €
Eigenkapital	3.300.000,00 €
Fremdkapital langfristig	2.750.000,00 €
Fremdkapital kurzfristig	1.100.000,00 €

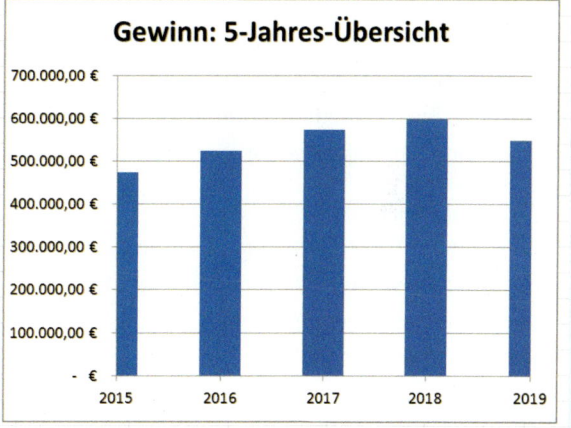

Kennzahlen	31.12.2018	31.12.2019
Finanzierung	37,13 %	46,15 %

   2.1 Berechnen und beurteilen Sie die Kennzahl der Einzugsliquidität.

   2.2 Die Liquidität ist eine wichtige Kennzahl für Unternehmen. Ermitteln Sie deshalb auch die Barliquidität.

   2.3 Wie lässt sich die Einzugsliquidität verbessern?

   2.4 Nennen Sie eine mögliche Ursache für die Veränderung der Kennzahl der Finanzierung gegenüber dem Vorjahr.

3. Miriam Schönhaus stellt bei Betrachtung des Diagramms fest, dass der Gewinn im Jahr 2019 gegenüber dem Vorjahr gesunken ist.

   3.1 Berechnen Sie diesen Rückgang in Prozent.

   3.2 Geben Sie eine mögliche Ursache für den Gewinnrückgang an.

4. Für die Bewertung wird auch oft die Anlagendeckung herangezogen.

   4.1 Worüber gibt sie Auskunft?

   4.2 Ermitteln Sie die Anlagendeckung I.

   4.3 Erläutern Sie, welche Möglichkeiten der Verbesserung der Anlagendeckung es gibt.

5. Ermitteln Sie die Höhe der Eigenkapitalrentabilität, wenn Frau Schönhaus Privatentnahmen von 60.000,00 € vorgenommen hat (siehe Bilanzdaten).

6. Beurteilen Sie die Kennzahl der Eigenkapitalrentabilität.

7. Nennen Sie zwei Gründe, warum die Eigenkapitalrentabilität deutlich über dem durchschnittlichen Marktzins liegen sollte.

8. SGS vergleicht die Zahlen der letzten fünf Jahre. Nennen Sie den Fachbegriff für diese Art von Vergleich.

Hilfestellungen

SEITE 26, AUFGABE 21

1. Bei der periodenrichtigen Erfolgsermittlung sollten Sie immer eine Zeitgerade zeichnen.

   Bei Rückstellungen handelt es sich um eine Art von Ersparnis, die man wieder auflöst sobald der Aufwand entstanden ist. Dabei kann die Ersparnis größer als der Nettoaufwand sein, dann hat man einen periodenfremden Ertrag erwirtschaftet. Ist die Ersparnis geringer als der Nettoaufwand, so ist ein periodenfremder Aufwand entstanden.

2. Denken Sie daran, die Vorsteuer zu buchen, sobald eine Eingangsrechnung vorliegt.

SEITE 44, AUFGABE 31

Sollten Sie den Geschäftsgang zur Übung auch in den Konten buchen wollen, so können Sie hierfür vorgefertigte Kontenblätter verwenden.

Wenn die Kontenseiten oder die Bilanz/GUV nicht übereinstimmen, so kann man über die Zahlendifferenz eventuell auf den falschen Buchungssatz schließen.

SEITE 69, AUFGABE 44

1. Bedenken Sie, dass diese GUV-Rechnungen nicht alle Erfolgskonten enthalten. Sie unterscheiden sich aber bei den Beträgen – höhere Aufwendungen verschlechtern das Betriebsergebnis, höhere Erträge verbessern es.

3. Hier sind die betriebsfremden Erfolgskonten gemeint, die nicht in die Kosten- und Leistungsrechnung eingehen, d. h., die im Kontenplan keine Kennzeichnung mit einem * haben.

SEITE 74, AUFGABE 47

Hier hilft es, zunächst den jeweiligen Buchungssatz zu bilden und dann die Begriffe auf Seite 83 zu prüfen, um festzustellen, ob sie auf den Buchungssatz zutreffen. Ein Tipp:

- Wenn auf 2800 BK oder 2880 KA gebucht wird, handelt es sich immer um eine Einnahme bzw. Ausgabe.
- Dann kommt es darauf an, ob Aufwands- oder Ertragskonten im Buchungssatz vorkommen.
- Und schließlich kennen Sie ja die Erfolgskonten, die mit einem * gekennzeichnet sind – ist auf diesen

gebucht worden, so handelt es sich um Leistungen bzw. Kosten.

Beim Geschäftsfall 1 kommen die Konten 2800 BK und 4400 VE im Buchungssatz vor, also ein Zahlungs-, aber kein Erfolgskonto. Die Angabe „Heizöllieferer" ist nur zu Ihrer Information gedacht, auf dem Konto 6030 AWB wurde aber bereits beim Kauf gebucht, es wird hier nicht mehr benötigt.

SEITE 74, AUFGABE 49

Bitte beachten Sie die Seiten 72 und 73 im Buch, dort werden einige dieser Begriffe erklärt. Sie haben alle mit der Abgrenzungsrechnung zu tun.

SEITE 84, AUFGABE 51

Lernen Sie die Fachbegriffe rund um die Kostenrechnung gut und achten Sie darauf, dass Sie sie unterscheiden und voneinander abgrenzen können, bevor Sie die Aufgabe erledigen. Wenn Sie sie in Ihren Unterlagen nachblättern müssen, haben Sie sie noch nicht ausreichend gelernt.

1. Prüfen Sie zunächst, ob es sich bei allen angegebenen Posten um Kosten bzw. Leistungen handelt – neutrale Aufwendungen oder Erträge würden nicht beim Betriebsergebnis berücksichtigt werden.

2. Es gibt nur drei Posten, die wir im Fach BwR zu den direkten Kosten zählen.

SEITE 98, AUFGABE 58

Bei Kalkulationen hilft es, zunächst das Schema mit allen Fachbegriffen zu notieren und dann die angegebenen Werte zuzuordnen. Falls Sie das Schema für die Gesamtkalkulation noch nicht gelernt haben, finden Sie es auf Seite 102. Da keine Angaben zu Bestandsveränderungen vorhanden sind, fallen diese hier weg. Die Formeln für 1. finden Sie im Buch Conto 10 auf der Seite 112.

SEITE 104, AUFGABE 64

Bei Kalkulationen hilft es, zunächst das Schema mit allen Fachbegriffen zu notieren und dann die angegebenen Werte zuzuordnen. Falls Sie das Schema für die Stückkalkulation noch nicht gelernt haben, finden Sie es auf Seite 102. Denken Sie beim Berechnen der

Preise daran, dass beim Kundenskonto und beim Kundenrabatt aus der Sicht des Kunden gedacht werden muss; Sie müssen hier also den verminderten Grundwert ansetzen: Beim Barverkaufspreis sind dies 97 %.

SEITE 106, AUFGABE 69

1. Bei Kalkulationen hilft es, zunächst das Schema mit allen Fachbegriffen zu notieren und dann die angegebenen Werte zuzuordnen. Falls Sie das Schema für die Stückkalkulation noch nicht gelernt haben, finden Sie es auf Seite 102. Denken Sie beim Berechnen der Preise daran, dass beim Kundenskonto und beim Kundenrabatt aus der Sicht des Kunden gedacht werden muss; Sie müssen hier also den verminderten Grundwert ansetzen: Da hier zunächst kein Skonto gewährt wird, sind dies beim Zielverkaufspreis 90 %.

2. Nun müssen Sie ausgehend vom Listenverkaufspreis rückwärts rechnen und zunächst den gewährten Rabatt, dann den neu ausgehandelten Skonto abziehen. Die Differenz zwischen Barverkaufspreis und Selbstkostenpreis ist Ihr verbleibender Erfolg – ist es noch ein Gewinn? Um den Gewinn in Prozenten zu berechnen, wenden Sie folgende Formel an:

$$\text{Gewinn in \%} = \frac{\text{Gewinn in € · 100}}{\text{SKP}}$$

SEITE 109, AUFGABE 72

1. Informationen zu den hier gefragten Fachbegriffen finden Sie auf den Seiten 102, 111 und 112 in Ihrem Buch Conto 10. Sie tun sich bei diesen zusammenfassenden Aufgaben leichter, wenn Sie die Begriffe voneinander unterscheiden können – da hilft regelmäßiges Lernen!

2.5 Wenn der Anfangsbestand höher als der Schlussbestand ist, handelt es sich um einen Minderbestand; im umgekehrten Fall um einen Mehrbestand. Ein Minderbestand wird addiert, ein Mehrbestand subtrahiert. Sie müssen nun anhand der Werte der Herstellkosten der Erzeugung und der Herstellkosten des Umsatzes sowie anhand der Bestandsveränderung bei den FE (siehe 2.4) vergleichen und

entscheiden, ob es bei den UFE ein Plus oder ein Minus gab.

SEITE 110, AUFGABE 73

1. Hier hilft es, von den Herstellkosten je Stück zunächst die Fertigungskosten abzuziehen, so erhalten Sie die Materialkosten. Da Ihnen der Zuschlagsatz für die MGK bekannt ist, können Sie nun berechnen, wie hoch die Kosten fürs Fertigungsmaterial sein dürfen.

2. Formel für die Berechnung des Gewinns:

$$\text{Gewinn in \%} = \frac{\text{Gewinn in € · 100}}{\text{SKP}}$$

SEITE 125, SEITE 75

2. Berücksichtigen Sie die Ergebnisse in Zeile 15.

3. Der Wert für C14 wird lediglich übernommen; die Formeldarstellung lautet dann lediglich „=" und die Zellbezeichnung, von der der Wert stammt.

4. Hier benötigen Sie eine WENN-Funktion, die nach folgendem Schema aufgestellt wird:
=WENN(Bedingung;Dann-Wert;Sonst-Wert), also zum Beispiel
=WENN(C2>C5;"Budget überschritten";"Anschaffung in Ordnung")

7. Sie müssen hier fünf Zellbezeichnungen angeben.

SEITE 129, AUFGABE 77

1. Sie müssen zunächst herausfinden, bei welchen der angegebenen Kosten es sich um variable Kosten handelt. Diese werden dann mit der hergestellten Stückzahl multipliziert, da Sie die variablen Kosten für den Abrechnungszeitraum (z. B. ein Monat) angeben sollen.

SEITE 131, AUFGABE 78

1. Hier benötigen Sie für die genaue Bezeichnung des Betriebsergebnisses eine WENN-Funktion.

2. In Eingabezellen werden die jeweils aktuellen Werte eingegeben, bei Ausgabezellen benötigen Sie dagegen Formeldarstellungen, um das Tabellenblatt Ergebnisse berechnen zu lassen.

Kalkulation der Angebotspreise für Fertigerzeugnisse

Angebotskalkulation   Vorwärtskalkulation   Differenzkalkulation

Selbstkostenpreis
+ Gewinn
─────────────────
Barverkaufspreis
+ Kundenskonto
─────────────────
Zielverkaufspreis
+ Kundenrabatt
─────────────────
Listenverkaufspreis

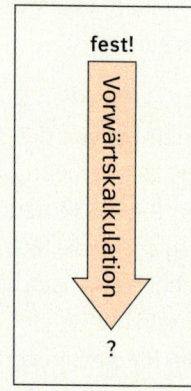

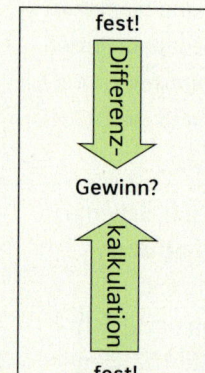

Abrechnungsschema zur Berechnung der Anschaffungskosten

Anschaffungspreis	Listenpreis des Anlagegutes
- Anschaffungspreisminderung	sämtliche Nachlässe, die den Anschaffungspreis vermindern
- Anschaffungsnebenkosten	sämtliche Kosten, die anfallen, um das Anlagegut in Betrieb zu nehmen
Anschaffungskosten	alle Kosten, die bei der Anschaffung, Inbetriebnahme und Herstellung eines Anlagegutes anfallen.

Finanzierung

Eigenkapitalquote: $\dfrac{\text{Eigenkapital}}{\text{Gesamtkapital}} \cdot 100 = x \, (\%)$

Goldene Finanzierungsregel: $\dfrac{\text{langfristiges Vermögen}}{\text{langfristiges Kapital}} \leq 1$ $\dfrac{\text{kurzfristiges Vermögen}}{\text{kurzfristiges Kapital}} \geq 1$

Prozentwert: $\dfrac{\text{Grundwert} \cdot \text{Prozentsatz}}{100}$

Zinsen: $\dfrac{\text{Kapital} \cdot \text{Zinssatz} \cdot \text{Tage}}{100 \cdot 360} \; ; \; Z = \dfrac{K \cdot p \cdot t}{100}$

effektiver Zinssatz (p_{eff}): $\dfrac{\text{tatsächliche Kreditkosten} \cdot 100 \cdot 360}{\text{Auszahlungsbetrag} \cdot \text{Laufzeit}}$

Auszahlung eines Kredits

Kreditsumme (Kapital)	100 %	LBKV/KBKV
– Disagio		ZAW
Auszahlungsbetrag		BK

Rückzahlung eines Kredits

Kredit (Kapital)	100 %	LBKV/KBKV
+ Zinsen		ZAW
Rückzahlung/Banklastschrift		BK

Schema zur Berechnung der Beträge bei teilweisem Forderungsausfall

Abrechnungsschema	€	Konto	
zweifelhafte Forderung			2470 ZWFO
– Zahlungseingang	2800 BK		
Ausfall, brutto			
– Umsatzsteuer	4800 UST		
Ausfall, netto	6950 ABFO		

Unternehmensanalyse

Barliquidität: $\dfrac{\text{flüssige Mittel} \cdot 100}{\text{kurzfristiges Fremdkapital}}$ Vergleichswert: 45 %

Einzugsliquidität: $\dfrac{(\text{flüssige Mittel} + \text{Forderungen}) \cdot 100}{\text{kurzfristiges Fremdkapital}}$ Vergleichswert: 70 %

Anlagendeckung I: $\dfrac{\text{Eigenkapital} \cdot 100}{\text{Anlagevermögen}}$ Vergleichswert: 70 – 100 %

Anlagendeckung II: $\dfrac{(\text{Eigenkapital} + \text{langfristiges Fremdkapital}) \cdot 100}{\text{Anlagevermögen}}$ Vergleichswert: 100 – 150 %

Eigenkapitalrentabilität: $\dfrac{\text{Jahresüberschuss} \cdot 100}{\text{Eigenkapital (Anfangsbestand)}}$ Vergleichswert: 15 %

Zuschlagsätze

Materialgemeinkostenzuschlagsatz: $\dfrac{\text{Materialgemeinkosten} \cdot 100}{\text{Fertigungsmaterial}}$

Fertigungsgemeinkostenzuschlagsatz: $\dfrac{\text{Fertigungsgemeinkosten} \cdot 100}{\text{Fertigungslöhne}}$

Verwaltungsgemeinkostenzuschlagsatz: $\dfrac{\text{Verwaltungsgemeinkosten} \cdot 100}{\text{Herstellkosten des Umsatzes}}$

Vertriebsgemeinkostenzuschlagsatz: $\dfrac{\text{Vertriebsgemeinkosten} \cdot 100}{\text{Herstellkosten des Umsatzes}}$

Vw/VtGK-Zuschlagsatz: $\dfrac{(\text{Vw-Gemeinkosten} + \text{Vt-Gemeinkosten}) \bullet 100}{\text{Herstellkosten des Umsatzes}}$

Kalkulationsschema für die Gesamtkosten (mit Bestandsveränderungen)

Fertigungsmaterial (FM)
+ Materialgemeinkosten (MGK)
_____
Materialkosten (MK)
Fertigungslöhne (FL)
+ Fertigungsgemeinkosten (FGK)
_____
Fertigungskosten (FK)
Herstellkosten der Erzeugung (HKdE)
+ Minderbestand FE/UFE
- Mehrbestand FE/UFE
_____
Herstellkosten des Umsatzes (HKdU)
+ Verwaltungsgemeinkosten (VwGK)
+ Vertriebsgemeinkosten (VtGK)
_____
Selbstkosten (SK) bzw. Gesamtkosten (GK)

Kalkulationsschema für die Stückkalkulation

Fertigungsmaterial (FM)
+ Materialgemeinkosten (MGK)
Materialkosten (MK)
Fertigungslöhne (FL)
+ Fertigungsgemeinkosten (FGK)
+ Sondereinzelkosten der Fertigung (SEKF)
Fertigungskosten (FK)
Herstellkosten (HK)
+ Verwaltungsgemeinkosten (VwGK)
+ Vertriebsgemeinkosten (VtGK)
Selbstkostenpreis (SKP)
+ Gewinn (G)
Barverkaufspreis (BVP)
+ Kundenskonto (KSK)
Zielverkaufspreis (ZVP)
+ Kundenrabatt (KR)
Listenverkaufspreis (LVP)

Deckungsbeitragsrechnung

Nettoverkaufspreis
– variable Kosten/Stück
Deckungsbeitrag/Stück

Deckungsbeitrag gesamt
– fixe Kosten
Betriebsergebnis (Gewinn/Verlust)

Deckungsbeitrag > Fixkosten → Betriebsgewinn
Deckungsbeitrag < Fixkosten → Betriebsverlust

Nettoverkaufspreis • Stückzahl = gesamter Erlös

Gewinnschwellenmenge: $\dfrac{\text{fixe Kosten}}{\text{Deckungsbeitrag je Stück}}$

Kontenplan (nach dem IKR) und Abkürzungsverzeichnis zur

Aktive Bestandskonten

Kontenklasse 0   Sachanlagen

05 Grundstücke und Bauten

    0500 GR   Grundstücke

    0530 BVG   Betriebs- und Verwaltungsgebäude

07 Technische Anlagen und Maschinen

    0700 MA   Maschinen und Anlagen

08 Betriebs- und Geschäftsausstattung

    0840 FP   Fuhrpark

    0860 BM   Büromaschinen

    0870 BGA   Büromöbel und Geschäftsausstattung

    0890 GWG   Geringwertige Wirtschaftgüter

Kontenklasse 1   Finanzanlagen

15 Wertpapiere des Anlagevermögens

    1500 WP   Wertpapiere des Anlagevermögens

Kontenklasse 2   Umlaufvermögen und ARA

20 Roh-, Hilfs-, Betriebsstoffe, Fremdbauteile

    2000 R   Rohstoffe (Fertigungsmaterial)

    2010 F   Fremdbauteile

    2020 H   Hilfsstoffe

    2030 B   Betriebsstoffe

24 Forderungen aus Lieferungen und Leistungen

    2400 FO   Forderungen aus Lieferungen
                   und Leistungen

    2470 ZWFO Zweifelhafte Forderungen

26 Sonstige Vermögensgegenstände

    2600 VORST Vorsteuer

28 Flüssige Mittel

    2800 BK   Bank (Kontokorrentkonto)

    2880 KA   Kasse

29 Aktive Rechnungsabgrenzung

    2900 ARA   Aktive Rechnungsabgrenzung

Passive Bestandskonten

Kontenklasse 3   Eigenkapital und Rückstellungen

30 Eigenkapital

    3000 EK   Eigenkapital

    3001 P   Privatkonto

36 Wertberichtigungen

    3670 EWB   Einzelwertberichtigung

    3680 PWB   Pauschalwertberichtigung

39 Sonstige Rückstellungen

    3900 RST   Rückstellungen

Kontenklasse 4   Verbindlichkeiten und PRA

42 Verbindlichkeiten bei Kreditinstituten

    4200 KBKV Kurzfristige Bankverbindlichkeiten
                   (bis zu einem Jahr)

    4250 LBKV Langfristige Bankverbindlichkeiten

44 Verbindlichkeiten aus Lieferungen und Leistungen

    4400 VE   Verbindlichkeiten aus Lieferungen und
                   Leistungen

48 Sonstige Verbindlichkeiten

    4800 UST   Umsatzsteuer

    4830 VFA   Sonstige Steuerverbindlichkeiten

    4840 VSV   Verbindlichkeiten gegenüber Sozial-
                   versicherungsträgern

49 Passive Rechnungsabgrenzung

    4900 PRA   Passive Rechnungsabgrenzung

Ertragskonten

Kontenklasse 5   Erträge

50 Umsatzerlöse für eigene Erzeugnisse

   * 5000 UEFE Umsatzerlöse für eigene Erzeugnisse

    5001 EBFE Erlösberichtigungen

54 Sonstige betriebliche Erträge

    5400 EMP   Erlöse aus Vermietung und Verpachtung

   * 5430 ASBE Andere sonstige betriebliche Erträge

    5490 PFE   Periodenfremde Erträge

Verwendung an Bayerischen Realschulen – LehrplanPLUS

5495 EFO   Erträge aus abgeschriebenen Forderungen

56 Erträge aus anderen Wertpapieren

  5650 EAWP Erträge aus dem Abgang von Wertpapieren des Anlagevermögens

57 Zinsen und ähnliche Erträge

  5710 ZE   Zinserträge

  5780 DDE   Dividendenerträge

Aufwandskonten

Kontenklasse 6 Betriebliche Aufwendungen

60 Aufwendungen für Roh-, Hilfs-, Betriebsstoffe und Fremdbauteile

  * 6000 AWR   Aufwendungen für Rohstoffe

  6001 BZKR   Bezugskosten für Rohstoffe

  6002 NR   Nachlässe für Rohstoffe

  * 6010 AWF   Aufwendungen für Fremdbauteile

  6011 BZKF   Bezugskosten für Fremdbauteile

  6012 NF   Nachlässe für Fremdbauteile

  * 6020 AWH   Aufwendungen für Hilfsstoffe

  6021 BZKH   Bezugskosten für Hilfsstoffe

  6022 NH   Nachlässe für Hilfsstoffe

  * 6030 AWB   Aufwendungen für Betriebsstoffe

  6031 BZKB   Bezugskosten für Betriebsstoffe

  6032 NB   Nachlässe für Betriebsstoffe

  * 6040 AWVM Aufwendungen für Verpackungsmaterial

61 Aufwendungen für bezogene Leistungen

  * 6140 AFR   Ausgangsfrachten

  * 6160 FRI   Fremdinstandhaltung

62 Löhne und Gehälter

  * 6200 LG   Löhne und Gehälter

64 Soziale Abgaben

  * 6400 AGASV Arbeitgeberanteil zur Sozialversicherung

65 Abschreibungen

  * 6520 ABSA Abschreibungen auf Sachanlagen

  * 6540 ABGWG Abschreibungen auf GWG

67 Aufwendungen für die Inanspruchnahme von Rechten und Diensten

  * 6700 AWMP Mieten, Pachten

  * 6710 LS   Leasing

  * 6730 GEB   Gebühren

  * 6750 KGV   Kosten des Geldverkehrs

  * 6760 PROV Provisionen

  * 6770 RBK   Rechts- und Beratungskosten

68 Aufwendungen für Kommunikation

  * 6800 BMK   Büromaterial und Kleingüter

  * 6820 KOM   Kommunikationsgebühren

  * 6850 REK   Reisekosten

  * 6870 WER   Werbung

69 Sonstige Aufwendungen

  * 6900 VBEI   Versicherungsbeiträge

  6950 ABFO   Abschreibungen auf Forderungen

  6990 PFAW Periodenfremde Aufwendungen

Kontenklasse 7 Weitere Aufwendungen

70 Betriebliche Steuern

  * 7000 GWST Gewerbesteuer

  * 7020 GRST Grundsteuer

  * 7030 KFZST Kraftfahrzeugsteuer

74 Verluste aus Finanzanlagen

  7460 VAWP Verluste aus Wertpapieren des Anlagevermögens

75 Zinsen

  * 7510 ZAW   Zinsaufwendungen

Konten für die Ergebnisrechnung

Kontenklasse 8 Ergebnisrechnungen

  8010 SBK   Schlussbilanzkonto

  8020 GUV   Gewinn- und Verlustkonto

Kontenklasse 9 Kosten- und Leistungsrechnung

* Kennzeichnung für Konten, die in die Kosten- und Leistungsrechnung eingehen.

Stichwortverzeichnis

Von den farbig markierten Begriffen finden Sie eine Definition auf der angegebenen Seite.